LA MORT DE DANTON
LÉONCE ET LÉNA
WOYZECK
LENZ

*La littérature allemande
dans la même collection*

BÜCHNER, *La Mort de Danton. Léonce et Léna. Woyzeck. Lenz.*

FONTANE, *Cécile.*

GOETHE, *Les Affinités électives. — Écrits sur l'art. — Faust* (traduction de Gérard de Nerval). — *Faust I et II* (traduction de Jean Malaplate). — *Les Souffrances du jeune Werther.*

GRIMM, *Contes* (deux volumes).

HOFFMANN, *Contes fantastiques* (trois volumes). — *Princesse Brambilla.*

HOFMANNSTHAL, *Électre. Le Chevalier à la rose. Ariane à Naxos* (édition bilingue).

HÖLDERLIN, *Hymnes, Élégies. — Hypérion.*

KAFKA, *Amerika ou le Disparu. — Le Château. — Dans la colonie pénitentiaire et autres nouvelles. — La Métamorphose. Description d'un combat. — Le Procès. — Un jeûneur et autres nouvelles.*

KLEIST, *La Marquise d'O... — Michel Kohlhaas. — Le Prince de Hombourg.*

LESSING, *Nathan le Sage* (édition bilingue).

MEYRINK, *Le Golem. — La Nuit de Walpurgis. — L'ange à la fenêtre d'Occident.*

NOVALIS, *Henri d'Ofterdingen.*

RILKE, *Les Cahiers de Malte Laurids Brigge. — Les Élégies de Duino. Les Sonnets à Orphée* (édition bilingue). — *Lettres à un jeune poète et autres lettres.*

TRAKL, *Poèmes I et II* (édition bilingue).

WAGNER, *La Tétralogie* (édition bilingue) : *L'Or du Rhin. — La Walkyrie. — Siegfried. — Le Crépuscule des dieux.*

GEORG BÜCHNER

LA MORT DE DANTON
LÉONCE ET LÉNA
WOYZECK
LENZ

*Présentation
et traduction inédite
par*
Michel Cadot

GF Flammarion

© Flammarion 1997, pour cette édition.
ISBN : 978-2-0807-0888-5

PRÉSENTATION

Georg Büchner peut être considéré comme un de ces météores[1] de la littérature dont les deux derniers siècles offrent de célèbres exemples, tant en France qu'en Allemagne. Nerval, Lautréamont, Rimbaud, Crevel du côté français, Lenz, Kleist, Hölderlin, Büchner, Kafka, Trakl pour les littératures de langue allemande. Folie, suicide, misère, maladie ont interrompu prématurément des œuvres souvent méconnues des contemporains, mais redécouvertes avec enthousiasme après une période plus ou moins longue d'oubli.

Le cas de Büchner est l'un des plus remarquables, tant son activité durant les vingt-quatre années de sa vie est variée : pamphlétaire et agitateur politique, traducteur de Victor Hugo, auteur de deux drames, d'une comédie et d'une nouvelle, professeur de philosophie et d'anatomie comparée. Büchner s'inscrit dans la tradition du *Sturm und Drang*, ce mouvement de contestation intellectuelle et sociale auquel appartient le Goethe de *Götz von Berlichingen* et de *Werther,* le jeune Schiller des *Brigands,* Lenz, Bürger, Schubart et bien d'autres : il n'appartient nullement au premier romantisme allemand, celui de Novalis, de Tieck, d'Arnim, des frères Schlegel, marqué d'idéalisme, et

---

1. L'expression est employée par Goethe dans *Dichtung und Wahrheit* pour caractériser Lenz, « ein vorübergehendes Meteor ».

orienté vers un nationalisme conservateur, même si dans sa jeunesse il a été attiré par eux. L'intérêt de Büchner pour divers aspects de la science contemporaine, physiologie, psychologie, médecine, économie, le rapproche du médecin Carl Gustav Carus, du naturaliste Lorenz Oken, et même d'un Russe fortement nourri de culture allemande, A.I. Herzen. Politiquement proche de la Jeune Allemagne, notamment du romancier Gutzkow qui admirait son talent, il s'en sépare par son acuité critique vis-à-vis des idéologies contemporaines et de l'héritage révolutionnaire, qu'il jugeait trahi par les utopies socialistes aussi bien que par le libéralisme bourgeois.

Georg Büchner était né le 17 octobre 1813, deuxième jour de la bataille de Leipzig qui mit fin à la domination napoléonienne sur l'Allemagne, et entraîna rapidement l'abandon de toutes les mesures d'inspiration démocratique qui se référaient aux idéaux de la Révolution française. Le père de Büchner était un chirurgien hessois. Sa mère, née Caroline Reuss, était issue également d'une famille de la bourgeoisie hessoise, mais qui s'était installée en Alsace depuis le dix-septième siècle, et n'était revenue en Hesse qu'après la Révolution française. À partir de 1816, la famille Büchner s'installa à Darmstadt, capitale du grand-duché de Hesse. Le jeune Georg manifesta de bonne heure l'intention de suivre la voie de son père vers la médecine et les sciences naturelles, mais se rebella souvent contre une autorité qu'il jugeait tyrannique.

Les études que fit Georg Büchner étaient de type classique, le latin et le grec y tenant presque autant de place que toutes les autres disciplines réunies. On a depuis longtemps remarqué l'importance et le nombre des réminiscences classiques dans *La Mort de Danton*, puisées dans le bagage scolaire de Büchner et rehaussées d'une rhétorique abondamment représentée dans les discours réellement prononcés par les orateurs de la Révolution. Un devoir de 1829-30 intitulé *La mort héroïque des Quatre Cents de Pforzheim*[1] est une apologie transparente du combat « qui vengea en une lutte d'extermination sanglante mais juste les atrocités que d'ignobles despotes avaient exercées pendant des siècles sur l'humanité souffrante ». Büchner arborait ostensiblement à Darmstadt un bonnet phrygien rouge ou une tunique de Polonais, et saluait son camarade Minnigerode d'un provocant : « Bonjour, citoyen ». Plus étonnant encore, il prononça le 29 septembre 1830 lors d'une cérémonie de son lycée un discours à la gloire de Caton d'Utique[2], qui s'était suicidé pour ne pas survivre à la disparition de la république romaine après la victoire de Jules César. Le contrecoup des journées de juillet 1830 à Paris, de l'insurrection belge, du soulèvement polonais contre les Russes en novembre se fit sentir dans plusieurs villes d'Allemagne, et le lycée de Darmstadt acquit la réputation justifiée d'être « une école préparatoire aux associations et menées illicites ».

Le père de Büchner encouragea son fils à poursuivre ses études à Strasbourg, où il pourrait être accueilli par la famille de sa femme et suivre d'excellents cours de médecine et de sciences naturelles. Büchner fut en effet logé par les soins d'un cousin théologien, Edouard Reuss, chez un pasteur cultivé d'opinions démocratiques, Johann-Jakob Jaeglé : son ménage était tenu depuis la mort de sa femme par sa fille Louise-Wilhelmine, de trois ans l'aînée de Georg Büchner, qui se fiança avec elle en secret au printemps de 1832. Inscrit à l'université de Strasbourg en novembre 1831, il séjourna dans cette ville jusqu'au 7 août 1833. On est certain qu'il fit partie d'une association d'étudiants nommée *Eugenia*, qui se réunissait chez ses fondateurs, les frères August et Adolf Stöber. Les comptes rendus manuscrits récemment publiés et

---

1. Georg Büchner, *Œuvres complètes, inédits et lettres*, éd. publiée sous la dir. de B. Lortholary, Paris, Seuil, 1988, p. 31-39. Abrégé plus loin en *O.C.*
2. *Ibid.*, p. 49-55.

cités par Jan-Christoph Hauschild relatent une discussion du 28 juin 1832 où Büchner exaltait la conscience morale de Jan Hus, de Ravaillac et de Karl Sand, l'assassin de Kotzebue. Le 5 juillet on notait que Büchner, « ce patriote allemand si fougueux et animé d'un esprit résolument républicain [...] voua une fois de plus aux gémonies tout ce qui porte le nom de prince ou de roi[1] ». Mais aucune preuve formelle de liens entre les républicains strasbourgeois et Büchner n'a pu être établie jusqu'à présent, l'écrivain ne citant aucun nom compromettant dans sa correspondance, du moins telle qu'elle nous est parvenue.

Revenu à Darmstadt, Büchner reçut la visite d'un de ses amis strasbourgeois, Alexis Muston, qu'il accompagna lors de son départ jusque dans les rochers de l'Odenwald. Celui-ci raconte dans son journal qu'ils discutèrent sur le saint-simonisme[2], extrêmement répandu à travers l'Europe au début des années trente, « sur la rénovation sociale et religieuse, sur la république mondiale, les États-Unis d'Europe et autres utopies[3] ». En septembre 1833 Büchner s'inscrivit à l'université de Gießen, où il suivit très probablement des cours d'anatomie humaine et animale, de psychiatrie (Nebel), de psychologie (Hillebrand), de chimie analytique (Justus Liebig) : plusieurs des enseignements que reçut Büchner à cette époque ont laissé des traces indélébiles dans son œuvre ultérieure.

Il vécut à Gießen la répression lancée par le gouvernement du grand-duché contre les étudiants républicains, et dénonçait dans une lettre à August Becker la situation misérable où se trouvaient des milliers de gens en Hesse, l'une des régions les moins développées d'Allemagne. Mais il mettait en garde son correspondant contre « la politique hasardeuse » et les

---

1. Jan-Christoph Hauschild, *Georg Büchner*, tr. de l'allemand par Christian Bounay, Nîmes, éd. J. Chambon, 1995, p. 48.
2. Cf. lettre de Büchner à sa famille, mai 1833, très ironique sur les saint-simoniens, Georg Büchner, *Werke und Briefe*, Darmstadt, 1980, p. 249. Éd. abrégée en *W. und B.*
3. J.-C. Hauschild, *op. cit.*, p. 60.

« enfantillages » des étudiants radicaux de Gießen, qui couraient à l'échec en l'absence d'un soulèvement de la grande masse du peuple. Le 9 décembre 1833, il écrivait à son ami strasbourgeois August Stöber : « Les conditions politiques pourraient me rendre fou furieux. Le pauvre peuple traîne patiemment la carriole sur laquelle les princes et les libéraux jouent leur comédie de singes. Je fais mes prières tous les soirs à la corde et aux lanternes [1] ! »

Une lettre célèbre à Wilhelmine Jaeglé, connue sous le nom de « lettre sur le fatalisme » et datée selon les recherches récentes de J.-C. Hauschild [2] de la deuxième ou troisième semaine de janvier 1834 montre le travail intellectuel auquel s'est livré Büchner à partir des observations déprimantes qu'il avait faites sur les conditions sociales et politiques de son pays, mais aussi sur la base de ses réflexions à propos de la Révolution française de 1789. « J'étudiais l'histoire de la Révolution. Je me suis senti comme anéanti sous le fatalisme atroce de l'histoire. Je trouve dans la nature humaine une épouvantable égalité, dans les conditions des hommes une inéluctable violence conférée à tous et à aucun. L'individu n'est qu'écume sur les vagues, la grandeur un pur hasard, la souveraineté du génie un jeu de marionnettes, un combat dérisoire contre une loi d'airain, qu'il est capital de reconnaître, mais impossible de vaincre. L'idée ne me vient plus de m'incliner devant les chevaux de parade et les badauds de l'histoire. J'ai habitué mon œil au sang. Mais je ne suis pas un couperet de guillotine. "Il faut" est une de ces paroles de condamnation avec lesquelles l'homme a été baptisé. La maxime "il faut que le scandale arrive, mais malheur à celui par qui le scandale arrive " est abominable. Qu'est-ce en nous qui ment, qui assassine, qui vole ? Je n'ai pas envie de suivre plus avant cette idée. Si seulement je pouvais reposer sur ta poitrine ce cœur froid et martyrisé [3] ! »

1. Büchner, *W. und B.*, p. 253 et *O.C.*, p. 519.
2. *Zeitschrift für deutsche Philologie*, 108 (1989), p. 511-29.
3. Büchner, *W. und B.*, p. 256 et *O.C.*, p. 522.

Les grands hommes, que Büchner admirait tant lors de ses études classiques, sont définitivement dévalorisés, car le cours de l'histoire, assurément plus héraclitéen que hégélien, est déterminé par les chocs successifs de forces contraires qu'aucun individu ne peut contrôler. Ce que Büchner appelle « le fatalisme de l'histoire » n'implique pas la résignation à l'ordre des choses existant, à l'abandon de toute action politique : celle-ci, qui est par nature d'ordre collectif, ne doit pas conduire à une nouvelle tyrannie installée et maintenue par la terreur, comme celle des Jacobins pendant la Révolution, mais s'efforcer de corriger les inégalités sociales et d'instaurer un gouvernement démocratique, réellement à l'écoute du peuple. Büchner n'était pas un utopiste : il admettait que de telles transformations n'auraient pas lieu sans un recours ponctuel à la violence, car les voies modérées préconisées par la bourgeoisie libérale ne visaient qu'à établir son propre pouvoir[1], comme dans la France de Louis-Philippe, et non à affranchir le peuple de ses conditions de vie dégradantes. Ces vues sont parfois qualifiées de néo-babouvistes ou de blanquistes : elles expliquent aussi la popularité de Büchner au vingtième siècle, car son discours politique paraissait établir un relais entre la Révolution dans ses phases robespierriste et babouviste, et les mouvements extrémistes des années 60-70 de ce siècle finissant.

À Gießen, Büchner ne se lia qu'avec un petit nombre d'étudiants, parmi lesquels cet August Becker déjà mentionné, fils d'un pasteur hessois, grand admirateur de Robespierre et de Saint-Just, qui lui fit connaître Friedrich-Ludwig Weidig, un vétéran de l'agitation révolutionnaire en Hesse, auprès de qui Büchner rédigea au début de l'année 1834 un pamphlet politique appuyé sur une enquête statistique publiée dans le grand-duché quelques années auparavant[2]. Passablement édulcoré par Weidig, qui rem-

---

1. Voir la lettre à sa famille, Strasbourg 5 avril 1833, *O.C.*, p. 512-3.
2. Référence dans Hauschild, *op. cit.*, p. 85.

plaça par exemple les riches et les pauvres par les notables et le peuple, le texte intitulé par Weidig *Le Messager hessois*[1] fut tiré en août 1834 à environ 1500 exemplaires. Büchner, après un passage à Strasbourg en pleine ébullition républicaine, fonda à Darmstadt en mars une section de la Société des droits de l'homme, bientôt doublée par une section du même nom à Gießen. Büchner échappa de justesse aux arrestations déclenchées par la trahison d'un des étudiants de Gießen et passa le semestre d'hiver 1834-35 chez ses parents. Son père, évidemment soucieux de l'avenir de son fils, l'inscrivit aux cours d'anatomie de l'hôpital de Darmstadt.

Obligé pendant quelques mois de différer son action de propagande politique, Büchner se consacra à l'écriture de sa première œuvre littéraire, le drame intitulé *La Mort de Danton*. Deux ouvrages lui fournirent une part importante de la documentation nécessaire. Le premier, en allemand[2], *Notre temps, ou aperçu historique des événements les plus remarquables de 1789 à 1830, par un ancien officier de l'armée impériale française,* dû à Johann Conrad Friederich, était une vaste compilation parue en 140 cahiers, puis en 30 volumes à Stuttgart, de 1826 à 1830. Ernst Büchner, le père de l'écrivain, s'y était abonné, de sorte que bien avant la rédaction de *La Mort de Danton,* son fils avait pu en disposer. Il y trouva une quantité d'anecdotes et d'extraits de discours traduits en allemand, ainsi qu'une relation détaillée de l'arrestation et de l'exécution de Danton, Camille Desmoulins, etc. Un autre ouvrage de base fut l'*Histoire de la Révolution française* en dix volumes d'Adolphe-Louis Thiers, parue à Paris de 1823 à 1827, qui fournit à Büchner un cadre chronologique extrêmement serré dont il se servit pour établir la structure de son drame. À ces

---

1. Büchner, *O.C.*, p. 60-83. Trad., présentation et notes de Gérard Raulet.
2. *Unsere Zeit, oder geschichtliche Übersicht der merkwürdigsten Ereignisse von 1789-1830...*

deux ouvrages on ajoute traditionnellement l'*Histoire de la Révolution française depuis 1789 jusqu'en 1814* de François-Auguste-Marie Mignet, publiée en 2 volumes à Paris en 1824, mais cette source est contestée dans des travaux récents. Les éditeurs allemands de notre époque estiment à 20 % la part des emprunts textuels ou quasi textuels dans *La Mort de Danton*, la plus grande part provenant de *Notre temps*. À ces ouvrages de base on peut ajouter ceux que Büchner consulta à la Bibliothèque grand-ducale de Darmstadt, du 1er octobre 1834 au 15 janvier 1835, parmi lesquels figurent notamment la *Galerie historique des contemporains*, 8 vol., Bruxelles, 1818-1826, les *Recherches sur l'éloquence révolutionnaire* au dernier volume des *Œuvres complètes* de Charles Nodier, les *Mémoires d'un détenu pour servir à l'histoire de la tyrannie de Robespierre* par Honoré Riouffe, qu'il avait pu connaître d'abord en allemand dans le vol. XII d'*Unsere Zeit*, *Le Vieux Cordelier* de Camille Desmoulins, Paris, 1834, etc.

À peine la rédaction de *La Mort de Danton* était-elle achevée à Darmstadt que Georg Büchner dut quitter la ville précipitamment au début de mars 1835 pour éviter une arrestation imminente. Il put écrire à ses parents lors de son passage à Wissembourg le 9, et se faire enregistrer à Strasbourg le 12 sous le faux nom de Jacques Lutzius, sommelier, âgé de vingt ans[1].

La pièce prolonge les réflexions antérieures de Büchner sur les chances de l'individu en face des forces qui mettent en mouvement l'histoire, sur la corruption des classes possédantes dont le pouvoir repose sur la misère des classes laborieuses, sur le détournement de l'idéal révolutionnaire par ceux qui ne lui donnent d'autre fin que la violence. On lit dans un fragment de lettre à Gutzkow : « La Révolution s'est déjà partagée entre les libéraux et les absolutistes, et doit être dévorée par la classe ignorante et pauvre ; le rapport entre pauvres et riches est le seul élément

---

1. J.-C. Hauschild, *op. cit.*, p. 124-131.

révolutionnaire au monde, la faim seule peut devenir la déesse de la Liberté, et seul un Moïse qui nous enverrait les sept plaies d'Égypte sur le cou pourrait devenir un Messie. Gavez les paysans et la Révolution succombe à l'apoplexie. La poule au pot pour chaque paysan, c'est la mort du coq gaulois[1]. » De façon ironique, Büchner déclarait à la même époque : « Si seulement on avait une mauvaise année, où seul pousse le chanvre ! On pourrait en tresser un boa constrictor. En attendant mon Danton n'est qu'un petit lacet de soie et ma muse un Sanson déguisé[2]. »

Büchner a choisi de limiter l'action de son drame à la période qui va du 30 mars 1794, le jour où au Club des Jacobins Robespierre s'en prit aux « modérés », jusqu'au 5 avril de la même année, qui vit l'exécution des dantonistes. Quelques éléments isolés remontent plus haut dans le temps, comme la motion de Camille Desmoulins réclamant un Comité de grâce pour en finir avec la terreur (décembre 1793), ou les extraits du discours de Robespierre sur les principes de la morale politique (5 février 1794). La succession des faits évoqués dans le drame correspond à la réalité historique. Seule l'entrevue de Robespierre et de Danton (acte I, sc. 6) ne repose sur aucun texte et représente une invention de Büchner.

Cette concentration temporelle permet de découvrir rapidement l'axe autour duquel s'enroule la spirale de l'action, avec ses nombreux personnages et ses changements de lieux : c'est le duel où s'affrontent sans merci Danton et Robespierre, entourés de leurs amis, de leurs partisans, de leurs proches. Aucune femme près de Robespierre, qui n'a de tendresse que pour Camille Desmoulins ; Lucile partagera le sort de son mari, comme Julie qui s'empoisonne pour suivre Danton. Héroïsme qui fait pendant aux trahisons

---

1. Büchner, *W. und B.*, p. 269-270 et *O.C.*, p. 536.
2. Büchner, *W. und B.*, p. 266 et *O.C.*, p. 532. Nous écrivons Sanson, pour éviter la confusion avec le personnage biblique : car c'est du bourreau Sanson qu'il s'agit.

comme celle du détenu Laflotte, grâce à laquelle Fouquier-Tinville peut dénoncer le prétendu complot des prisons, scellant ainsi opportunément le sort des dantonistes. Un certain nombre de réminiscences shakespeariennes ont pu être repérées dans le drame, par exemple les hallucinations de Danton, hanté par les massacres de Septembre 1792, qui font penser à *Macbeth*, ses hésitations qui renvoient à Hamlet, de même que les divagations poétiques de Lucile qui rappellent celles d'Ophélie.

Robespierre, assisté de Saint-Just, assigne pour principe à la Révolution la vertu, tandis que Danton l'hédoniste veut un monde où la jouissance soit permise à chacun dès lors qu'elle ne nuit pas à autrui. Conceptions toutes deux héritées des Lumières, relayées par les prolongements romantiques allemands et français. Elles s'affrontent ici à la fois au niveau des protagonistes, dans la grande scène 6 de l'acte I, et dans la bouche du peuple, acte III, scène 10, où deux citoyens prennent publiquement parti, l'un pour Danton, le second pour Robespierre.

Comme le titre l'indique déjà, la mort règne d'un bout à l'autre du drame, puisqu'elle est contenue dans le terme historique de Terreur et qu'elle est symbolisée par la guillotine, qui fait son apparition sur la scène dans la dernière partie de l'acte IV. Mais elle est présente aussi dans l'esprit de Danton, en proie à une véritable pulsion de mort, las de l'existence qu'il mène à la recherche du plaisir auprès des prostituées ou à la table de jeu, et qui ne croit plus aux chances de survie de la Révolution : il prédit même la chute de Robespierre : « Je ne lui accorde pas six mois de délai, je l'entraîne avec moi », dit-il à l'acte IV, scène 5. La Révolution elle-même est morte pour Büchner, parce que ni Danton ni Robespierre n'ont su la conduire à la victoire : celle-ci n'était possible que si l'on sortait le peuple de sa misère, au lieu de lui jeter « des têtes en guise de pain, et du sang en guise de vin » (acte III, sc. 10). La scène 2 de l'acte II illustre admirablement la cause profonde de l'échec de la Révolution selon la logique buchnérienne : près de cinq années après le 14 juillet et le 4 août 1789, deux messieurs bien vêtus reprochent à un mendiant de ne pas travailler et, de surcroît, d'avoir l'air « bien nourri ». La suite de la scène oppose la sensualité bon enfant du soldat tant à celle de Danton, plus brutale, qu'aux effusions sentimentales d'une mère accompagnée de sa fille et d'un jeune homme devant « les joies innocentes de la nature ». Danton est représenté certes comme un révolutionnaire de la première heure, qui a su prendre ses responsabilités aux moments les plus importants depuis le 10 août 1792, mais surtout comme un homme fatigué de verser le sang, en proie à des remords obsessionnels, hanté par des images macabres de survie consciente dans la tombe au milieu du processus de décomposition, qui commence avant la mort elle-même (III, 7, IV, 3). Humain, trop humain, pourrait-on dire du Danton de Büchner ; son penchant pour la vie large et facile, ses appétits physiques impétueux mettent les armes les plus redoutables aux mains de Robespierre, dont le grand discours accusateur de l'acte I scène 3 au Club des Jacobins trouve un écho jusque dans la scène finale de l'acte III par la bouche du deuxième citoyen.

Büchner a cité de larges extraits des discours implacables de Robespierre, mais il n'a pas essayé de rendre l'Incorruptible plus sympathique au spectateur en édulcorant ses sentiments de haine envers son grand ennemi : celui-ci l'a blessé cruellement en l'accusant ouvertement d'hypocrisie et d'ambition personnelle : « la vertu, un talon de mes chaussures ! » (acte I, sc. 6). Büchner n'a pas écrit une pièce à thèse, les faiblesses de Danton qui permettent à Robespierre de l'envoyer à la guillotine sont pardonnables humainement, mais politiquement fatales ; en revanche, la férocité déployée par Robespierre contre ceux qu'il juge criminels finit sans doute par révolter le spectateur, mais Büchner prend soin de l'avertir par la bouche de son personnage : « La révolution sociale n'est pas encore achevée. Qui accomplit à moitié une révolution creuse son propre tombeau. La bonne société n'est pas encore morte, la saine énergie populaire doit prendre partout la place de cette classe aux nerfs usés[1]... »

Danton ne croit pas qu'on puisse s'ériger en chef, en guide de la révolution. Il le dit à Lacroix, acte II, scène 1 : « Ce n'est pas nous qui avons fait la Révolution, c'est la Révolution qui nous a faits. » Acte II, scène 5 : « Nous sommes des pantins manœuvrés par des forces inconnues. » On est frappé de retrouver les mêmes idées dans les *Considérations sur la France* de Joseph de Maistre (1797), un écrivain pourtant situé à l'extrémité opposée sur la rose des vents politique : « La Révolution française mène les hommes plus que les hommes ne la mènent [...] Les scélérats mêmes qui paraissent conduire la révolution, n'y entrent que comme de simples instruments; et dès qu'ils ont la prétention de la dominer, ils tombent ignoblement[2]. »

Büchner a choisi de tourner le dos à la tragédie classique, même sous sa forme schillérienne : les discours tiennent lieu chez lui d'action, le personnage principal, qui ne mérite guère le nom de héros, refuse longtemps de prendre au sérieux la menace qui pèse sur lui, se contente d'un chimérique « ils n'oseront pas », et dès le début de la pièce se désintéresse de son sort comme de celui de la Révolution. Lorsqu'il se décide enfin à répondre à ses accusateurs, il ne trouve rien de mieux que le rappel de ses mérites révolutionnaires des années écoulées.

La structure de la pièce est tout aussi originale. Composée de quatre actes qui s'étendent, on l'a vu, sur une semaine, la pièce n'offre à proprement parler

---

1. Voir de curieux prolongements de l'antagonisme Danton/Robespierre étudiés par D. Beauvois, « Deux lectures polonaises de la Révolution française : *L'Affaire Danton*, pièce de S. Przybyszewska, 1929 — *Danton*, film d'A. Wajda, 1982 », dans *Wiek oświecenia*, 9, Varsovie, 1993, p. 285-296. *L'Affaire Danton*, tr. et prés. D. Beauvois, L'Âge d'Homme, 1982. Il existe une double adaptation de la pièce de Büchner par A.N. Tolstoï, l'une (dantoniste) de 1919, l'autre (robespierriste) de 1923 : voir Bibliographie, p. 250.

2. J. de Maistre, *Œuvres*, I, éd. crit. par J.-L. Darcel, Genève, Slatkine, 1980, p. 66.

ni progression ni surprises. Reine-Marie Marcel a bien montré l'importance de ce qu'elle appelle « le temps-échec[1] » dans *La Mort de Danton*, symbolisé par la réflexion de Danton acte II, scène 1 : « C'est le temps qui nous perd », et rendu sensible au spectateur par divers procédés stylistiques, répétitions, tautologies, énumérations d'actions données comme cycliques. Les événements historiques sont connus du spectateur, le sort des dantonistes est inscrit dès le titre, la seule possibilité de retournement lors de la comparution de Danton devant le Tribunal révolutionnaire est annulée à l'avance par l'effet prévisible de la trahison de Laflotte (acte III, sc. 5). Certains indices montrent que Büchner ne voulait pas limiter la portée de sa pièce à l'interprétation d'événements qui avaient eu lieu en France un demi-siècle auparavant : les chansons populaires qu'on entend acte I, scène 2, acte II, scènes 2 et 3, acte IV, scène 4, sont alsaciennes ou allemandes, les propos grivois assez nombreux qui choquèrent les lecteurs de 1835 sont inventés par Büchner : seule la *Marseillaise* qui s'entend à la fin de l'acte II apporte une note proprement française et révolutionnaire. Les réflexions philosophiques qui abondent dans la pièce, notamment la grande discussion entre Payne, Mercier et Chaumette qui ouvre l'acte III, renvoient aux interrogations personnelles et aux lectures de Büchner à l'époque où il composait sa pièce, notamment à l'œuvre de Spinoza[2].

Par-delà les données historiques ou soi-disant telles intégrées dans un savant montage que Jean-Louis Besson a étudié avec beaucoup de soin et de perspicacité dans sa thèse de doctorat[3], on reconnaît une inspiration profondément shakespearienne à travers *La*

---

1. Reine-Marie Marcel, « Büchner et la Révolution française », in *L'Impossible semblable*, rec. dir. par Stéphane Michaud, Paris, SEDES, 1991, p. 68-85.
2. Büchner, *O.C.*, p. 443-502 et notes.
3. Jean-Louis Besson, *Les Sources de Georg Büchner. Histoire d'une autopsie. Des essais de jeunesse à « La Mort de Danton »*, thèse de l'Université Paris-Sorbonne, dir. Gérard Schneilin, 1990, 2 vol. dact.

Mort de Danton. Non seulement on est amené à rapprocher Danton de Hamlet, Lucile d'Ophélie ou les fossoyeurs d'Hamlet des charretiers de la guillotine, mais de façon bien plus précise J.-L.Besson montre que Büchner partage le constat désabusé de Shakespeare sur l'impossibilité de changer le monde par l'action des « honnêtes gens » : dans *Macbeth*, acte IV, scène 2, à lady Macduff qui déclare qu'il faut pendre les menteurs et les parjures, son fils demande : « Qui doit les pendre ? » — « Eh bien, les honnêtes gens (honest men) » répond la mère. Le fils réplique qu'ils seraient bien bêtes de se laisser faire alors qu'ils pourraient facilement, vu leur nombre, venir à bout des honnêtes gens. On retrouve la même ironie dans le dialogue acte I, scène 1 de *La Mort de Danton* : « Qui accomplira toutes ces belles choses ? » demande Danton. Philippeaux répond : « Nous et les honnêtes gens (ehrliche Leute) ». Et Danton déclare sans nuances : « Ces gens m'ont toujours dégoûté. » Mais le peuple n'est pas davantage épargné, car il se laisse mener par des envieux, des ignorants avides de détruire tout ce qui les dépasse. Dans la seconde partie du *Roi Henri VI*, acte IV, scène 2, un clerc est condamné à être pendu sur ordre du chef d'une rébellion populaire parce qu'il sait lire, écrire et compter. Le premier citoyen de Büchner crie : « À mort, celui qui sait lire et écrire ! » (acte I, sc. 2), et un peu plus loin : « À mort, celui qui n'a pas de trou à sa veste ! » Mais — et c'est peut-être de la part de Büchner un hommage discret rendu à l'esprit français — le jeune homme traité d'aristocrate et sur le point d'être pendu à la lanterne parce qu'il possède un mouchoir se tire d'affaire par un mot d'esprit.

Cette pièce si profonde, en dépit de la jeunesse de son auteur, ce coup d'essai ne fut tenu pour un coup de maître qu'au siècle suivant, celui auquel pensait peut-être Büchner lorsqu'il faisait dire à Lacroix, acte IV, scène 7 : « Les tyrans se briseront le cou sur nos tombeaux », ou à Danton : « Avec nos ossements, on pourra encore défoncer les crânes des rois » (acte IV, sc. 5).

Une version édulcorée par Gutzkow de la pièce de Büchner fut publiée en extraits dans la revue *Le Phénix*, puis sous le titre *La Mort de Danton. Scènes dramatiques de la Terreur en France*, chez l'éditeur Sauerländer de Francfort en juillet 1835, le tirage étant limité à 400 exemplaires. Malgré un accueil plutôt favorable de la critique, aucune représentation n'eut lieu avant celles de la Freie Volksbühne de Berlin en 1902. Le metteur en scène Max Reinhardt représenta ensuite *La Mort de Danton* au Deutsches Theater de Berlin à partir du 15 décembre 1916, et Bertolt Brecht découvrit Büchner à cette occasion. Plus tard il précisa dans « L'Achat du cuivre » qu'il avait été influencé en ce temps-là par deux poètes, Büchner et Wedekind, et par un clown, Valentin[1].

Désireux d'aider Büchner, réfugié politique à Strasbourg, Gutzkow obtint que l'éditeur Sauerländer commande à Büchner la traduction de deux pièces de Victor Hugo, *Lucrèce Borgia* et *Marie Tudor*, qui parut en octobre 1835. Cette traduction consciencieuse s'efforçait de réduire l'emphase hugolienne, mais ne répondait à aucune affinité particulière pour ce genre de théâtre : c'est en vain qu'on a voulu parfois chercher dans la théorie (préface de *Cromwell*) ou dans la dramaturgie de Hugo une inspiration qui aurait fécondé le théâtre de Büchner[2].

Le *Sturm und Drang*, comme il a été dit plus haut, est au contraire une des sources les plus certaines de l'art et de la pensée de Büchner. Chez l'écrivain alsacien Ehrenfried Stöber se trouvait une copie du journal que le pasteur Johann-Friedrich Oberlin avait consacré à la maladie mentale du poète Jakob Michael Reinhold Lenz, entre le moment où celui-ci, dans un état de dénuement total, avait trouvé un abri chez Oberlin à Waldersbach, et son départ sous bonne escorte pour Strasbourg, le pasteur n'étant plus en

---

1. B. Brecht, « L'Achat du cuivre », dans *Écrits sur le théâtre 1*, Paris, L'Arche, 1972, p. 571.
2. J.-C. Hauschild, *op. cit.*, p. 134-6.

mesure de surveiller Lenz, atteint de schizophrénie, après plusieurs tentatives de suicide. Quelques extraits de ce journal d'Oberlin avaient déjà été publiés en 1831 par August Stöber, fils d'Ehrenfried et ami de Büchner.

Celui-ci décida de tirer parti de ce journal en écrivant une nouvelle consacrée à Lenz, un des plus fameux écrivains du *Sturm und Drang,* notamment auteur de deux pièces extrêmement originales, *Le Précepteur* et *Les Soldats,* dont la destinée tragique éveillait certainement chez Büchner un intérêt d'ordre littéraire, mais sans doute plus encore une curiosité psychologique, et peut-être une sympathie mêlée de crainte quant à son propre avenir. La première indication relative à l'élaboration du *Lenz* de Büchner remonte à une lettre d'encouragement que lui envoya Gutzkow le 12 mai 1835[1]. Mais Büchner, occupé par ses études de physiologie animale, n'acheva pas son texte, qui ne fut publié qu'après sa mort par Gutzkow.

Le séjour de Lenz chez le pasteur Oberlin fut très bref : vingt jours, du 20 janvier au 8 février 1778. Büchner eut entre les mains lors de son deuxième séjour strasbourgeois, grâce à August Stöber, outre le journal d'Oberlin, des lettres de Lenz à J.-D. Salzmann de juin à octobre 1772, plus quelques autres documents. Il utilisa aussi les textes de Goethe relatifs à Lenz publiés en 1814 dans *Dichtung und Wahrheit,* livres XI à XV. Gutzkow pensait en 1836 que Büchner allait concentrer sa nouvelle sur la relation que Lenz aurait eue avec Frédérique Brion, la bien-aimée de Goethe lors de son séjour en Alsace[2], à laquelle Lenz aurait fait à son tour, mais sans succès, une cour empressée. Sans qu'on sache précisément à quel moment et pour quelle raison Büchner renonça à ce sujet, il est clair qu'il préféra s'en tenir à la description d'un cas clinique, où les commentateurs modernes voient un accès de schizophrénie, terme apparu beaucoup plus tard avec les travaux de Bleuler.

---

1. Büchner, *W. und B.*, p. 302-3.
2. *Ibid.*, p. 310.

On connaît l'insistance avec laquelle plusieurs écrivains romantiques allemands ont décrit des cas de folie dans leurs œuvres, notamment E.T.A. Hoffmann. Après l'*Ajax* de Sophocle, le théâtre de Shakespeare, si présent dans la littérature allemande depuis Lessing, offrait les exemples les plus spectaculaires, ceux d'Ophélie et de Lear; mais d'autres personnages du théâtre élizabéthain, l'Alice d'*Arden de Feversham*, l'Hieronimo de la *Spanish Tragedy* de Thomas Kyd, portaient à la scène des cas différents, idées fixes meurtrières ou aliénation caractérisée. Or l'œuvre de Büchner s'inscrit dans cette tradition : *La Mort de Danton, Lenz, Woyzeck* sont les marques les plus évidentes de cet intérêt constant de Büchner pour les maladies mentales et les problèmes esthétiques posés par leur intégration dans des œuvres de fiction. On peut noter qu'à la même époque que Büchner, Gogol continuait en Russie avec *Le Manteau* ou le *Journal d'un fou* la vaste étude de cas pathologiques commencée par Hoffmann et prolongée quelques années plus tard par Dostoïevski tout au long de son œuvre.

Le journal d'Oberlin visait à justifier son comportement vis-à-vis de Lenz : il s'agissait pour le pasteur, un homme bienfaisant et compréhensif, de montrer que son hôte était incurable, et qu'il rendait vains tous les efforts déployés pour le sauver. La perspective adoptée par Büchner est radicalement différente, puisqu'il place la narration du point de vue de Lenz, tout en recourant à la troisième personne : il s'agit du procédé connu depuis Leo Spitzer sous le nom d'*erlebte Rede* ou style indirect libre, bien connu par l'usage qu'en a fait Flaubert dans *Madame Bovary*. Les faits relatés selon ce procédé sont empreints à la fois d'une solidité auctoriale et d'une subjectivité lyrique, qui apparaissent clairement, même à travers la traduction, dans l'évocation du paysage qui ouvre la nouvelle de Büchner, où à travers de longues phrases il fait alterner les notations picturales avec les sensations enregistrées et intégrées par le psychisme de Lenz, en proie à des bouffées délirantes : « ... il ressentait une déchirure dans la poitrine, il se levait, haletant, le corps penché en avant, les yeux et la bouche grands ouverts, il lui semblait qu'il fallait attirer la tempête en lui, tout contenir en lui, il se déployait et s'allongeait sur la terre, il se roulait dans le grand Tout, c'était un plaisir qui lui faisait mal ; ou bien il restait immobile et enfonçait sa tête dans la mousse en fermant à demi les yeux, et alors cela s'en allait loin de lui, la terre lui manquait, elle devenait aussi petite qu'un astre errant et plongeait dans le fleuve tumultueux qui roulait ses flots limpides au-dessous de lui. »

Cette prose étrange ne fut pas appréciée à sa juste valeur, même par Gutzkow qui la publia en 1839 comme « une relique de Büchner » avec ce commentaire : « Malheureusement la nouvelle est restée à l'état de fragment. Nous aurions scrupule à la publier sous cette forme, si elle ne contenait des éléments sur Lenz qui surprendront plusieurs de nos lecteurs[1]. » Les jugements sévères de Goethe sur Lenz et le *Sturm und Drang* contribuèrent longtemps à écarter le public de ce texte de Büchner, qui ne trouva un écho qu'à la période naturaliste, avec *Der Bahnwärter Tiel* de Gerhart Hauptmann, puis chez les expressionnistes et les générations suivantes, qui virent dans le *Lenz* de Büchner une espèce d'anticipation du *Château* de Kafka et même, pour Arnold Zweig en 1923, « le début de la prose européenne moderne[2] ».

Après avoir terminé *La Mort de Danton*, rédigé la nouvelle *Lenz*, traduit Victor Hugo, Büchner, pouvait-on imaginer, allait se consacrer définitivement à ses recherches sur le système nerveux des poissons et

---

1. G. Büchner, *Sämtliche Werke, Briefe und Dokumente in 2 Bänden, herausgegeben von H. Poschmann, Band 1, Dichtungen*, Bibliothek Deutscher Klassiker, Frankfurt a. M., 1992, p. 792. Plus loin, abrégé en *BDK*. Trad. M.C.
2. *Ibid.*, p. 816. Arnold Zweig, *Versuch über Georg Büchner*, 1923, p. XLII. Autres rapprochements suggestifs : Bernard Böschenstein, « En compagnie des promeneurs et de leurs doubles : Robert Walser et Simon Tanner — Büchner et Lenz — Celan et Lenz », dans *Promenades et Écriture*, éd. A. Montandon, CRLMC, Clermont-Ferrand, 1996, p. 149-158.

à ses lectures philosophiques, en vue d'une carrière universitaire qu'il pensait mener à Zurich. Or au printemps de 1836 il apprit que la maison d'édition Cotta avait annoncé un concours de la meilleure comédie en un ou deux actes, doté de 300 gulden, à remettre impérativement avant le 1er juillet. Malheureusement Büchner, absorbé par la rédaction de sa thèse de doctorat, envoya sa comédie, *Léonce et Léna,* deux jours trop tard, et son paquet lui revint sans même avoir été ouvert. Une lettre à son frère Wilhelm du 2 septembre 1836 établit le lien temporel entre ces diverses occupations : « Je suis à présent complètement plongé dans l'étude des sciences naturelles et de la philosophie, et m'apprête à me rendre à Zurich [...] pour y donner des conférences sur les systèmes philosophiques des Allemands depuis Descartes et Spinoza. — En outre je m'occupe à faire se tuer ou s'épouser sur le papier quelques créatures humaines, et je prie le bon Dieu de me donner un éditeur naïf et un vaste public avec aussi peu de goût que possible. On a besoin de courage pour s'attaquer à beaucoup de choses en ce bas monde, même pour devenir maître de conférences de philosophie[1]. » Les éditeurs modernes pensent que « se tuer » renvoie à *Woyzeck* et « s'épouser » à la seconde version de *Léonce et Léna,* en trois actes, celle qui sera publiée en extraits après la mort de l'écrivain dans le *Télégraphe d'Allemagne,* un journal de Hambourg, du 10 au 17 mai 1838. Le texte complet parut en 1850 dans les *Œuvres posthumes* éditées par Ludwig Büchner.

À peu près autant que *La Mort de Danton,* la comédie *Léonce et Léna* est le résultat d'un montage de citations et d'emprunts à des textes antérieurs. Le plus important n'a été exhumé que dans les années 80 de ce siècle par Thomas Michael Mayer, suivi par plusieurs spécialistes allemands de Büchner : il s'agit d'une anonyme *Chronique des fêtes qui ont eu lieu en Bavière et en Hesse à l'occasion de l'auguste mariage de*

---

1. Büchner, *W. und B.*, p. 286 et *O.C.*, p. 553-4.

Son Altesse le grand-duc héritier Louis de Hesse avec Son Altesse royale la princesse Mathilde de Bavière, parue à Darmstadt en 1834 et dont les auteurs étaient deux amis de Büchner, Heinrich Küntzel et Friedrich Metz. Le texte allemand est reproduit en annexe au tome 1 des *Œuvres complètes* de Büchner, éditées par Henri Poschmann à Francfort en 1992. L'événement remontait au mois d'avril 1833, et avait été raillé cruellement dans le *Messager hessois* : « Allez donc à Darmstadt, voyez comment les messieurs s'amusent avec votre argent, et racontez-le à vos femmes et à vos enfants affamés [...], et puis rampez dans vos huttes enfumées, courbez-vous sur vos champs pierreux, pour que vos enfants puissent y aller aussi quand un prince héritier viendra en aide à une princesse héritière pour faire un autre prince héritier, et qu'ils verront sur la nappe par les portes vitrées grandes ouvertes ce que mangent les messieurs, et qu'ils sentiront l'odeur des lampes illuminées par la graisse des paysans. Tout cela, vous le supportez parce que des coquins vous disent : "Ce gouvernement vient de Dieu[1]." »

Rien de si marqué dans la comédie de Büchner, si ce n'est la satire de l'oisiveté et de l'ennui qui règnent à la cour du roi Pierre, et du mariage qui doit unir le prince Léonce du royaume de Popo et la princesse Léna du royaume de Pipi. Cependant la scène 2 de l'acte III semble faire écho à la scène 2 de l'acte II de *La Mort de Danton*. Le maître d'école y déclare aux paysans massés dans la cour du château royal : « Attention, vous autres : dans le programme il est écrit : tous les sujets seront disposés de leur plein gré le long de la route, proprement vêtus, bien nourris et arboreront des mines satisfaites. » On retrouve aussi le ton du *Messager hessois* quelques lignes plus loin : « Reconnaissez ce qu'on fait pour vous, on vous a placés de telle sorte que le vent souffle de la cuisine vers vous, comme ça vous aurez au moins une fois dans votre existence senti l'odeur d'un rôti. »

1. Büchner, *W. und B.*, p. 221 et *O.C.*, p. 77-78. Tr. M. C.

En fait ces passages relèvent d'une tradition comique fort ancienne, qui oppose dès l'époque de Plaute les esclaves à leurs maîtres, ou chez Molière les pêcheurs de *Dom Juan* au seigneur enrubanné qui vient conter fleurette à leurs femmes. Gutzkow préférait voir dans *Léonce et Léna* « une comédie à la manière du *Ponce de Léon* de Brentano », une comédie parue en 1804 et rééditée en 1827, dont Büchner avait imité « le ton de conte de fées, l'allure lunaire des personnages, la prédominance du discours sur l'action ». La constellation des personnages dans *Léonce et Léna* a été rapprochée d'une comédie de Tieck *Le Prince Zerbino ou le voyage vers le bon goût,* parue en 1799 et rééditée en 1828, mais aussi de la comédie en deux actes de Musset, *Fantasio* (1834)[1]. L'intrigue, où deux personnages prennent la fuite pour éviter d'être séparés par un mariage forcé, deviennent amants et finissent par s'épouser, se retrouve dans *Les Déguisements* d'Immermann (1828) et dans la comédie à quiproquos d'Eichendorff, *Les Prétendants* (1833). Tous ces arrangements de procédés, de thèmes et de situations romantiques font de *Léonce et Léna* au premier abord un pastiche littéraire plutôt gai, comme d'une certaine manière l'était *Don Quichotte* vis-à-vis du roman de chevalerie. Mais la caricature du système politique sur lequel reposait encore une bonne partie de l'Allemagne n'en est pas moins virulente, comme le sentait bien Gutzkow qui avait déjà payé d'un séjour en prison ses convictions démocratiques et la hardiesse de son roman *Wally*. La critique n'a pas assez montré l'âpreté de la satire visant la bonne société allemande qui s'exprime dans le discours de Valério, acte III, scène 3, dans lequel est repris avec beaucoup de force le thème de l'automate, si présent dans la littérature allemande depuis le célèbre passage de *Werther* (lettre du 20 janvier), où il se voit lui-même et tous ses voisins jouer des rôles comme des marionnettes. Bernhild Boie montre en détail les variations de ce thème à tra-

---

1. J.-C. Hauschild, *op. cit.*, p. 173.

vers Karl-Philipp Moritz, Jean-Paul, Arnim, Hoffmann, et en arrive à Büchner[1]. Elle rappelle une lettre de celui-ci du 28 juillet 1835 où il s'en prend aux « soi-disant poètes idéalistes » qui « ne nous ont guère donné que des marionnettes aux nez barbouillés d'azur et au pathos affecté, mais non des êtres humains de chair et de sang dont je puisse partager les souffrances[2] », etc. Camille, à l'acte II, scène 3 de *La Mort de Danton*, dénonçait déjà les « copies de bois » cataloguées théâtre, expositions ou concerts et raillait les personnages, ces marionnettes « dont on peut voir les fils et dont les articulations à chaque pas craquent en pentamètres iambiques[3] ». La dérision se retrouve dans *Léonce et Léna*, cependant cette fois il ne s'agit plus d'une esthétique dépassée, celle des « poètes idéalistes », mais, comme dans le passage de *Werther* évoqué plus haut, d'une représentation de l'humanité dans son ensemble : « Vous voyez ici, Messieurs et Mesdames, deux personnes de sexe différent, un mâle et une femelle, un monsieur et une dame. Rien qu'artifice et mécanique, rien que du carton et des ressorts d'horlogerie ! Chacun porte un rouage très, très fin monté sur rubis et placé sous l'ongle du petit orteil du pied droit, on appuie un tout petit peu et le mécanisme se met en marche pour cinquante ans. Ces personnes sont fabriquées avec tant de soin qu'on ne pourrait en rien les distinguer des autres hommes, si l'on ne savait pas qu'ils sont faits simplement de carton ; on pourrait véritablement faire d'eux des membres de la société humaine. »

La souveraineté poétique du langage, véritable acte de foi du romantisme allemand, repose sur l'idée que la parole est un don de Dieu que l'homme se

---

1. Bernhild Boie, *L'Homme et ses simulacres. Essai sur le romantisme allemand*, Paris, Corti, 1979, p. 134-137.
2. Büchner, *W. und B.*, p. 272-3 et *O.C.*, p. 539. Tr. M. C.
3. Iambes à cinq pieds (« in fünffüßigen Jamben »), et non « jambes » comme on lit dans G. Büchner, *Théâtre complet*, L'Arche, 1953, p. 49. Cf. les « marionnettes princières » décrites dans *Le Messager hessois*, *O.C.*, p. 76-77.

transmet par la poésie. L'usage social courant du langage ne remet pas en cause sa nature universelle et sa vérité profonde, pas plus que les imperfections de l'homme ne permettent de mettre en doute la perfection divine. Mais si le langage n'est qu'un bruit dépourvu de sens, et si l'homme n'est qu'un automate de carton mis en route par un mécanisme d'horlogerie ? Le discours de Valério, qui commence par la démolition de l'identité, mise à mal par des jeux de masques et de miroirs, se poursuit par l'assimilation de l'homme à un automate, et s'achève par une application particulière aux représentants de la bonne société allemande, manifestement celle de Hesse-Darmstadt où Büchner avait passé la plus grande partie de sa vie, et où s'était déroulée la fête du mariage princier mentionnée plus haut : « Ce sont des gens très comme il faut, car ils parlent haut-allemand. Ils sont très moraux, car ils se lèvent quand la cloche sonne, déjeunent quand la cloche sonne, et vont se coucher quand la cloche sonne, ils ont également une bonne digestion, ce qui prouve qu'ils ont une bonne conscience. Ils sont très pudiques, car la dame n'a pas de mot pour l'idée de pantalon, et le monsieur ne saurait en aucun cas monter un escalier derrière une femme ou le descendre devant elle. Ils sont très cultivés, car la dame chante tous les nouveaux opéras, et le monsieur porte des manchettes [...]. »

Cette comédie n'est pas plus un appel à la révolution que ne l'était *Le Mariage de Figaro* de Beaumarchais : mais les propos subversifs de Valério, digne descendant de Figaro, l'épigraphe qui oppose *la fama* et *la fame*, la gloire et la faim[1], la caricature d'un pouvoir féodal tombé aux mains d'un roi à peu près gâteux, la peinture de l'ennui vertigineux dont souffre Léonce, le jeune premier au demeurant sympathique, enfin la mise en scène grotesque organisée par le maître d'école, tous ces éléments font de la comédie de Büchner à la fois un adieu au romantisme idéaliste,

---

1. Voir les notes de *Léonce et Léna*.

une étape significative dans son travail d'artiste, et une preuve supplémentaire de la continuité de ses vues politiques et sociales.

Léonce et Léna, comme les autres pièces de Büchner, dut attendre longtemps avant d'être représentée : une troupe d'amateurs la donna à l'Intimes Theater de Munich en 1895. Mais le vingtième siècle dans sa deuxième moitié rendit hommage à cette pièce où l'on vit un premier exemple de théâtre de l'absurde : des pièces comme *Le Mariage* ou *Yvonne, princesse de Bourgogne* du Polonais Witold Gombrowicz continuent dans un registre moins politique la mise en question de la tradition théâtrale, du langage et des personnages, déjà amorcée cent auparavant par Büchner.

La dernière pièce connue de Büchner repose en grande partie sur le même fond contestataire que les textes précédents, aussi bien en ce qui concerne l'esthétique que les rapports sociaux : rien d'étonnant à cela si l'on se rappelle que la pièce a été esquissée en 1836, l'année même de *Léonce et Léna*, et l'année d'après *La Mort de Danton*. Plusieurs lettres manifestent la solidarité de Büchner avec les plus pauvres : en février 1834, il écrivait de Gießen à ses parents qu'il espérait « avoir jeté sur les souffrants, sur les opprimés plus de regards compatissants que lancé de paroles amères aux âmes froides et distinguées[1] ». Dans une lettre à Gutzkow de 1836, il s'expliquait sans détours sur l'impossibilité de combler le fossé qui séparait selon lui la société en deux classes, celle des gens cultivés et celle des ignorants. « Je me suis convaincu que la minorité aisée et cultivée, qui réclame pour elle tant de concessions de la part du pouvoir, ne renoncera jamais à sa méchanceté envers la classe la plus nombreuse. » Et celle-ci ne peut être mise en mouvement que par deux leviers, la misère matérielle et le fanatisme religieux[2]. Ces idées géné-

---

1. Büchner, *W. und B.*, p. 254, *O.C.*, p. 520. Tr. M. C.
2. *Ibid.*, p. 282, *O.C.*, p. 549. Tr. M. C.

rales vont trouver une application dramatique dans ce *Woyzeck*, où Büchner a choisi de retracer en tableaux discontinus la triste destinée d'un pauvre diable qui sert de domestique à son capitaine, de sujet d'expérimentation à un docteur, qui est trompé par sa femme et humilié par l'avantageux tambour-major, l'amant de celle-ci. Dès le début de la pièce, son esprit vacille : il ne s'agit plus des hallucinations shakespeariennes de Danton, mais de grotesques craintes à propos du travail souterrain des francs-maçons. Cet homme qui se sent traqué, dépourvu de moyens de défense contre l'injustice du sort et la méchanceté des hommes, rumine ses malheurs, achète pour finir un couteau et dans une frénésie meurtrière tue sa femme : son sort final reste inconnu dans la pièce.

Comme dans ses autres compositions, Büchner a établi sa pièce sur une base documentaire précise. Il s'agit des actes d'une longue procédure concernant un meurtrier nommé Johann Christian Woyzeck, né en 1780 à Leipzig. Le document connu sous le nom de « deuxième expertise Clarus », daté de Leipzig, 28 février 1823, et publié en août 1824, à l'époque même de l'exécution de Woyzeck, qui eut lieu à Leipzig le 24 août 1824, est l'œuvre d'un médecin, le conseiller aulique Johann Christian August Clarus, chargé d'établir le degré de responsabilité du meurtrier[1].

Après de vaines tentatives pour trouver un travail stable, Woyzeck servit dans les armées hollandaise, suédoise et mecklembourgeoise, déserta, revint à l'armée suédoise, apparemment pour rejoindre à Stralsund une fille qui avait eu un enfant de lui en 1810. Le rapport Clarus fait état des remords qui auraient longtemps troublé Woyzeck au sujet de sa conduite dans cette affaire. Finalement il obtint son congé de l'armée prussienne et revint dans l'hiver de 1818 à Leipzig. Au début de l'hiver 1820 il essaya de se faire enrôler dans la garnison de la ville, mais sans

---

1. Importants extraits dans *W. und B.*, p. 392-415, limités aux cas Schmolling et Woyzeck, *BDK*, p. 930-965.

succès, son congé n'étant pas reconnu comme valable. Plusieurs témoignages remontant à sa vie militaire de cette époque le montrent en proie à des représentations délirantes, s'imaginant que des cloches tintaient sous terre, que des signes particuliers affectaient la lune ou le soleil couchant, et que tout cela était en rapport avec l'activité des francs-maçons. On lui fit partager quelques semaines le lit du tambour Vitztum ; il fut mis aux arrêts pour différents larcins. Bientôt il s'éprit de la veuve Johanna Christiana Woost, belle-fille de sa logeuse, mais lui fit de violentes scènes de jalousie, car elle ne voulait pas renoncer à fréquenter d'autres hommes, en particulier les soldats municipaux de Leipzig. Un soir de fête à Gohlis, près de la ville, Woyzeck dans son lit se représentait la veuve Woost en train de danser là-bas avec un autre. Alors il lui avait semblé entendre violons et violoncelles scander en cadence : allons-y, allons-y ! et le lendemain il avait appris qu'en effet la Woostin était allée à Gohlis et s'était donné du bon temps avec un autre. Le statut social de Woyzeck se dégrada rapidement, il ne trouvait plus aucun travail, vivait d'aumônes et couchait dehors. Il avait eu un jour une querelle avec un ouvrier fondeur de cuivre qui l'avait roué de coups dans une auberge, et fut condamné au début de l'année 1821 à une semaine de prison pour mauvais traitements infligés à la veuve Woost.

Celle-ci, le matin du 21 juin 1821, jour du meurtre, avait donné un rendez-vous à Woyzeck à la Funkenburg, aux environs de Leipzig, mais n'avait pas tenu parole et s'était promenée avec un soldat nommé Böttcher. Woyzeck, tenaillé par la jalousie, avait passé tout l'après-midi à errer entre la ville et la Funkenburg ; vers le soir, il avait dissimulé son poignard dans une sorte de cahier, et rencontrant par hasard la veuve Woost, avait appris qu'elle n'était pas allée à la Funkenburg ; il l'avait accompagnée jusque chez elle, et, après un début de querelle, l'avait frappée de son arme. Il s'était enfui et, au moment d'être arrêté, avait essayé de jeter son poignard. Woyzeck assura que s'il n'avait pas été arrêté très vite après le meurtre, il se serait tué lui-même avec la même arme.

Ce résumé rapide de l'expertise du Dr Clarus, qui rejetait dans sa conclusion l'hypothèse d'un dérangement psychique tel que Woyzeck aurait commis son crime de façon involontaire, est destiné à montrer les éléments dont s'est servi Büchner dans sa pièce, et aussi à faire ressortir la part d'invention qui est la sienne. Les spécialistes de cet écrivain rappellent qu'en 1830 un tisserand avait tué à coups de couteau sa maîtresse qui le rendait jaloux. Les médecins avaient conclu à sa responsabilité. Condamné à dix-huit ans de réclusion, Dieß était mort en prison en 1834, son corps avait été aussitôt donné pour dissection à l'amphithéâtre de médecine où Büchner faisait ses études[1] ! Plus loin dans le passé, en 1817, un autre ouvrier nommé Daniel Schmolling avait tué près de Berlin une jeune fille qu'il fréquentait depuis six mois en se servant d'un couteau destiné à cet usage qu'il portait sur lui depuis un certain temps[2]. Comme dans le cas de Woyzeck, une condamnation à mort avait été différée par une demande de révision au sujet de sa responsabilité, mais rejetée par le tribunal. Le roi avait commué la peine en détention perpétuelle. Büchner avait pu lire les actes de ce procès et d'autres documents analogues dans la *Zeitschrift für Staatsarzneikunde (Revue de médecine légale)*, 2ᵉ trimestre de 1836, publiée par Adolf Henze à Erlangen, notamment p. 378-398 l'étude de Philipp Bopp, « Responsable ou non ? »

Büchner disposa en outre d'un autre modèle pour la figure de son Woyzeck, un soldat de vingt-deux ans nommé Christoph Jünger qui avait comparu en janvier 1824 devant la cour martiale de Darmstadt pour avoir subitement attaqué au sabre son caporal qui l'avait réveillé en pleine nuit alors qu'il n'était pas de garde[3]. Ernst Büchner, le père de l'écrivain, avait été

---

1. Büchner, *BDK*, p. 715-6.
2. *Ibid.*, p. 716.
3. *Ibid.* p. 717-8.

chargé d'une contre-expertise, afin d'apprécier l'état mental du soldat au moment des faits, et son rapport avait été publié en 1825 dans la revue mentionnée plus haut. Le tribunal suivit ses conclusions qui faisaient état d'une crise de folie passagère et acquitta le soldat, punissant le caporal de deux semaines d'arrêts de rigueur pour avoir provoqué le soldat. On pense que le Dr Ernst Büchner s'intéressa également au cas de Woyzeck, qui avait servi en 1806-07 dans le régiment hollandais où lui-même avait été attaché au service de santé. Albert Meier, dans son livre sur *Woyzeck* de 1980, va encore plus loin et estime que Georg Büchner, en résidence à Strasbourg, avait dû connaître le retentissement de l'affaire de Pierre Rivière, ce paysan de vingt ans qui avait assassiné avec préméditation le 3 juin 1835 sa mère, sa sœur et son frère, avait bénéficié d'une grâce le 15 février 1836. Le *Mémoire* qu'il avait laissé jetait une lumière crue sur les conditions intolérables d'existence de sa famille, et sur les étapes psychologiques qui l'avaient amené jusqu'à son crime. Tout ce matériel fut publié dans les *Annales d'hygiène publique et de médecine légale* en 1836, et se retrouve, largement utilisé par Michel Foucault dans son livre de 1973[1].

On ne saurait cependant conclure de toutes ces indications que *Woyzeck* est une pièce documentaire : Büchner a trié, refondu, amalgamé ou éliminé ce qui n'entrait pas dans sa conception du personnage et de son destin. L'histoire de Woyzeck est combinée à celle de Dieß et à celle de Schmolling, les trois procès étant relatés dans la publication de P. Bopp. Büchner fait de son personnage un soldat d'infanterie hessois au lieu de l'ancien combattant des guerres napoléoniennes qu'était le vrai Woyzeck : la vie militaire joue un rôle très important dans la pièce, les rapports de Woyzeck avec son capitaine, ses rapports avec Andres, son camarade de chambrée, sont fortement soulignés. Le

---

1. *Ibid.*, p. 718-9 et Michel Foucault, *Moi, Pierre Rivière, ayant égorgé ma mère, ma sœur et mon frère*, Gallimard, 1973.

vrai Woyzeck avait bien une maîtresse qui le rendait jaloux, mais il vivait en célibataire et même parfois sans domicile fixe. Le personnage de la pièce vit en concubinage avec cette Marie de qui il a eu un enfant, tout en logeant à la caserne, lui donne sa solde pour les frais du ménage, et gagne en outre quelques sous en se prêtant aux expériences du docteur. La misère est présente dans les deux cas, mais plus redoutable encore pour un homme chargé de famille et qui, loin d'être un chômeur perpétuel comme le vrai Woyzeck, recourt à tous les expédients pour se tirer d'affaire, lui et les siens.

Büchner a soigneusement motivé psychologiquement le meurtre final : dès le début de la pièce il utilise les obsessions dont souffrait le vrai Woyzeck, selon plusieurs témoins, notamment la crainte irrationnelle des francs-maçons rendus responsables des dérangements cosmiques qu'il note avec inquiétude, à quoi s'ajoutent rapidement les soupçons touchant la fidélité de Marie, l'affaiblissement physique causé par le régime alimentaire du docteur, l'humiliation infligée par le terrible tambour-major chez l'aubergiste, et la certitude que les deux amants dansent ensemble. Plusieurs de ces éléments proviennent des sources indiquées plus haut, mais les choses se déroulaient à travers des contextes moins serrés dans le temps et dans l'espace. Ce que Büchner appelait le fatalisme de l'histoire lorsqu'il s'agissait de la Révolution française retrouve ici, sous la forme d'une fatalité sociale, une cohérence digne de la tragédie grecque, bien qu'il s'agisse d'un pauvre hère et non d'un héros ou d'un demi-dieu. Toute l'emphase des discours imités de l'antique dans *La Mort de Danton* fait place à des phrases simples, à des mots de tous les jours chez les représentants de la classe pauvre. Au contraire, le capitaine et surtout le docteur usent du langage comme d'un moyen d'oppression supplémentaire à l'égard d'un ancien soldat sans instruction et à la raison fragile, que tout le monde s'ingénie à mystifier, à tromper, à humilier.

Le régime militaire, que Büchner n'avait pas connu personnellement, lui avait certainement été décrit par son père qui avait passé cinq ans aux armées comme assistant puis comme chirurgien militaire, et par ses cousins de Darmstadt, officiers supérieurs dans l'armée du grand-duché. Quant au monde médical, Büchner le connaissait d'expérience par ses études à Gießen, à Darmstadt et à Strasbourg. Mais rien dans les sources qu'il avait en sa possession concernant les meurtriers qui lui avaient servi de modèles ne ressemblait aux rapports étonnants qu'il installe dans sa pièce entre le docteur et Woyzeck, devenu sujet d'expérimentation.

On s'accorde à reconnaître dans la figure du Professeur les traits du professeur de botanique, zoologie, physiologie et anatomie de l'université de Gießen Johann Bernhardt Wilbrand (1779-1846) que Carl Vogt, condisciple de Büchner à Gießen, décrivait comme un philosophe de la nature enclin à des développements généraux sans base expérimentale[1]. Quant au Docteur, lui aussi élevé à la hauteur d'un type par l'absence de nom propre, il reflète la personnalité de ce docteur Johann Clarus (1774-1854) dont l'expertise avait largement contribué à la condamnation à mort de Woyzeck, et qui représentait pour Büchner cette arrogance du savoir qu'il détestait comme toute espèce d'aristocratisme. Mais le passage sur l'urine de Woyzeck renvoie aux expériences importantes de Justus von Liebig (1803-1873), qui enseignait la chimie à Gießen depuis 1824 et avait réussi avec Friedrich Wöhler la première synthèse d'une substance organique, celle de l'urée. Le régime alimentaire constitué de petits pois avait été réellement imposé à des soldats de la garde grand-ducale, Liebig voulait par là étudier la production d'urée en régime végétarien par comparaison avec le régime carné normal. Un autre savant, Johannes Müller (1801-1858), avait dès 1824 déclaré préférable la

---

1. Büchner, *BDK*, p. 727.

méthode fondée sur l'observation et mis en garde contre l'abus des expériences hasardeuses en physiologie, ce qui correspond visiblement à la pensée de Büchner dans ce domaine [1].

La ville où se déroule l'action n'est pas nommée, c'est une ville d'université et de garnison, que Büchner a peuplée de bourgeois, de mendiants, de forains, d'aubergistes avec leur clientèle, de filles faciles, d'enfants, de soldats, de notables (le professeur, le docteur, le capitaine). La succession rapide des tableaux, situés chacun dans un lieu particulier [2], anticipe sur les plans-séquences du cinéma et se retrouve en partie dans la dramaturgie brechtienne : mais il est impossible de se prononcer de manière formelle sur l'enchaînement des tableaux que Büchner aurait établi de manière définitive, la pièce étant restée dans ses papiers sous une forme fragmentaire. Chaque éditeur, depuis près d'un siècle, a reconstruit *Woyzeck* à son idée, le titre même participant de cette incertitude. La traduction qui est proposée dans cette édition repose sur la version combinée établie par Henri Poschmann avec l'aide de sa femme pour le premier volume, paru en 1992, des *Œuvres complètes* de Georg Büchner.

La grande calamité qui frappe tout travail éditorial relatif à *Woyzeck* peut se résumer ainsi, selon les termes de Poschmann : on dispose de 49 scènes ou fragments de scènes, mais aucune page, aucune scène ne porte de numéro. Comme la pièce n'est pas divisée en actes, que les scènes sont courtes et nombreuses, et que l'écriture de Büchner est souvent aux limites du lisible, on peut imaginer la perplexité des éditeurs. S'y ajoutent la syntaxe et le vocabulaire particuliers de la pièce, où le haut-allemand alterne avec des éléments de dialectes hessois ou alsacien : l'établissement du texte est aussi malaisé que l'ordre à adopter dans la succession des scènes.

1. *Ibid.*, p. 728-9.
2. À l'exception de l'auberge, qui apparaît trois fois dans la version combinée.

Un manuscrit in-folio comprend deux groupes de scènes, appelées « ébauche 1 » (H1) et « ébauche 2 » (H2). H1 comprend vingt et une scènes, allant de la scène « Baraques. Peuple » jusqu'à la scène « Employés de justice. Barbier. Médecin. Juge ». Ces vingt et une scènes vont de l'exposition au dénouement, l'histoire triangulaire s'y déroule de façon cohérente. H2 comprend neuf scènes, depuis « Campagne. Au loin la ville » jusqu'à « Louisel seule. Prière. » Ces scènes n'ont pas de cohérence véritable entre elles, elles apparaissent comme complémentaires du groupe H1. Seule la scène H2,3 « Place publique. Baraques. Lumières » est un développement de H1,1. Les autres sont nouvelles par rapport à H1. L'environnement social est enrichi, la voisine, le docteur et le capitaine font leur apparition.

Un autre manuscrit in-quarto contient la « version principale » (H3), composée de dix-sept scènes. La première est « Campagne. Au loin la ville », la dernière est « Caserne », appelée souvent « scène du testament ». Dix scènes sont de nouvelles versions de scènes déjà existantes dans H1 et H2, cinq sont tout à fait nouvelles : « Marie, assise, son enfant sur les genoux », « Le capitaine. Woyzeck. Le capitaine sur une chaise. Woyzeck le rase », « Marie. Le tambour-major », « Woyzeck. Le juif » et « Caserne. Andres. Woyzeck fouille dans ses affaires ». Cette version dite principale ne peut être considérée comme définitive : sa fonction était d'assurer l'intégration des ébauches précédentes et de laisser ouvertes de nouvelles possibilités. Avec H3 une étape importante est franchie dans les appellations : dans H1 l'homme est appelé « soldat » ou « Louis », la femme est « Magreth » ou « Magretche »; dans H2 apparaissent « Woyzeck » ou « Franz », dans H3 apparaît « Marie ».

Ce qui complique la situation, c'est l'existence d'une « version complémentaire », appelée H4, une feuille unique composée de deux scènes nouvelles,

« La cour du professeur » et « L'idiot. L'enfant. Woyzeck ». Ces deux scènes, composées après H1 (qui ne connaît pas le nom Woyzeck) ne peuvent être placées avec certitude parmi les scènes de H3. Beaucoup d'éditeurs ont décidé que le professeur et le docteur étaient un seul et même personnage, ce qui ne repose sur aucune évidence, bien au contraire puisqu'ils procèdent de modèles différents. En outre, le processus d'élargissement progressif du champ social où se place Woyzeck, qui comprenait déjà le docteur à partir de H2, pouvait conduire encore plus haut, au monde universitaire, avec le professeur et les étudiants.

Henri Poschmann estime que H4,2 a été écrit en dernier, peut-être même le dernier texte écrit par Büchner avant sa mort. Et il jouerait bel et bien le rôle de conclusion du drame proprement dit, avec la dernière apparition de Woyzeck — et son dernier échec puisque l'enfant refuse ses caresses et s'enfuit avec l'idiot. La dernière scène ramène brutalement le drame au niveau du fait divers, que les notables présents, le juge, le docteur, n'accompagnent même pas d'un mot de pitié, tandis que l'employé en souligne la valeur esthétique : « Un bon meurtre, un vrai meurtre, un beau meurtre... »

Au total, le drame tel qu'il nous est parvenu est beaucoup plus cohérent que la critique buchnérienne ne l'a dit, rien de capital ne semble manquer, et on est en droit de penser que c'était l'avis de Büchner lui-même, qui annonçait à Wilhelmine Jaeglé en janvier 1837 qu'« au plus tard dans huit jours il ferait paraître *Léonce et Léna* avec deux autres drames ». L'un de ces drames est sans doute une pièce sur L'Arétin qui semble définitivement perdue[1], l'autre ne pouvant être que *Woyzeck*.

---

1. J.-C. Hauschild, *Büchners Aretino. Eine Fiktion*, Francfort, 1982. Il s'agit d'un essai de scénario.

Provenance des scènes de la « version combinée »
(tableau p.704 de G. Büchner, *BDK*, t. 1, 1992)

Rappel : H1 et H2 désignent les « ébauches partielles »
H3 désigne la « version principale »
H4 désigne l'« ébauche complémentaire »

1. Campagne. Au loin, la ville	H3,1
2. Marie à la fenêtre avec son enfant. Margreth	H3,2
3. Baraques. Lumières. Peuple (H1,1, H2,3)	H3,3
4. Un sous-officier. Le tambour-major	H2,5
5. L'intérieur de la baraque	H1,2
6. Marie seule	H1,3
7. La cour du professeur	H4,1
8. Marie assise, son enfant dans les bras	H3,4
9. Le capitaine. Woyzeck	H3,5
10. Marie. Le tambour-major	H3,6
11. Woyzeck. Le docteur	H3,8
12. Le capitaine. Le docteur (H2,7)	H3,9
13. Marie. Woyzeck	H3,7
14. Le corps de garde	H3,10
15. L'auberge	H3,11
16. Plein air	H3,12
17. La nuit	H3,13
18. Cour de la caserne	H1,8
19. L'auberge	H3,14
20. Woyzeck. Le juif	H3,15
21. Marie. L'enfant. L'idiot	H3,16
22. La caserne	H3,17
23. Marie avec les petites filles	H1,14
24. Marie et Woyzeck	H1,15
25. Des gens arrivent	H1,16
26. L'auberge	H1,17
27. Woyzeck seul	H1,19
28. Woyzeck seul au bord d'un étang	H1,20
29. Des enfants	H1,18
30. L'idiot. L'enfant. Woyzeck	H4,2
31. Un employé du tribunal. Un barbier. Un médecin. Un juge	H1,21

On trouvera dans le volume 1 de l'édition *BDK*, outre la « version combinée » (« Kombinierte Werkfassung »), seule traduite dans ce volume GF, les

« ébauches » (« Teilentwürfe ») 1 et 2, p. 177-201, la « version principale » (« Hauptfassung ») p. 202-217, et l'« ébauche complémentaire » (« Ergänzungsentwurf ») p. 218-9. La « version combinée » avait été publiée par H. Poschmann dans son *Woyzeck*, Insel, 1984. Elle a été traduite dans Büchner, *O.C.* 1988, p. 239-262 et les notes p. 605-610.

Il ne saurait être question d'énumérer ici, même de façon sommaire, les représentations des trois pièces de Büchner, auxquelles il faut même à présent ajouter *Lenz*, plusieurs fois mis en scène depuis quelques années.

L'œuvre la plus importante née du théâtre de Büchner est sans conteste l'opéra d'Alban Berg, *Wozzeck*. Sous ce titre, qui résulte d'une erreur de lecture du premier éditeur de Büchner, Karl Emil Franzos[1], eut lieu la première représentation de la pièce le 8 novembre 1913 au Théâtre de la Résidence à Munich. Le 5 mai 1914 Alban Berg vit la pièce à Vienne et travailla à la composition de son opéra après la guerre, de 1918 à 1921. La première eut lieu à l'Opéra de Berlin le 14 décembre 1925, sous la direction d'Erich Kleiber.

Alban Berg remania profondément le matériau mal édité dont il disposait et le structura en trois actes composés de cinq scènes chacun et reposant sur le schéma classique exposition-péripétie-catastrophe. Mais il respecta le caractère fragmentaire de l'œuvre de Büchner et la quasi-autonomie de chaque scène : « En correspondance avec la diversité du caractère de ces scènes, j'ai aussi imaginé une succession de leurs formes musicales. Ainsi par exemple il y a des scènes d'opéra classique, avec élaboration thématique continue, puis des scènes sans aucune thématique, comme

---

1. Georg Büchner : *Wozzeck. Ein Trauerspielfragment.* Dans *Mehr Licht! Eine deutsche Wochenschrift für Literatur und Kunst.* Berlin, 12 et 19 octobre 1878. Repris dans *Sämmtliche Werke...* ed. Karl Emil Franzos, Francfort, 1879. Voir J.-C. Hauschild, *op. cit.*, p. 196.

dans *Erwartung* [...], des formes Lied, des variations, etc.[1] »

Le texte de l'opéra d'Alban Berg fut publié dans une traduction de Pierre Jean Jouve en 1953, l'année même où l'on jouait la pièce au T.N.P. de Jean Vilar. Le livret est accompagné d'une ample étude de Michel Fano qui commente l'œuvre acte par acte et scène par scène, en mettant en relief au moyen d'exemples musicaux la variété d'inspiration et de technique qui fait de ce *Wozzeck* le premier opéra atonal (en dépit de la belle exception de l'Interlude en ré mineur au 3ᵉ acte), et l'une des œuvres majeures de l'opéra moderne[2]. Une superbe mise en scène de Patrice Chéreau, et la direction de l'orchestre de Paris par Daniel Barenboïm finirent en beauté le programme du Châtelet consacré en 1991-1992 à l'opéra du vingtième siècle.

Une transposition toute récente intitulée *Woyzeck on the Highveld*, due à William Kentridge, combinait au Théâtre municipal de Johannesburg jeu de marionnettes et dessins animés projetés en noir et blanc[3] : preuve des virtualités illimitées que le théâtre de Büchner offre aux musiciens, metteurs en scène et interprètes usant des langages et des moyens techniques les plus divers...

Michel CADOT.

---

1. Lettre de Berg à Webern, août 1918, citée par Paolo Petazzi, *Il teatro musicale di Alban Berg*, programme 1988-89 du Teatro Regio de Parme, trad. dans le nᵒ 10 de *Châtelet, Théâtre musical de Paris*, mai-juin 1992.
2. Pierre Jean Jouve, Michel Fano : *Wozzeck d'Alban Berg*, 10/18, 1964.
3. « Inattendus parfums d'Afrique du Sud », *Le Monde*, 13 juillet 1996.

LA MORT DE DANTON

Drame

PERSONNAGES

Députés :

GEORGES DANTON
LEGENDRE
CAMILLE DESMOULINS
HÉRAULT-SÉCHELLES
LACROIX

PHILIPPEAU
FABRE D'ÉGLANTINE
MERCIER
THOMAS PAYNE

Membres du Comité de salut public :

ROBESPIERRE
SAINT-JUST
BARÈRE
CHAUMETTE, *procureur de la Commune*
DILLON, *général*
FOUQUIER-TINVILLE, *accusateur public*
HERRMANN ET DUMAS, *présidents du Tribunal révolutionnaire*
PARIS, *ami de Danton*
SIMON, *souffleur*

COLLOT D'HERBOIS
BILLAUD-VARENNES

LAFLOTTE
JULIE, *femme de Danton*

LUCILE, *femme de Camille DESMOULINS*
ROSALIE, ADÉLAÏDE,
MARION, *grisettes*

*Hommes et femmes du peuple, grisettes,
députés, bourreaux, etc.*

ACTE I

Scène 1

Hérault-Séchelles, quelques dames (à une table de jeu). Danton, Julie (un peu plus loin, Danton sur un tabouret aux pieds de Julie).

DANTON. Vise un peu la jolie dame, comme elle retourne habilement les cartes! Oui elle sait y faire, on dit qu'elle donne toujours du cœur à son mari, et du carreau aux autres[1]. Vous pourriez rendre un homme amoureux même du mensonge.

JULIE[2]. Est-ce que tu crois en moi?

DANTON. Est-ce que je sais? Nous savons si peu les uns des autres. Nous sommes des pachydermes, nous tendons les mains l'un vers l'autre, mais c'est peine perdue, nos cuirs grossiers se frottent seulement l'un sur l'autre, — nous sommes très seuls.

JULIE. Tu me connais, Danton.

DANTON. Oui, ce qu'on appelle connaître. Tu as des yeux noirs, des cheveux bouclés, un joli teint et tu me dis toujours : cher Georges. Mais *(il montre son front et ses yeux)* là là, qu'est-ce qu'il y a derrière? Allez, nous avons des sens grossiers. Se connaître l'un l'autre? Il faudrait nous briser le sommet du crâne[3] et extraire les pensées des fibres de nos cervelles.

UNE DAME. Mais que faites-vous donc avec vos doigts ?
HÉRAULT[4]. Rien !
LA DAME. N'agitez pas votre pouce comme ça, il n'y a rien d'intéressant.
HÉRAULT. Mais regardez, c'est quelque chose de tout à fait particulier.
DANTON. Non Julie, je t'aime comme la tombe.
JULIE *se détournant* : Oh !
DANTON. Non, écoute ! Les gens disent que la tombe, c'est le repos[5], que tombe et repos sont une même chose. Si c'est vrai, quand je pose ma tête sur tes genoux, je suis déjà sous terre. Ma douce tombe, tes lèvres sont le glas des morts, ta voix une musique funèbre, ta poitrine le tertre de ma tombe et ton cœur mon cercueil.
UNE DAME. Perdu !
HÉRAULT. C'était une histoire d'amour, qui coûte cher comme toutes les autres.
LA DAME. Alors vous avez fait vos déclarations avec les doigts, comme les sourds-muets.
HÉRAULT. Et pourquoi pas ? On prétend même qu'ils sont les plus faciles à comprendre. Je bâtissais une amourette avec une dame de cœur, mes doigts étaient des princes changés en araignées, et vous, madame, étiez la fée ; mais ça s'est mal passé, la dame était toujours en couches, elle se trouvait un valet à chaque instant. Je ne laisserais pas ma fille jouer de la sorte, les messieurs et les dames se sautent dessus avec tant d'indécence, et les valets arrivent aussitôt derrière.
Entrent Camille Desmoulins et Philippeau[6].
HÉRAULT. Philippeau, quels regards sinistres ! Est-ce que tu as fait un trou à ton bonnet rouge[7] ? Ou bien le saint protecteur des Jacobins[8] t'a fait grise mine, ou encore il a plu pendant qu'on guillotinait[9], ou bien tu avais une mauvaise place et tu n'as rien pu voir ?
CAMILLE. Tu parodies Socrate. Sais-tu ce que cet homme divin demanda à Alcibiade un jour qu'il le trouva sombre et abattu ? As-tu perdu ton bouclier

sur le champ de bataille, as-tu été battu à la course ou à l'escrime ? Est-ce qu'un autre a mieux chanté ou joué de la cithare ? En voilà des républicains férus de classicisme ! Adopte donc plutôt notre romantisme[10] de la guillotine !

PHILIPPEAU. Encore vingt exécutions aujourd'hui[11]. Nous nous sommes trompés, on a envoyé les hébertistes à l'échafaud simplement parce qu'ils n'étaient pas assez systématiques, peut-être aussi parce que les Décemvirs[12] se croyaient perdus s'il s'était trouvé une seule semaine des hommes qu'on aurait craints plus qu'eux-mêmes.

HÉRAULT. Ils voudraient faire de nous des êtres antédiluviens. Saint-Just nous verrait d'un bon œil marcher à quatre pattes, pour que l'avocat d'Arras[13], s'inspirant de la mécanique de l'horloger genevois[14], nous fabrique des bonnets rembourrés, des bancs d'écoliers et un bon Dieu en plus[15].

PHILIPPEAU. Et pour y arriver ils n'hésiteraient pas à rajouter quelques zéros au calcul de Marat[16]. Combien de temps devrons-nous, sales et sanglants comme des nouveau-nés, avoir des cercueils pour berceaux et des crânes en guise de jouets ? Il faut aller de l'avant. Le Comité de clémence[17] doit être institué, les députés chassés doivent être réintégrés.

HÉRAULT. La Révolution en est arrivée au stade de la réorganisation.

La Révolution doit cesser et la République commencer. Dans nos principes politiques le droit doit prendre la place du devoir, le bien-être celle de la vertu et la légitime défense celle du châtiment. Chacun doit se mettre en valeur et affirmer sa nature. Qu'il soit intelligent ou stupide, cultivé ou ignare, bon ou méchant, cela ne regarde pas l'État. Nous sommes tous fous et personne n'a le droit d'imposer à autrui sa propre folie.

Chacun a droit à sa propre jouissance, mais de telle sorte que personne ne jouisse aux dépens d'autrui ou n'apporte du trouble à sa jouissance personnelle[18].

CAMILLE. La forme de l'État doit être un vêtement transparent qui s'ajuste étroitement au corps du peuple. Il faut que chaque dilatation des veines, chaque tension des muscles, chaque saillie des tendons s'y imprime. L'extérieur peut être beau ou disgracieux, il a le droit d'être comme il est, nous ne sommes pas fondés à lui tailler une petite robe à notre goût. Nous allons donner sur les doigts de ceux qui prétendent recouvrir les épaules nues de cette adorable pécheresse, la France, d'un voile de nonne.
Nous voulons des dieux nus, des bacchantes, des jeux olympiques et des lèvres mélodieuses : ah, le malfaisant amour qui dissout les membres[19]!
Nous ne voulons pas interdire aux Romains de se réunir dans un coin pour y faire cuire des raves[20], mais ils ne doivent plus nous imposer leurs jeux de gladiateurs.
Le divin Épicure et la Vénus aux belles fesses[21] remplaceront les saints Marat et Chalier[22] comme gardiens des portes.
Danton, tu vas commencer l'attaque à la Convention.

DANTON. Je vais, tu vas, il va. Si nous vivons jusque-là, disent les vieilles femmes. Quand une heure est passée, soixante minutes se sont écoulées. N'est-ce pas, jeune homme?

CAMILLE. Quel rapport? Cela se comprend de soi-même.

DANTON. Oh, tout se comprend de soi-même. Alors qui va mettre en route toutes ces jolies choses?

PHILIPPEAU. Nous et les honnêtes gens.

DANTON. Le *et* entre les deux, c'est un mot bien long, il nous met un peu loin les uns des autres, la distance est grande, l'honnêteté perdra son souffle avant que nous ne puissions la rejoindre. Et quand bien même! aux honnêtes gens on peut prêter de l'argent, on peut leur servir de parrains ou leur donner ses filles en mariage, mais c'est tout!

CAMILLE. Si tu sais cela, pourquoi as-tu commencé le combat?

DANTON. Ces gens me dégoûtaient. Je n'ai jamais pu voir ces Catons[23] si affectés sans leur flanquer un coup de pied. Ma nature est ainsi. *Il se lève.*
JULIE. Tu t'en vas?
DANTON *à Julie :* Il faut que je m'en aille, ils m'assomment avec leur politique.
Au moment de sortir : Sur le pas de la porte il faut que je vous dise ma prophétie : la statue de la liberté n'est pas encore fondue, le fourneau est allumé, nous pouvons tous nous y brûler les doigts. *Il sort.*
CAMILLE. Laissez-le, croyez-vous qu'il pourrait ne pas y mettre les doigts quand le moment d'agir serait venu?
HÉRAULT. Oui, mais pour passer le temps, comme on joue aux échecs.

Scène 2

UNE RUE

Simon, sa femme.

SIMON *bat sa femme :* Espèce de maquerelle, vieux résidu de sublimé[24], pomme véreuse du péché originel!
LA FEMME. À l'aide! À l'aide!
Des gens accourent.
LES GENS. Séparez-les! Séparez-les!
SIMON. Non, laissez-moi, Romains, je veux mettre en pièces cette carcasse! Vestale[25]!
LA FEMME. Moi, une vestale? J'aimerais voir ça, moi.
SIMON.

J'arracherai ton vêtement de tes épaules
Pour jeter, toute nue, ta charogne au soleil.

Lit de prostitution, dans chaque ride de ton corps niche la débauche.
On les sépare.

PREMIER CITOYEN. Que se passe-t-il ?
SIMON. Où est la vierge ? parle ! Non, je ne peux pas dire ce mot. La jeune fille ! non, ça ne va pas non plus ; l'épouse, la femme ! non plus, ça non plus ! Il ne reste qu'un nom ! Il m'étouffe ! Je n'ai plus de souffle pour le prononcer.
DEUXIÈME CITOYEN. C'est aussi bien, sans ça le nom sentirait le schnaps.
SIMON. Vieux Verginius[26], couvre ton crâne chauve. Le corbeau de la honte est assis dessus et donne des coups de bec vers tes yeux. Donnez-moi un couteau, Romains ! *Il s'évanouit.*
LA FEMME. Ah, c'est quand même un brave homme, mais il ne peut pas boire beaucoup, le schnaps lui fait tout de suite un croc-en-jambe.
DEUXIÈME CITOYEN. Alors ça lui fait une troisième jambe.
LA FEMME. Non, il tombe.
DEUXIÈME CITOYEN. C'est ça, d'abord il marche sur trois pattes et puis il tombe sur la troisième, jusqu'à ce que la troisième tombe à son tour.
SIMON. Tu es la langue de vampire qui boit le sang le plus chaud de mon cœur.
LA FEMME. Laissez-le ; c'est le moment où il est toujours ému, ça va se calmer.
PREMIER CITOYEN. Et puis après ?
LA FEMME. Vous voyez, j'étais assise là, sur la pierre à me chauffer au soleil, voyez-vous nous n'avons pas de bois, voyez-vous...
DEUXIÈME CITOYEN. Tu n'as qu'à prendre le nez de ton mari.
LA FEMME... et ma fille était descendue au coin de la rue, c'est une brave petite, elle nourrit ses parents.
SIMON. Ah, elle avoue !
LA FEMME. Espèce de Judas, est-ce que tu aurais seulement un pantalon à enfiler si les jeunes messieurs ne baissaient pas les leurs auprès d'elle ? Vieille barrique, tu périrais de soif si la petite fontaine s'arrêtait de couler, hein ? Nous travaillons avec toutes les parties de notre corps, pourquoi pas avec celle-là

aussi ? Sa mère s'en est bien servie pour la mettre au monde, ça lui a fait mal, alors pourquoi qu'elle ne travaillerait pas pour sa mère avec la sienne, à elle aussi ça lui fait mal, non ? Imbécile !

SIMON. Ah, Lucrèce[27] ! Un couteau, donnez-moi un couteau, Romains ! Ah, Appius Claudius !

PREMIER CITOYEN. Oui, un couteau, mais pas pour la pauvre putain, qu'a-t-elle fait ? C'est sa faim qui fait d'elle une putain et une mendiante. Un couteau, oui, mais pour ceux qui achètent la chair de nos femmes et de nos filles ! Malheur à ceux qui forniquent avec les filles du peuple ! Vos estomacs grondent de faim, les leurs d'indigestion, vous avez des trous dans vos vestes, mais eux ont des manteaux bien chauds, vous avez des paumes calleuses, mais eux des mains de velours. *Ergo*[28] vous travaillez et eux ne font rien, *ergo* vous l'avez gagné, et eux volé ; *ergo*, quand vous voulez récupérer quelques liards de ce qui vous a été dérobé, vous devez vous prostituer et mendier ; *ergo* ce sont des fripons et il faut les assommer.

TROISIÈME CITOYEN. Ils n'ont pas une goutte de sang dans les veines qu'ils ne nous aient sucée. Ils nous ont dit : tuez les aristocrates, ce sont des loups ! Nous avons pendu les aristocrates aux lanternes. Ils ont dit : c'est le Veto[29] qui mange votre pain, nous avons tué le Veto. Ils ont dit : les Girondins vous affament, nous avons guillotiné les Girondins. Mais ils ont dépouillé les morts, tandis que nous trottons les jambes nues et nous sommes gelés comme avant. Nous allons leur ôter la peau des cuisses et en faire des culottes, nous allons enlever leur graisse et la mettre dans notre soupe. Allons ! Mort à qui n'a pas de trous dans sa veste !

PREMIER CITOYEN. Mort à qui sait lire et écrire[30] !

DEUXIÈME CITOYEN. Mort à qui marche les pieds en dehors !

TOUS *crient* : À mort, à mort !

On traîne vers l'avant un jeune aristocrate.

QUELQUES VOIX. Il a un mouchoir ! C'est un aristocrate ! À la lanterne ! À la lanterne[31] !

DEUXIÈME CITOYEN. Quoi? Il ne se mouche pas avec les doigts? À la lanterne!
Une lanterne est descendue vers le sol.
LE JEUNE HOMME. Ah, messieurs!
DEUXIÈME CITOYEN. Il n'y a pas de messieurs ici! À la lanterne!
QUELQUES-UNS *chantent :*

> Ceux qui sont couchés sous la terre
> Sont bientôt bouffés par les vers.
> Mieux vaut se balancer bien haut
> Que de pourrir dans son tombeau[32]!

LE JEUNE HOMME. Pitié!
TROISIÈME CITOYEN. C'est juste un jeu avec la cravate de chanvre autour du cou! C'est l'affaire d'un instant, nous sommes plus charitables que vous. Notre vie, c'est la mise à mort par le travail, nous gigotons soixante ans au bout d'une corde, mais nous allons la couper.
À la lanterne!
LE JEUNE HOMME. À votre aise, mais vous ne verrez pas plus clair après[33]!
L'ASSISTANCE. Bravo, bravo!
QUELQUES VOIX. Qu'il s'en aille!
Il s'enfuit.
Entre Robespierre, accompagné de femmes et de sans-culottes.
ROBESPIERRE. Que se passe-t-il, citoyens?
TROISIÈME CITOYEN. Que peut-il se passer? Les quelques gouttes de sang d'août et de septembre[34] n'ont pas rougi les joues du peuple. La guillotine est trop lente. Il nous faut une averse.
PREMIER CITOYEN. Nos femmes et nos enfants réclament du pain, nous allons les nourrir avec de la viande d'aristocrate. Hé! Mort à qui n'a pas de trous dans sa veste!
TOUS. À mort! À mort!
ROBESPIERRE. Au nom de la loi!
PREMIER CITOYEN. La loi, qu'est-ce que c'est?
ROBESPIERRE. La volonté du peuple.

premier citoyen. Nous sommes le peuple et nous voulons qu'il n'y ait pas de loi, *ergo* cette volonté est la loi, *ergo* au nom de la loi il n'y a plus de loi, *ergo* à mort!

quelques voix. Écoutez Aristide[35], écoutez l'Incorruptible!

une femme. Écoutez le Messie, envoyé pour choisir et pour juger; il va frapper le mal avec le tranchant de l'épée[36]. Ses yeux sont les yeux du choix, et ses mains sont les mains du jugement!

robespierre. Pauvre peuple vertueux! Tu fais ton devoir, tu sacrifies tes ennemis. Peuple, tu es grand. Tu te manifestes parmi les éclairs et le tonnerre[37]. Mais, peuple, tes coups ne doivent pas blesser ton propre corps, tu t'assassines toi-même dans ta colère. Tu ne peux succomber que sous ta propre force. Tes ennemis le savent. Tes législateurs veillent, ils guideront tes mains, leurs yeux sont infaillibles, on n'échappe pas à tes mains. Venez jusqu'aux Jacobins. Vos frères vous ouvriront leurs bras, nous établirons un tribunal pour juger les crimes de nos ennemis.

nombreuses voix. Aux Jacobins[38]! Vive Robespierre! *Tous s'en vont.*

simon. Malheur à moi, pauvre abandonné! *Il cherche à se lever.*

la femme. Là! *Elle le soutient.*

simon. Ah, ma Baucis[39], tu entasses les charbons sur ma tête.

la femme. Là, lève-toi!

simon. Tu te détournes? Pourras-tu me pardonner, Porcia[40]? Est-ce que je t'ai frappée? Ce n'était pas ma main, ce n'était pas mon bras, c'est ma folie qui l'a fait.

Le pauvre Hamlet n'a d'ennemi que sa folie
L'acte n'est pas le fait d'Hamlet, Hamlet le nie[41].

Où est notre fille, où est ma petite Suzette?

LA FEMME. Là-bas au coin de la rue.
SIMON. Allons la chercher, viens, ma vertueuse épouse.
Tous deux sortent.

Scène 3

Le club des Jacobins.

UN LYONNAIS. Les frères de Lyon nous envoient pour exprimer dans votre sein leur amer chagrin. Nous ne savons pas si la charrette qui mena Ronsin[42] à la guillotine était le convoi funèbre de la Liberté, mais nous savons que depuis ce jour les assassins de Chalier foulent le sol avec aplomb, comme s'il n'y avait pas de tombeau pour eux. Avez-vous oublié que Lyon est une tache sur le sol français qu'il faut recouvrir avec les ossements des traîtres ? Avez-vous oublié que cette prostituée des rois ne peut laver sa lèpre que dans les eaux du Rhône ? Avez-vous oublié que ce fleuve révolutionnaire doit faire s'échouer les flottes de Pitt[43] en Méditerranée sur les cadavres des aristocrates ? Votre clémence tue la Révolution. Le souffle d'un aristocrate est le râle de la Liberté. Seul un lâche meurt pour la République, un Jacobin tue pour elle. Sachez que si nous ne retrouvons pas en vous la détermination des hommes du Dix Août, de Septembre et du 31 Mai[44], il ne nous reste plus, comme au patriote Gaillard[45], que le poignard de Caton[46].
Applaudissements et cris confus.
UN JACOBIN. Nous boirons avec eux la coupe de Socrate !
LEGENDRE[47] *se précipite à la tribune :* Nous n'avons pas besoin de tourner nos regards vers Lyon. Les gens qui portent des habits de soie, roulent en carrosse, occupent des loges au théâtre et parlent comme le dictionnaire de l'Académie relèvent bien haut la tête

depuis quelques jours. Ils sont spirituels, ils disent qu'on devrait infliger un second martyre à Marat et à Chalier et les guillotiner en effigie.
Violente agitation dans l'Assemblée.
QUELQUES VOIX. Ces gens-là sont morts. Leur langue les mène à la guillotine.
LEGENDRE. Que le sang de ces saints retombe sur leur tête. Je demande aux membres présents du Comité de salut public depuis quand leurs oreilles sont devenues si dures...
COLLOT D'HERBOIS[48] *l'interrompt:* Et moi je te demande, Legendre, quelle voix donne souffle à de telles pensées, ose les faire vivre et parler. Il est temps d'arracher les masques. Écoutez! La cause incrimine son effet, le cri son écho, la raison sa conséquence. Le Comité de salut public entend mieux la logique, Legendre! Sois tranquille. Les bustes de nos saints resteront intacts, et comme des têtes de Méduse[49] ils changeront les traîtres en pierres.
ROBESPIERRE. Je demande la parole.
LES JACOBINS. Écoutez, écoutez l'Incorruptible!
ROBESPIERRE. Nous n'attendions que le cri de la réprobation qui retentit de toute part, pour parler. Nos yeux étaient ouverts, nous voyions l'ennemi s'armer et se dresser, mais nous n'avons pas donné l'alarme, nous avons laissé le peuple se mettre seul sur ses gardes, il n'a pas dormi, il a pris les armes. Nous avons laissé l'ennemi sortir d'embuscade, nous l'avons laissé s'approcher, maintenant il est là, en pleine lumière, chaque coup va l'atteindre, il sera mort dès que vous l'aurez aperçu.
Je vous l'ai déjà dit une fois: les ennemis intérieurs de la République sont divisés en deux camps, comme deux corps d'armée. Sous des bannières de couleurs différentes et par les chemins les plus divers ils se hâtent tous vers le même but. L'une de ces factions n'existe plus. Dans leur affectation délirante ils cherchaient à jeter au rebut comme des faibles d'esprit hors d'usage les patriotes les plus

éprouvés pour priver la République des bras les plus solides[50]. Ils ont déclaré la guerre à la divinité et à la propriété[51] pour faire une diversion en faveur des rois. Ils ont parodié le drame sublime de la Révolution pour la compromettre par leurs extravagances calculées. Le triomphe d'Hébert aurait plongé la République dans le chaos à la satisfaction du despotisme. L'épée de la Loi s'est abattue sur le criminel. Mais qu'importe à l'étranger s'il lui reste des criminels d'une autre sorte pour atteindre le même but? Nous n'avons encore rien fait tant que nous avons une autre faction à détruire. Elle est le contraire de l'autre. Elle nous entraîne vers la faiblesse, son cri de ralliement est : pitié! Elle veut ôter au peuple ses armes et la force de s'en servir pour le livrer nu et énervé aux rois.

L'arme de la République est la terreur, la force de la République est la vertu. La vertu, parce que sans elle la terreur est nuisible, la terreur, parce que sans elle la vertu est impuissante. La terreur est une émanation de la vertu, elle n'est rien d'autre que la rapide, sévère et inflexible justice. Ils disent que la terreur est l'arme d'un gouvernement despotique, et que le nôtre par conséquent ressemble au despotisme. Sans doute, mais dans la mesure où le sabre aux mains d'un héros de la liberté ressemble au sabre qui arme le satellite du tyran. Que le despote gouverne par la terreur ses sujets réduits à l'animalité, c'est son droit de despote, que vous mettiez en pièces par la terreur les ennemis de la liberté, en tant que fondateurs de la République votre droit n'est pas moindre. Le gouvernement de la République est le despotisme de la liberté contre la tyrannie.

Pitié pour les royalistes! s'écrient certaines gens. Pitié pour des scélérats? Non! Pitié pour l'innocence, pitié pour la faiblesse, pitié pour les malheureux, pitié pour l'humanité. Seul le citoyen pacifique jouit de la protection sociale. Dans une république, seuls les républicains sont des citoyens, les royalistes et l'étranger sont des ennemis. Punir les oppresseurs de l'humanité est de la clémence, leur pardonner est de la barbarie. Tous les signes d'une fausse sensibilité me font l'effet de soupirs poussés en direction de l'Angleterre ou de l'Autriche.

Mais non content de désarmer le bras du peuple, on cherche à empoisonner par le vice les sources les plus saintes de sa force. C'est là l'attaque la plus subtile, la plus dangereuse et la plus répugnante contre la liberté. Le vice est la marque de Caïn de l'aristocratisme. Dans une République ce n'est pas seulement un crime moral, mais en même temps un crime politique; le vicieux est l'ennemi politique de la liberté, et plus les services qu'il lui a en apparence rendus sont grands, plus il est dangereux pour elle. Le citoyen dangereux est celui qui use plus facilement une douzaine de bonnets rouges qu'il n'accomplit une bonne action.

Vous allez facilement me comprendre si vous pensez aux gens qui vivaient autrefois dans des mansardes et maintenant se promènent en carrosse, se livrant à la débauche avec des ci-devant marquises et baronnes. Nous sommes en droit de demander: a-t-on pillé le peuple, a-t-on serré les mains des rois remplies d'or, quand nous voyons des législateurs du peuple parader avec tous les vices et tout le luxe des ci-devant courtisans, quand nous voyons ces marquis, ces comtes de la Révolution faire de riches mariages, donner de somptueux dîners, jouer, avoir des domestiques et porter des vêtements de prix. Nous avons le droit de nous étonner quand nous les entendons inventer de bons mots, faire les beaux esprits et affecter le bon ton. On a récemment parodié Tacite d'une manière éhontée[52], je pourrais répondre avec Salluste[53] et travestir Catilina; mais je pense n'avoir plus un trait à ajouter, les portraits sont achevés.

Pas d'accord, pas d'armistice avec les hommes qui ne pensaient qu'à dépouiller le peuple, qui espé-

raient emporter impunément ces dépouilles, et pour qui la République signifiait seulement spéculation et la Révolution un métier. Effrayés par le flot tumultueux des exemples, ils cherchent tout bas à refroidir la justice. On pourrait croire que chacun se dit : nous ne sommes pas assez vertueux pour être aussi terribles. Législateurs philosophes, ayez pitié de notre faiblesse, je n'ose pas vous dire que je suis vicieux, je vous dis plutôt : ne soyez pas cruels[54] ! Tranquillise-toi, peuple vertueux, tranquillisez-vous, patriotes, dites à vos frères de Lyon que le glaive de la loi ne rouillera pas dans les mains à qui vous l'avez confié. — Nous allons donner un grand exemple à la République...
Approbation générale.
VOIX NOMBREUSES. Vive la République, vive Robespierre !
LE PRÉSIDENT. La séance est levée.

Scène 4

Lacroix, Legendre.

LACROIX[55]. Qu'as-tu fait, Legendre, sais-tu à qui tu coupes la tête avec tes bustes ?
LEGENDRE. À quelques muscadins, à quelques élégantes, voilà tout.
LACROIX. Tu es un suicidaire, une ombre qui assassine son original c'est-à-dire soi-même.
LEGENDRE. Je ne comprends pas.
LACROIX. Je pensais que Collot avait parlé clairement.
LEGENDRE. Quelle importance ? Il était encore soûl[56].
LACROIX. Les fous et les enfants disent la vérité, ainsi que ? Ainsi que les ivrognes. Qui, à ton avis, Robespierre visait-il à travers Catilina ?
LEGENDRE. Eh bien ?
LACROIX. La chose est simple, on a envoyé à l'échafaud les athées et les ultra-révolutionnaires ; mais ça

n'a en rien aidé le peuple qui marche toujours pieds-nus et qui veut se tailler des chaussures dans du cuir d'aristocrate. Le thermomètre de la guillotine ne doit pas baisser, quelques degrés de moins et le Comité de salut public pourra chercher son lit place de la Révolution.

LEGENDRE. Et qu'est-ce que mes bustes ont à voir là-dedans?

LACROIX. Tu ne vois toujours pas? Tu as donné une reconnaissance officielle à la contre-révolution, tu as obligé les décemvirs à faire preuve d'énergie, tu les as menés par la main. Le peuple est un minotaure[57] à qui l'on doit chaque semaine donner ses cadavres sous peine d'être dévoré.

LEGENDRE. Où est Danton?

LACROIX. Est-ce que je sais? Il cherche à reconstituer la Vénus Médicis[58] pièce à pièce auprès de toutes les grisettes du Palais-Royal[59], il appelle ça faire de la mosaïque; seul le Ciel sait à quel membre il en est. C'est un malheur que la nature ait pareillement morcelé la beauté, comme Médée le fit avec son frère[60], et qu'elle en ait mis les fragments dans les corps. Allons au Palais-Royal.

Tous deux sortent.

Scène 5

UNE CHAMBRE

Danton, Marion.

MARION[61]. Non, laisse-moi. Comme ça, à tes pieds. Je vais te raconter.

DANTON. Tu pourrais faire un meilleur usage de tes lèvres.

MARION. Non, laisse-moi comme ça. Ma mère était une femme avisée, elle me disait toujours que la pudeur était une belle vertu, et quand des gens venaient à la maison et commençaient à parler de certaines choses, elle me faisait sortir de la pièce; si je lui demandais ce que ces gens avaient voulu dire, elle me répondait que je devrais avoir honte; si elle me donnait un livre à lire, il fallait presque toujours que je saute quelques pages. Mais la Bible, je la lisais comme je voulais, tout y était saint; il y avait pourtant quelque chose que je ne comprenais pas, et je ne pouvais m'adresser à personne; je ruminais en moi-même. Alors arriva le printemps, il se passait partout des choses où je n'avais pas de part. Je me trouvai plongée dans une atmosphère qui m'étouffait presque, je contemplais mes membres, j'avais souvent l'impression d'être dédoublée, et puis de me fondre à nouveau dans un être unique. Un jeune homme vint à cette époque à la maison, il était beau et disait souvent des choses folles, je ne savais pas vraiment ce qu'il voulait, mais je ne pouvais m'empêcher de rire. Ma mère l'invitait souvent, ça nous convenait à tous les deux. À la fin nous nous demandions pourquoi nous ne pouvions pas aussi bien être allongés l'un à côté de l'autre entre deux draps de lit que de rester assis à côté l'un de l'autre sur deux chaises. J'y trouvais plus de plaisir qu'à sa conversation et je ne voyais pas pourquoi on me permettait le petit plaisir et on me refusait le grand. Nous le fîmes en secret. Ça dura un moment. Mais je devins comme une mer qui engloutissait tout dans ses profondeurs. Il n'y avait plus pour moi qu'un seul être du sexe opposé, tous les hommes se fondaient en un seul corps. Ma nature était ainsi, qui peut dépasser la sienne? Il finit par le remarquer. Il vint un matin et m'embrassa comme s'il voulait m'étouffer, ses bras enlaçaient mon cou, j'avais une peur inexprimable. Alors il me lâcha et dit en riant qu'il avait bien failli faire une bêtise, que je devais garder ma robe et m'en servir, qu'elle s'userait bien toute seule, qu'il ne voulait pas me gâcher le plaisir avant l'heure, que c'était la seule chose qui m'appartenait. Puis il partit, je ne savais encore pas ce qu'il avait voulu dire. Le soir j'étais à la fenêtre, je suis très sensible, je ne suis en liaison avec tout ce qui m'entoure qu'à travers une sensation, et je me perdis dans les vagues du crépuscule. Alors un groupe de gens descendit la rue, les enfants courant devant, sous le regard des femmes aux fenêtres. Je regardai vers le bas, elles le transportaient dans une corbeille, la lune éclairait son front blême, ses boucles étaient mouillées, il s'était noyé. Je fondis en larmes. Ce fut la seule cassure dans mon existence. Les autres ont des jours fériés et des jours ouvrés, ils travaillent six jours et prient le septième, chaque année ils sont émus quand arrive leur anniversaire, et chaque année au nouvel an ils se mettent à réfléchir. Je ne peux pas comprendre ça. Je ne connais aucune pause, aucun changement. Je suis toujours la même. Un désir est une possession sans trêve, une ardeur, un fleuve. Ma mère est morte de chagrin, les gens me montrent du doigt. C'est bête. Ça revient au même, qu'on tire son plaisir des corps, des images du Christ, des fleurs ou des jouets d'enfant, c'est le même sentiment, et celui qui jouit le plus, prie le plus[62]...

DANTON. Pourquoi est-ce que je ne peux pas saisir en moi toute ta beauté, l'étreindre complètement?

MARION. Danton, tes lèvres ont des yeux.

DANTON. Je voudrais être une partie de l'éther pour te baigner de mon flot, pour me briser sur chaque vague de ton beau corps.

Entrent Lacroix, Adelaïde, Rosalie.

LACROIX *reste près de la porte :* Ça me fait rire, ça me fait rire.

DANTON, *mécontent :* Eh bien?

LACROIX. C'est la rue...

DANTON. Et alors?

LACROIX. Dans la rue il y avait des chiens, un dogue et un bichon de Bologne, ils avaient bien de la peine.

DANTON. Après?

LACROIX. C'est ça qui m'est revenu et qui m'a fait rire.

C'était édifiant! Les jeunes filles regardaient par la fenêtre, on devrait être prudent et ne pas même leur permettre de s'asseoir au soleil, sans ça les mouches vont leur faire ça sur les mains, ça donne des idées. Legendre et moi sommes passés par presque toutes les cellules, les petites nonnes de la Révélation par la chair nous retenaient par les basques et réclamaient notre bénédiction. Legendre donne la discipline à l'une d'elles, mais ça lui vaudra un mois de jeûne. J'amène avec moi deux prêtresses pour la communion.

MARION. Bonjour, mademoiselle Adélaïde, bonjour, mademoiselle Rosalie.

ROSALIE. Nous n'avons pas eu ce plaisir depuis bien longtemps.

MARION. Ça me faisait vraiment de la peine.

ADÉLAÏDE. Mon Dieu, nous sommes occupées jour et nuit.

DANTON *à Rosalie :* Dis-moi, petite, te voilà les hanches bien souples.

ROSALIE. Eh oui, on se perfectionne chaque jour.

LACROIX. Quelle différence entre l'antique Adonis[63] et un Adonis moderne?

DANTON. Et Adélaïde, comme elle est devenue intéressante avec son air pudique! Piquant changement. Son visage a l'air d'une feuille de figuier derrière laquelle elle cacherait tout son corps. Et un figuier dans une rue aussi fréquentée donne une ombre rafraîchissante.

ADÉLAÏDE. Je serais plutôt un sentier pour les troupeaux, si Monsieur...

DANTON. Je comprends, ne vous fâchez pas, mademoiselle.

LACROIX. Écoute un peu, un moderne Adonis n'est pas déchiré par un sanglier, mais par des cochons, il n'est pas blessé à la cuisse, mais à l'aine, et de son sang ne jaillissent pas des roses mais des fleurs de mercure[64].

DANTON. Mademoiselle Rosalie est un torse restauré, où seuls les pieds et les hanches sont antiques. C'est une aiguille magnétique, ce que le pôle tête repousse est attiré par le pôle pied, le milieu c'est un équateur où chacun doit se faire baptiser au sublimé lorsqu'il passe la ligne pour la première fois.

LACROIX. Deux sœurs de charité, chacune d'elles sert dans un hôpital, c'est-à-dire son propre corps.

ROSALIE. Vous devriez avoir honte de faire rougir nos oreilles!

ADÉLAÏDE. Ils devraient montrer plus de savoir-vivre.

Adélaïde et Rosalie sortent.

DANTON. Bonne nuit, les jolies filles!

LACROIX. Bonne nuit, les gisements de mercure!

DANTON. J'ai pitié d'elles, elles en sont pour leur souper.

LACROIX. Écoute, Danton, j'arrive des Jacobins.

DANTON. C'est tout?

LACROIX. Les Lyonnais ont lu une proclamation, il ne leur resterait plus qu'à s'envelopper de leur toge. Chacun fait mine de vouloir dire à son voisin : Paetus, cela ne fait pas mal[65]! Legendre criait qu'on voulait démolir les bustes de Chalier et de Marat, je crois qu'il veut se repeindre le visage en rouge, il est complètement sorti de la Terreur, les enfants dans le rue le tirent par les pans de sa veste.

DANTON. Et Robespierre?

LACROIX. Il a frappé du doigt sur la tribune en disant : la vertu doit régner par la terreur. La phrase me fait mal au cou.

DANTON. Elle rabote des planches pour la guillotine.

LACROIX. Et Collot criait comme un possédé qu'il faut arracher les masques.

DANTON. Les figures viendront avec.

Entre Paris[66].

LACROIX. Qu'y a-t-il, Fabricius?

PARIS. Des Jacobins je suis allé chez Robespierre. J'ai réclamé une explication. Il a cherché à faire la mine de Brutus sacrifiant ses fils[67]. Il s'est répandu en généralités sur les devoirs, il a dit qu'au regard de la liberté il n'aurait aucun scrupule, qu'il sacrifierait tout, lui-même, son frère, ses amis.

DANTON. C'était clair, il suffit de renverser la perspective, lui est en dessous et tient l'échelle pour ses amis. Nous sommes reconnaissants à Legendre de les avoir fait parler.

LACROIX. Les hébertistes ne sont pas encore morts, le peuple est dans la misère, c'est un levier redoutable. La coupe de sang ne doit pas monter plus haut, sans ça elle servira de lanterne pour le Comité de salut public, il a besoin de lest, il lui faut une tête de poids.

DANTON. Je le sais, la Révolution est comme Saturne, elle dévore ses propres enfants[68]. *Après un moment de réflexion :* Non, ils n'oseront pas.

LACROIX. Mort, tu seras un saint, Danton, mais la Révolution ne veut pas de reliques, elle a jeté à la rue les os des rois et vidé les églises de leurs statues. Crois-tu qu'ils te laisseront debout, devenu monument ?

DANTON. Mon nom ! Le peuple !

LACROIX. Ton nom ! Tu es un modéré, j'en suis un aussi, comme Camille, Philippeau, Hérault. Pour le peuple, modération veut dire faiblesse. Il tue les traînards. Les tailleurs de la section du Bonnet rouge[69] sentiront toute l'histoire romaine passer dans leurs aiguilles, quand ils penseront que vis-à-vis d'eux l'homme de Septembre était un modéré.

DANTON. Très juste, et d'ailleurs, le peuple est comme un enfant, il faut qu'il casse tout pour voir ce qu'il y a dedans.

LACROIX. Du reste, Danton, nous sommes des vicieux, comme dit Robespierre, ça veut dire que nous jouissons, et que le peuple est vertueux, ça veut dire qu'il ne jouit pas, parce que le travail émousse chez lui les organes de la jouissance, il ne s'enivre pas faute d'argent, il ne va pas au bordel parce qu'il pue le fromage et le hareng et que ça dégoûte les filles.

DANTON. Il hait ceux qui jouissent comme un eunuque hait les hommes.

LACROIX. On nous traite de fripons, et c'est *(se penchant vers l'oreille de Danton)* entre nous soit dit un tant soit peu vrai. Robespierre et le peuple seront vertueux, Saint-Just écrira un roman, Barère[70] taillera une carmagnole[71] et recouvrira la Convention d'un petit manteau de sang, et... je vois tout...

DANTON. Tu rêves. Ils n'ont jamais eu de courage sans moi, ils n'en auront pas contre moi, la Révolution n'est pas encore terminée, ils pourraient encore avoir besoin de moi, ils me mettront à l'arsenal.

LACROIX. Il faut agir.

DANTON. On va s'en occuper.

LACROIX. On va s'en occuper quand nous serons perdus.

MARION *à Danton :* Tes lèvres sont devenues froides, tes paroles ont étouffé tes baisers.

DANTON *à Marion :* Tant de temps perdu ! C'était bien la peine ! *À Lacroix :* Demain je vais chez Robespierre, je vais le mettre hors de lui, il ne pourra pas se taire. Demain donc ! Bonne nuit, mes amis, bonne nuit, je vous remercie.

LACROIX. Barrez-vous, mes bons amis, barrez-vous ! Bonne nuit Danton, les cuisses des demoiselles te guillotinent, le mont de Vénus sera ta Roche Tarpéienne[72].

Ils sortent.

Scène 6

UNE CHAMBRE

Robespierre, Danton, Paris[73].

ROBESPIERRE. Je te le dis, celui qui tombe dans mes bras quand je tire l'épée est mon ennemi, quelles que soient ses intentions, celui qui m'empêche de me défendre me tue aussi sûrement que s'il m'attaquait.

DANTON. Là où cesse la légitime défense commence le meurtre, je ne vois aucune raison qui nous contraigne de continuer à tuer.

ROBESPIERRE. La révolution sociale n'est pas achevée, celui qui arrête une révolution à moitié chemin creuse sa propre tombe. La bonne société n'est pas encore morte, la force populaire saine doit se substituer à cette classe à tous égards blasée. Le vice doit être puni, la vertu doit régner par la terreur.
DANTON. Je ne comprends pas le mot punition.
Ta vertu, Robespierre! Tu n'as pas touché d'argent, tu n'as pas fait de dettes, tu n'as jamais couché avec une femme, tu as toujours été habillé comme il faut, tu ne t'es jamais enivré. Robespierre, tu es d'une honnêteté révoltante. J'aurais honte de me promener entre ciel et terre pendant trente ans avec la même physionomie morale, pour le seul misérable plaisir de trouver les autres plus mauvais que moi.
N'y a-t-il donc rien en toi qui te dise souvent en secret, sans bruit, tu mens, tu mens!
ROBESPIERRE. Ma conscience est pure.
DANTON. La conscience est un miroir devant lequel un singe se martyrise; chacun se fait aussi beau qu'il peut et part à la recherche de son plaisir personnel. Ça au moins, ça mérite qu'on se prenne aux cheveux. On a le droit de se défendre quand un autre gâte votre plaisir. As-tu le droit de faire de la guillotine un baquet pour le linge sale des autres, et de leurs têtes coupées des boules de lessive pour nettoyer leurs vêtements crasseux, sous prétexte que toi tu as toujours un habit bien brossé? Oui, tu peux te défendre si on crache dessus ou si on y fait des trous, mais pourquoi t'en faire tant qu'ils te laissent tranquille? Si ça ne les gêne pas de se promener ainsi, as-tu le droit de les envoyer au trou? Es-tu le policier du Ciel? Et si tu ne peux pas voir tout ça aussi calmement que ton cher bon Dieu, mets-toi un mouchoir devant les yeux.
ROBESPIERRE. Tu nies la vertu?
DANTON. Et le vice. Il n'y a que des épicuriens, des grossiers et des raffinés, le Christ était le plus raffiné de tous; c'est la seule différence que je peux trouver

entre les hommes. Chacun agit selon sa nature, ça veut dire qu'il fait ce qui lui fait du bien.
C'est cruel, n'est-ce pas, Incorruptible, de chasser à coups de pied les talons de tes chaussures ?
ROBESPIERRE. Danton, il y a des moments où le vice est haute trahison.
DANTON. Il ne faut pas le proscrire, au nom du Ciel, ce serait de l'ingratitude, tu lui es tellement redevable, à cause du contraste bien sûr.
D'ailleurs, pour en rester à tes principes, nos coups doivent être utiles à la République, il ne faut pas frapper les innocents en même temps que les coupables.
ROBESPIERRE. Qui te dit qu'un innocent a été frappé ?
DANTON. Entends-tu, Fabricius ? Pas un innocent n'est mort ! *Il s'en va ; en sortant, à Paris :* Nous n'avons pas un instant à perdre, il faut nous montrer !
ROBESPIERRE *seul :* Va donc ! Il veut arrêter les coursiers de la Révolution au bordel, comme un cocher avec ses chevaux bien dressés ; ils auront la force de le traîner jusqu'à la place de la Révolution.
Chasser à coups de pied les talons de mes chaussures ! Pour en rester à tes principes ! Halte ! Halte ! Est-ce que les choses sont vraiment ainsi ? Ils diront que sa gigantesque stature me faisait trop d'ombre, et que c'est pour ça que je l'ai éloigné du soleil.
Et s'ils avaient raison ?
Est-ce absolument nécessaire ? Oui, oui, pour la République ! Il doit disparaître.
C'est risible de voir mes pensées se surveiller l'une l'autre. Il doit disparaître. Celui qui reste immobile dans une masse en mouvement, lui oppose autant de résistance que s'il marchait en sens opposé ; on le foule aux pieds.
Nous n'allons pas échouer le vaisseau de la Révolution sur les calculs desséchés et les bancs de boue de ces gens, il faut couper la main qui ose le retenir, et même s'il y plante ses dents !
Finissons-en avec une société qui a dépouillé de ses

vêtements une aristocratie morte, et qui a hérité de sa lèpre.
Pas de vertu! La vertu, un talon de mes chaussures!
En rester à mes principes!
Comme ça revient sans arrêt.
Pourquoi ne puis-je me débarrasser de cette pensée? Elle me montre toujours de son doigt sanglant le même endroit, là-bas! Je peux l'envelopper d'autant de chiffons que je veux, le sang passe toujours au travers. — *Après une pause*: Je ne sais pas quelle partie en moi trompe l'autre.
Il s'approche de la fenêtre.
La nuit ronfle sur la terre et se débat dans un mauvais rêve. Les pensées, les désirs à peine entr'aperçus, confus, sans forme, qui se recroquevillent à l'approche du jour, prennent forme et couleurs, et se faufilent comme des voleurs dans la silencieuse maison du rêve. Ils ouvrent les portes, ils regardent par les fenêtres, ils se font chair à demi, les membres s'étendent dans le sommeil, les lèvres murmurent. Et notre état de veille n'est-il pas un songe plus clair, ne sommes-nous pas des somnambules, notre action n'est-elle pas semblable à celle du rêve, simplement plus distincte, plus déterminée, plus conséquente? Qui nous en blâmerait? En une heure l'esprit accomplit plus d'actes en pensée que l'organisme paresseux de notre corps ne peut en exécuter pendant des années. Le péché est dans la pensée. Si la pensée devient acte, si le corps suit, c'est pur hasard.
Apparaît Saint-Just[74].
ROBESPIERRE. Hé, qui est là dans le noir? Lumière, lumière!
SAINT-JUST. Tu ne reconnais pas ma voix?
ROBESPIERRE. Ah, c'est toi, Saint-Just!
Une servante apporte de la lumière.
SAINT-JUST. Étais-tu seul?
ROBESPIERRE. Danton vient de s'en aller.
SAINT-JUST. Je l'ai rencontré en passant par le Palais-Royal. Il avait son air révolutionnaire et parlait en

épigrammes ; il était à tu et à toi avec les sans-culottes, les grisettes lui couraient après les mollets, les gens s'arrêtaient et se chuchotaient à l'oreille ce qu'il avait dit.

Nous allons perdre l'avantage de l'attaque. Vas-tu hésiter encore longtemps ? Nous agirons sans toi. Nous sommes décidés.

ROBESPIERRE. Qu'est-ce que vous voulez faire ?

SAINT-JUST. Nous convoquerons les Comités de législation, de sûreté générale et de salut public en séance solennelle[75].

ROBESPIERRE. Quel tintouin !

SAINT-JUST. Nous enterrerons le grand cadavre convenablement, comme des prêtres, pas comme des meurtriers. Il ne faut pas le morceler, tous les membres doivent l'accompagner sous terre.

ROBESPIERRE. Parle plus clairement.

SAINT-JUST. Nous devrons l'inhumer avec toutes ses armes, et égorger ses chevaux et ses esclaves sur son tertre funéraire. Lacroix...

ROBESPIERRE. Une canaille finie, autrefois gratte-papier chez un avocat, à présent lieutenant-général de France. Ensuite.

SAINT-JUST. Hérault-Séchelles.

ROBESPIERRE. Belle tête.

SAINT-JUST. Il fut la lettrine joliment peinte au début de la Constitution, nous n'avons plus besoin de pareilles enjolivures, on va l'effacer. Philippeau, Camille...

ROBESPIERRE. Lui aussi ?

SAINT-JUST *lui tend un papier* : Je m'y attendais. Tiens, lis !

ROBESPIERRE. Ah, le *Vieux Cordelier*, c'est tout ? C'est un enfant, il s'est moqué de vous.

SAINT-JUST. Lis, lis donc ! *Il lui montre un endroit.*

ROBESPIERRE *lit* : « Robespierre, ce messie sanguinaire sur son calvaire entre les deux larrons Couthon et Collot, où il sacrifie et n'est pas sacrifié. Les sœurs dévotes de la guillotine à ses pieds comme Marie et Madeleine. Saint-Just, comme saint Jean repose près de son cœur et fait connaître à la Convention les révélations apocalyptiques du Maître, il porte sa tête comme un ostensoir. »

SAINT-JUST. Je lui ferai porter la sienne comme saint Denis[76].

ROBESPIERRE *continue sa lecture :* « Devrait-on croire que le frac si soigné du Messie est devenu le linceul de la France et que les doigts qui tapotent nerveusement la tribune sont les couteaux de la guillotine ? Et toi, Barère, qui as dit qu'on battait monnaie place de la Révolution. Mais je ne veux pas fouiller dans le vieux sac[77]. C'est une veuve qui a déjà eu une demi-douzaine de maris et a aidé à les enterrer. Que peut-on y faire ? C'est un don chez lui, il voit chez les gens six mois avant leur mort le masque hippocratique[78]. Mais qui aime s'asseoir près des morts et sentir leur odeur ? »
Alors toi aussi, Camille[79] ?
Qu'on en finisse avec eux ! Vite ! Seuls les morts ne reviennent pas[80]. As-tu préparé l'acte d'accusation ?

SAINT-JUST. Ce sera vite fait. Tu as fait des allusions aux Jacobins.

ROBESPIERRE. Je voulais leur faire peur.

SAINT-JUST. Je n'ai qu'à exploiter, les faussaires[81] feront le hors-d'œuvre et l'étranger[82] la pomme. Ils mourront de ce repas, je te donne ma parole.

ROBESPIERRE. Alors vite, demain. Pas de longue agonie ! Je suis devenu sensible ces jours derniers. Alors vite !

Saint-Just sort.

ROBESPIERRE *seul :*

Oui, oui, messie sanglant, qui sacrifie et n'est pas sacrifié. — Lui les a rachetés de son sang, et moi je les rachète avec le leur. Lui a fait d'eux des pécheurs, et moi je prends le péché sur moi. Lui avait la volupté de la douleur, et moi j'ai le tourment du bourreau.

Quelle était la plus grande abnégation, la mienne ou la sienne ?

Mais c'est vrai qu'il y a de la folie dans cette pensée.

Pourquoi tourner toujours nos regards vers l'Unique? À la vérité le Fils de l'homme est crucifié en chacun de nous, nous luttons tous au jardin de Gethsémani dans une sueur de sang, mais personne ne rachète autrui avec ses blessures. — Mon Camille! — Ils s'éloignent tous de moi — tout est désert et vide — je suis seul.

ACTE II

Scène 1

Danton, Lacroix, Philippeau, Paris, Camille Desmoulins.

CAMILLE. Vite Danton nous n'avons pas de temps à perdre.

DANTON, *en train de s'habiller :* Mais c'est le temps qui nous perd.

C'est très ennuyeux d'enfiler toujours d'abord la chemise et puis la culotte par-dessus et le soir de se glisser dans un lit pour en sortir le matin suivant et de mettre toujours un pied devant l'autre comme ça, on ne peut pas imaginer que ça puisse changer. C'est bien triste de penser que des millions l'ont déjà fait, que des millions vont encore le faire, et que par-dessus le marché nous sommes constitués de deux moitiés qui font toutes les deux la même chose, de sorte que tout se passe en double. C'est bien triste.

CAMILLE. Tu parles tout à fait comme un enfant.

DANTON. Les mourants redeviennent souvent des enfants.

LACROIX. Tu cours à ta perte avec tes hésitations, et tu

vas y entraîner tous tes amis. Annonce aux lâches qu'il est temps de se rassembler autour de toi, fais appel à ceux du Marais comme à ceux de la Montagne. Dénonce à grands cris la tyrannie des décemvirs, parle de poignards, invoque Brutus[83], tu feras peur aux tribuns et autour de toi se rassembleront même ceux qu'on accuse de complicité avec Hébert. Laisse-toi emporter par ta colère. Qu'au moins nous ne mourions pas désarmés et humiliés comme ce misérable Hébert.

DANTON. Tu as une mauvaise mémoire, tu m'appelais un saint déjà mort. Tu avais raison plus que tu ne le croyais toi-même. J'ai fait un tour aux sections, ils étaient respectueux, mais comme à un enterrement. Je suis une relique, et les reliques, on les jette à la rue, tu avais raison.

LACROIX. Pourquoi as-tu laissé les choses en arriver à ce point?

DANTON. À ce point? À la fin je trouvais ça vraiment ennuyeux. Porter partout le même habit, avec ses plis aux mêmes endroits! C'est à faire pitié. N'être plus qu'un misérable instrument, où une seule corde ne produit qu'une seule note!

J'en ai ma claque. Je voulais me la couler douce[84]. J'ai réussi, la Révolution me met au repos, mais autrement que je ne pensais.

D'ailleurs, sur quoi s'appuyer? Nos putains pourraient s'en prendre aux sœurs dévotes de la guillotine, mais je ne vois rien d'autre. On peut compter sur ses doigts : les jacobins ont déclaré que la vertu est à l'ordre du jour, les cordeliers m'appellent le bourreau d'Hébert, la Commune fait pénitence[85], la Convention, — bon, ça serait encore un moyen! mais on aurait un autre 31 mai, ils ne céderaient pas de bon gré. Robespierre, c'est le dogme de la Révolution, on ne peut pas tirer un trait là-dessus. Ça ne marcherait pas. Nous n'avons pas fait la Révolution, c'est la Révolution qui nous a faits.

Et si ça marchait, j'aimerais mieux être guillotiné que faire guillotiner[86]. J'en ai assez, pourquoi les hommes que nous sommes devraient combattre d'autres hommes ? Nous ferions mieux de nous asseoir et de rester en repos. Il y a eu un défaut quand on nous a fabriqués, il nous manque un je ne sais quoi, mais nous n'allons pas nous étriper pour le trouver, alors à quoi bon nous taper les uns sur les autres ? Allez, nous sommes de piètres alchimistes.

CAMILLE. En style plus pathétique cela donnerait : combien de temps l'humanité éternellement affamée va-t-elle dévorer ses propres membres ? ou encore : combien de temps, naufragés sur une épave, en proie à une soif inextinguible, devrons-nous sucer mutuellement le sang de nos veines ? ou encore, combien de temps nous faudra-t-il, algébristes en pleine chair[87], rechercher l'x inconnu, éternellement inaccessible, pour transcrire nos calculs avec des membres déchiquetés ?

DANTON. Tu es un écho sonore.

CAMILLE. N'est-ce pas, un coup de pistolet résonne comme un coup de tonnerre. Tant mieux pour toi, tu devrais toujours m'avoir près de toi.

PHILIPPEAU. Et la France reste livrée à ses bourreaux ?

DANTON. Qu'est-ce que ça fait ? Les gens se trouvent très bien comme ça. Ils sont dans le malheur, est-ce qu'on peut réclamer davantage pour être ému, noble, vertueux ou spirituel, ou tout simplement pour ne plus s'ennuyer ?

Mourir de la guillotine, de la fièvre ou de vieillesse ? Il vaut encore mieux se retirer dans la coulisse d'un pied agile, accompagner sa sortie de quelques gestes gracieux et écouter les applaudissements des spectateurs. C'est très joli, cela nous convient, nous sommes toujours au théâtre, même si pour finir nous sommes transpercés pour de bon.

C'est bien que la durée de notre vie soit un peu réduite, l'habit était trop grand, nos membres ne pouvaient pas le remplir. La vie tourne à l'épigramme, tant mieux, qui aurait assez de souffle et d'esprit pour une épopée en 50 ou 60 chants ? Il est temps de boire l'essence de vie, non plus au tonneau, mais dans de petits verres à liqueur, on s'en met quand même plein la gueule, autrement on aurait bien du mal à tirer quelques gouttes du volumineux réceptacle.

Enfin j'aurais envie de crier, je me suis donné trop de mal, la vie ne vaut pas la peine qu'on prend pour la conserver.

PARIS. Alors fuis, Danton!

DANTON. Est-ce qu'on emporte la patrie à la semelle de ses souliers[88]?

Enfin — et c'est le principal : ils n'oseront pas[89]. *À Camille :* Viens, mon garçon, je te le dis, ils n'oseront pas. Adieu. Adieu!

Danton et Camille sortent.

PHILIPPEAU. Il s'en va.

LACROIX. Et il ne croit pas un mot de ce qu'il a dit. La paresse, rien d'autre! Il aime mieux se laisser guillotiner que de faire un discours.

PARIS. Que faire?

LACROIX. Rentrer chez soi et comme Lucrèce[90] étudier la fin la plus convenable.

Scène 2

UN MAIL

Des promeneurs.

UN CITOYEN. Ma bonne Jacqueline, je voulais dire Corn, c'est-à-dire Cor...

SIMON. Cornelia, citoyen, Cornelia[91].

LE CITOYEN. Ma bonne Cornelia m'a fait cadeau d'un petit enfant.

SIMON. Elle a donné un fils à la République.

LE CITOYEN. La République, c'est un peu trop général, on pourrait dire.

SIMON. Précisément, le particulier doit s'effacer devant le général.

LE CITOYEN. Ah oui, ma femme dit ça aussi.
UN CHANTEUR AMBULANT.

> Qui peut me dire, qui peut me dire
> Où l'homme trouve son plaisir ?

LE CITOYEN. Ah les noms, je suis complètement embrouillé.
SIMON. Baptise-le Pique, Marat.
LE CHANTEUR AMBULANT.

> Dans le chagrin, dans la douleur
> Il lui faut dès la première heure
> S'éreinter sans jamais finir[92].

LE CITOYEN. J'en aurais bien voulu trois, il y a quelque chose avec le nombre trois... quelque chose d'utile, de respectable, voilà, je les ai : Charrue, Robespierre.
Mais le troisième ?
SIMON. Pique.
LE CITOYEN. Je vous remercie, voisin. Pique, Charrue, Robespierre, ce sont de jolis noms, ça fait très bien.
SIMON. Je te le dis, les seins de ta Cornelia seront comme les mamelles de la louve romaine[93], non, ça ne va pas.
Romulus était un tyran, ça ne va pas.
Ils passent.
UN MENDIANT *chante :*

> Une poignée de terre
> Avec un peu de mousse
> Chers messieurs, et vous, belles dames !

PREMIER MONSIEUR. Travaille, animal, tu as l'air bien nourri.
DEUXIÈME MONSIEUR. Tiens ! *Il lui donne de l'argent.* Sa main, on dirait du velours. C'est une honte.
LE MENDIANT. Monsieur, votre habit, comment l'avez-vous eu ?
DEUXIÈME MONSIEUR. Par mon travail, par mon travail !
Tu pourrais en avoir un pareil, je veux te donner du travail, viens chez moi, j'habite...

LE MENDIANT. Monsieur, pourquoi avez-vous travaillé?
DEUXIÈME MONSIEUR. Idiot, pour avoir l'habit.
LE MENDIANT. Vous vous êtes donné de la peine pour avoir une jouissance, un habit pareil, c'est une jouissance, mais une guenille, tout autant.
DEUXIÈME MONSIEUR. Bien sûr, autrement ça n'irait pas.
LE MENDIANT. Ah, si j'étais idiot. C'est du pareil au même. Le soleil chauffe le coin, tout va pour le mieux.
Il chante :

> Une poignée de terre
> Avec un peu de mousse

ROSALIE *à Adélaïde :* Vas-y, voilà des soldats, depuis hier on n'a rien eu de chaud dans le ventre.
LE MENDIANT.

> C'est là, sur cette terre,
> Que le destin me pousse[94]!

Messieurs, mesdames!
UN SOLDAT. Halte! Où allez-vous, mes petites? *À Rosalie :* Quel âge as-tu?
ROSALIE. L'âge de mon petit doigt.
LE SOLDAT. Tu es bien affûtée.
ROSALIE. Et toi, pas très futé.
LE SOLDAT. Alors je vais m'aiguiser contre toi.
Il chante :

> Christine, Christine jolie
> Est-c'que j'y suis allé trop fort,
> Allé trop fort, allé trop fort?

ROSALIE *chante :*

> Ah mais non, messieurs les soldats,
> J'aurais aimé qu'ça dure encore,
> Qu'ça dure encore, qu'ça dure encore[95]!

Danton et Camille entrent.
DANTON. On a l'air de s'amuser ici?
Je sens quelque chose dans l'atmosphère, comme si le soleil faisait chauffer la débauche.

N'aurait-on pas envie d'y sauter à pieds joints, de s'arracher la culotte du corps et de s'accoupler par-derrière comme les chiens dans la rue?
Ils passent.
UN JEUNE MONSIEUR[96]. Ah madame, le son d'une cloche, le couchant sur les arbres, le scintillement d'une étoile.
MADAME. Le parfum d'une fleur, ces joies naturelles, cette pure jouissance de la nature! *À sa fille :* Tu vois, Eugénie, seule la vertu a des yeux pour voir cela.
EUGÉNIE *baise la main de sa mère :* Ah maman, je ne vois que vous!
MADAME. Chère enfant!
LE JEUNE HOMME *chuchote à l'oreille d'Eugénie :* Vous voyez là-bas la jolie dame avec le vieux monsieur?
EUGÉNIE. Je la connais.
LE JEUNE HOMME. On dit que son coiffeur l'a frisée *à l'enfant*[97].
EUGÉNIE *rit :* Mauvaise langue!
LE JEUNE HOMME. Le vieux monsieur marche à côté, il voit grossir le petit bourgeon et l'emmène se promener au soleil comme s'il était la pluie d'orage qui le fait pousser.
EUGÉNIE. Comme c'est inconvenant, j'aurais envie de rougir.
LE JEUNE HOMME. Moi, ça me ferait pâlir.
DANTON *à Camille :* Surtout n'exige de moi rien de sérieux. Je ne comprends pas pourquoi les gens ne s'arrêtent pas dans la rue pour rire au visage l'un de l'autre. Ils devraient à mon avis éclater de rire à leurs fenêtres, à travers leurs tombes, le ciel devrait crever et la terre se convulser de rire.
PREMIER MONSIEUR. Je vous assure, c'est une découverte extraordinaire! Tous les arts techniques vont changer de physionomie. L'humanité se hâte à pas de géant vers ses hautes destinées.
DEUXIÈME MONSIEUR. Vous avez vu la nouvelle pièce? Une tour de Babel[98]! Un chaos de voûtes, d'escaliers, de couloirs, et tout cela si léger, si hardiment jeté dans l'espace. On a le vertige à chaque pas.

Une cervelle étrange. *Il s'arrête, embarrassé.*
PREMIER MONSIEUR. Qu'avez-vous donc?
DEUXIÈME MONSIEUR. Mais rien! Votre main, monsieur! La flaque, là! Je vous remercie. Je l'ai évitée de justesse, ça pourrait être dangereux!
PREMIER MONSIEUR. Vous n'avez tout de même pas eu peur?
DEUXIÈME MONSIEUR. Si, la terre est une croûte mince, je pense toujours que je pourrais passer au travers d'un pareil trou.
Il faut marcher avec précaution, on pourrait la crever. Mais allez au théâtre, je vous le conseille.

Scène 3

UNE CHAMBRE

Danton, Camille, Lucile.

CAMILLE. Je vous le dis, s'ils ne reçoivent pas tout sous forme de copies malhabiles étiquetées en théâtres, concerts et expositions de peinture, ils n'ont ni yeux ni oreilles. Si quelqu'un taille une marionnette pendue au bout du fil qui la fait gesticuler, et dont les articulations craquent à chaque pas en pentamètres iambiques[99], quel personnage, quelle logique! Qu'un autre prenne un petit sentiment, une maxime, une idée et lui mette habit et culotte, des pieds, qu'il lui maquille le visage et le mette à la torture à travers trois actes, jusqu'à ce qu'enfin il se marie ou se loge une balle dans la tête — c'est l'idéal! Que quelqu'un vous bâcle un opéra qui traduit l'essor et l'abattement de l'âme humaine comme un sifflet à eau imite le rossignol — ah, quel art!
Faites sortir les gens du théâtre dans la rue: ah, quelle pitoyable réalité!
Ils oublient leur bon Dieu pour ses mauvais

copistes. De la création, qui se renouvelle autour d'eux et en eux à chaque instant, ardente, tumultueuse, brillante, ils n'entendent et ne voient rien. Ils vont au théâtre, lisent des histoires et des romans, imitent les grimaces qu'ils y trouvent et disent des créatures de Dieu : qu'elles sont ordinaires !
Les Grecs savaient ce qu'ils disaient quand ils racontaient que la statue de Pygmalion[100] avait certes reçu la vie, mais qu'elle n'avait pas eu d'enfants.

DANTON. Et les artistes traitent la nature comme David qui dessinait tranquillement les victimes de Septembre, qu'on avait assassinées à la Force et jetées ensuite à la rue : il ajoutait : « Je saisis les derniers tressaillements de vie chez ces gredins[101]. »

On appelle Danton au-dehors.

CAMILLE. Que dis-tu, Lucile[102] ?
LUCILE. Rien, j'aime tant te regarder parler.
CAMILLE. Tu m'écoutes aussi ?
LUCILE. Eh, bien sûr.
CAMILLE. Ai-je raison, est-ce que tu sais ce que j'ai dit ?
LUCILE. Non, en vérité non.

Danton revient.

CAMILLE. Qu'est-ce que tu as ?
DANTON. Le Comité de salut public a décidé mon arrestation. On m'a prévenu et on m'a offert un asile.
Ils veulent ma tête, bon. Je suis fatigué de ces tracasseries. Qu'ils la prennent. Quelle importance ? Je saurai mourir avec courage ; c'est plus facile que de vivre.
CAMILLE. Danton, il est temps encore.
DANTON. Impossible — mais je n'aurais pas cru...
CAMILLE. Ton indolence !
DANTON. Je ne suis pas indolent, je suis fatigué. La plante des pieds me brûle.
CAMILLE. Où vas-tu ?
DANTON. Oui, si l'on savait !
CAMILLE. Sérieusement, où ?

DANTON. Me promener, mon garçon, me promener! *Il s'en va.*
LUCILE. Ah, Camille!
CAMILLE. Sois tranquille, chère enfant.
LUCILE. Quand je pense qu'ils pourraient... cette tête! Mon Camille! C'est de la folie, hein, je suis devenue folle?
CAMILLE. Sois tranquille, Danton et moi ce n'est pas la même chose.
LUCILE. La terre est vaste, il y a bien des choses dessus, pourquoi justement celle-ci? Qui me l'enlèverait? Ce serait cruel. Qu'est-ce qu'ils veulent en faire?
CAMILLE. Je te répète, tu peux être tranquille. Hier j'ai parlé avec Robespierre, il a été amical. Nos rapports sont un peu tendus, c'est vrai, des points de vue différents, c'est tout!
LUCILE. Va le voir.
CAMILLE. Nous étions assis sur le même banc à l'école. Il était toujours sombre et solitaire. J'étais le seul à le fréquenter et je le faisais parfois rire. Il s'est toujours montré très affectueux à mon égard. Je m'en vais.
LUCILE. Si vite, mon ami? Va! Viens! Juste ça *elle l'embrasse* et ça! Va! Va!
Camille sort.
LUCILE. Les temps sont durs. C'est comme ça. Que peut-on y faire? Il faut se ressaisir.
Elle chante:

> Ah, se quitter, se quitter,
> Qui donc a pu l'inventer[103]?

Pourquoi cela me revient-il en tête? Ce n'est pas bon signe, que ça trouve son chemin tout seul.
Quand il est dehors, c'est comme s'il ne devait plus revenir et allait s'éloigner de moi, toujours plus loin, toujours plus loin.
Comme la chambre est vide, les fenêtres ouvertes, comme si un mort y avait couché. Je ne peux plus rester là-haut.
Elle sort.

Scène 4

EN PLEIN AIR

DANTON. Je n'ai pas envie de continuer. Je ne veux pas troubler ce calme avec le bavardage de mes pas et ma respiration haletante. *Il s'assoit ; après une pause :* On m'a parlé d'une maladie qui fait perdre la mémoire. La mort doit avoir quelque chose de ça. Ensuite je me mets à espérer qu'elle agit encore plus puissamment et qu'elle fait perdre tout. Si c'était vrai !
Et puis j'ai couru comme un chrétien pour sauver mon ennemi, c'est-à-dire ma mémoire. L'endroit paraît sûr, au moins pour ma mémoire, mais pas pour moi, la tombe me donne plus de sécurité, elle me procure au moins l'oubli ! Elle tue ma mémoire. Mais là-bas ma mémoire vit et me tue. Moi ou elle ? La réponse est facile. *Il se lève et revient sur ses pas.* Je flirte avec la mort, c'est très agréable de lui faire les yeux doux de loin avec sa lorgnette. En vérité toute cette histoire me fait rire. J'ai un sentiment de permanence en moi qui me dit : demain sera comme aujourd'hui, et après-demain, et ainsi de suite, tout sera pareil. Ce sont des bruits sans consistance, on veut me faire peur, ils n'oseront pas[104]. *Il sort.*

Scène 5

UNE CHAMBRE

Il fait nuit.

DANTON *à la fenêtre :* Ça ne va donc jamais finir ? Cette lumière ne va jamais s'éteindre, ce bruit ne pourrira jamais, on ne retrouvera plus le calme et l'obscurité, qui nous permettraient de ne plus entendre ni voir les péchés répugnants des uns et des autres? — Septembre!

JULIE *appelle de l'intérieur :* Danton! Danton!

DANTON. Hé?

JULIE *entre :* Pourquoi cries-tu?

DANTON. J'ai crié?

JULIE. Tu parlais de péchés répugnants et puis tu as gémi : Septembre!

DANTON. Moi, moi? Non, je n'ai pas parlé, je l'ai à peine pensé, ce n'était que des pensées secrètes, à peine exprimées.

JULIE. Tu trembles, Danton.

DANTON. Et je ne devrais pas trembler, quand les murs bavardent de la sorte? Mon corps est si démantibulé que mes pensées instables, vagabondes, parlent par les lèvres des pierres? C'est étrange.

JULIE. Georges, mon Georges!

DANTON. Oui, Julie, c'est très étrange. Je voudrais ne plus penser, quand ça parle aussitôt comme ça. Il y a des pensées, Julie, pour lesquelles il ne devrait pas y avoir d'oreilles. Il n'est pas bon qu'elles crient aussitôt nées, comme les enfants. Ce n'est pas bon.

JULIE. Que Dieu te garde sain d'esprit, Georges. Georges, me reconnais-tu?

DANTON. Ah, pourquoi pas, tu es un être humain, et puis une femme et pour finir ma femme, et la terre a cinq parties, l'Europe, l'Asie, l'Afrique, l'Amérique, l'Australie, et deux fois deux font quatre. Je suis sain d'esprit, tu vois. On n'a pas crié Septembre? Tu n'as rien dit de ce genre?

JULIE. Oui, Danton, je l'ai entendu à travers toutes les pièces.

DANTON. Quand je suis venu à la fenêtre — *il regarde au-dehors* —, la ville est calme, aucune lumière.

JULIE. Un enfant crie près d'ici.

DANTON. Quand je suis venu à la fenêtre — ça criait, ça gueulait dans toutes les rues : Septembre!

JULIE. Tu as rêvé, Danton. Ressaisis-toi.

DANTON. Rêvé? Oui, j'ai rêvé, mais c'était autrement,

je vais te le dire tout de suite, ma pauvre tête est faible, tout de suite! voilà, ça me revient! Au-dessous de moi, la terre menait sa course haletante, je l'avais empoignée comme un cheval sauvage, de mes membres géants je brassais sa crinière et je pressais ses flancs, la tête baissée, les cheveux flottant au-dessus de l'abîme. Voilà comment j'étais entraîné. Alors dans mon angoisse j'ai crié et je me suis réveillé. Je suis venu à la fenêtre — et là j'ai entendu, Julie.

Ce mot, qu'est-ce qu'il veut dire? Pourquoi celui-là, je n'en ai rien à faire. Pourquoi tend-il vers moi ses mains sanglantes? Lui, je ne l'ai pas abattu. Oh, aide-moi, Julie, mon esprit est émoussé. N'était-ce pas en Septembre, Julie?

JULIE. Les rois étaient à quarante heures de Paris[105]...
DANTON. Les places fortes tombées[106], les aristocrates dans la ville.
JULIE. La République était perdue.
DANTON. Oui, perdue. Nous ne pouvions pas laisser l'ennemi dans notre dos, nous aurions été des fous, deux ennemis sur la même planche, eux ou nous, le plus fort jette en bas le plus faible, c'est naturel, non?
JULIE. Oui, oui.
DANTON. Nous les avons abattus, ce n'était pas un massacre, c'était la guerre à l'intérieur.
JULIE. Tu as sauvé la patrie.
DANTON. Oui, c'est vrai. C'était de la légitime défense, il fallait le faire. L'homme sur la croix s'est facilité les choses: il faut que le scandale arrive, mais malheur à celui par qui le scandale arrive.

Il fallait, c'était ça, il fallait. Qui maudira la main sur laquelle est tombée cette malédiction, ce il faut? Qui a prononcé ce il faut? Qu'est-ce qui en nous baise, ment, vole et tue?

Des marionnettes dont des puissances inconnues tirent les fils, voilà ce que nous sommes: par nous-mêmes, rien, rien du tout! Des épées avec lesquelles se combattent des esprits, seulement on ne voit pas les mains, comme dans le conte.

À présent je suis calme.
JULIE. Tout à fait calme, mon cœur?
DANTON. Oui, Julie, viens, au lit!

Scène 6

LA RUE DEVANT LA MAISON DE DANTON

Simon, des soldats-citoyens.

SIMON. Où en est-on de la nuit?
PREMIER CITOYEN. Quoi, de la nuit?
SIMON. Combien reste-t-il de la nuit?
PREMIER CITOYEN. Autant qu'entre le coucher et le lever du soleil.
SIMON. Pendard, quelle heure?
PREMIER CITOYEN. Regarde ton cadran; c'est l'heure où les balanciers sont en érection sous les couvertures.
SIMON. Il faut monter! Allons, citoyens! Nous en répondons sur nos têtes. Mort ou vif! Il a des membres puissants. Je passerai devant, citoyens. Une ruelle pour la liberté!
Prenez soin de ma femme! Je lui lègue une couronne de chêne.
PREMIER CITOYEN. Une couronne de glands? On dit qu'il lui en tombe tous les jours déjà assez sous les jupes.
SIMON. En avant, citoyens, vous aurez bien mérité de la patrie.
DEUXIÈME CITOYEN. Je voudrais que la patrie mérite bien de nous; avec tous les trous que nous faisons dans la peau des autres, il n'y en a pas un seul de recousu dans nos culottes.
PREMIER CITOYEN. Veux-tu qu'on te couse la braguette? Ha, ha, ha.
LES AUTRES. Ha, ha, ha.

SIMON. Allons-y, allons-y !
Ils envahissent la maison de Danton.

Scène 7

LA CONVENTION NATIONALE

Un groupe de députés.

LEGENDRE. Est-ce que le massacre des députés va continuer ?
Qui est encore en sécurité, si Danton lui-même tombe ?
UN DÉPUTÉ. Que faire ?
UN AUTRE. Il faut qu'on l'entende à la barre de la Convention. Le succès est assuré, que pourraient-ils opposer à sa voix ?
UN AUTRE. Impossible, un décret nous en empêche.
LEGENDRE. Il faut l'abroger ou établir une exception. Je présenterai la motion. Je compte sur votre soutien.
LE PRÉSIDENT. La séance est ouverte.
LEGENDRE *monte à la tribune* : Quatre membres de la Convention nationale ont été arrêtés la nuit dernière. Je sais que Danton est l'un d'eux, je ne connais pas le nom des autres. D'ailleurs, quels qu'ils soient, je demande qu'ils soient entendus à la tribune. Citoyens, je le déclare, je tiens Danton pour aussi pur que moi-même, et je ne crois pas qu'on puisse me faire le moindre reproche. Je ne veux attaquer aucun membre du Comité de salut public ou du Comité de sûreté générale, mais j'ai de bonnes raisons de craindre qu'une haine privée, des passions personnelles puissent ôter leur liberté à des hommes qui lui ont rendu les plus grands services. L'homme qui en 1792 a sauvé la France par son énergie mérite qu'on l'entende, il doit pouvoir s'expliquer si on l'accuse de haute trahison.
Mouvements violents.

QUELQUES VOIX. Nous soutenons la motion Legendre.

UN DÉPUTÉ. Nous sommes ici au nom du peuple, on ne peut pas sans l'accord de nos électeurs nous arracher de nos sièges.

UN AUTRE. Vos paroles sentent les cadavres, vous les avez prises dans la bouche des Girondins. Voulez-vous des privilèges ? Le couperet de la loi est suspendu au-dessus de toutes les têtes.

UN AUTRE. Nous ne pouvons pas permettre à nos comités de priver les législateurs de l'asile de la loi pour les envoyer à la guillotine.

UN AUTRE. Pas d'asile pour le crime, seuls les criminels couronnés en trouvent un sur le trône.

UN AUTRE. Seuls les fripons font appel au droit d'asile.

UN AUTRE. Seuls les assassins ne le reconnaissent pas.

ROBESPIERRE. Le trouble depuis longtemps inconnu qui s'est emparé de cette assemblée montre qu'il s'agit de questions importantes. Aujourd'hui va se décider si quelques hommes l'emporteront sur la patrie. Comment pourriez-vous renier vos principes à moins d'autoriser à quelques individus ce que vous aviez refusé hier à Chabot, Delaunay et Fabre[107] ? Que signifie cette différence en faveur de quelques hommes ? Que m'importent les louanges que l'on se décerne à soi-même et à ses amis ? De trop nombreuses expériences nous ont montré quel prix il faut leur donner. Nous ne demandons pas si un homme a accompli telle ou telle action patriotique, nous demandons quelle est sa carrière politique dans son ensemble.

Legendre a l'air de ne pas connaître les noms des membres arrêtés, toute la Convention les connaît. Son ami Lacroix est du nombre. Pourquoi Legendre feint-il de ne pas le savoir ? Parce qu'il sait bien que seule l'impudence peut prendre la défense de Lacroix. Il a nommé le seul Danton, parce qu'il croit qu'à ce nom est attaché un privilège. Non, nous ne voulons pas de privilèges, nous ne voulons pas d'idoles !

Applaudissements.

En quoi Danton est-il supérieur à Lafayette, à Dumouriez, à Brissot[108], Fabre, Chabot, Hébert ? Que dit-on d'eux qu'on ne puisse dire de lui ? Les avez-vous pour autant épargnés ? Quels mérites lui confèrent un avantage sur ses concitoyens ?
Serait-ce parce que quelques individus trompés et d'autres qui ne se sont pas laissés tromper, se sont groupés autour de lui pour voler en sa compagnie dans les bras du bonheur et du pouvoir ? Plus il a trompé les patriotes qui avaient placé en lui leur confiance, plus vivement il doit éprouver la sévérité des amis de la liberté.
On veut vous inspirer la crainte d'abuser d'un pouvoir que vous avez vous-même exercé. On crie au despotisme des comités, comme si la confiance que le peuple vous a manifestée et que vous avez transférée à ces comités n'était pas une garantie suffisante de leur patriotisme. On se donne l'air de trembler. Mais je vous le dis, celui qui tremble en ce moment est coupable, car jamais l'innocence ne tremble devant la vigilance publique.
Applaudissements unanimes.
On a voulu me faire peur, à moi aussi, on m'a fait comprendre que le danger qui s'approchait de Danton pouvait arriver jusqu'à moi.
On m'a écrit, des amis de Danton m'ont assiégé, dans l'idée que le souvenir d'une vieille liaison, la foi aveugle en de feintes vertus pourraient m'amener à modérer mon zèle et ma passion pour la liberté.
Aussi je déclare que rien ne doit m'arrêter, même si le danger encouru par Danton devait devenir le mien. Nous avons tous besoin de courage et même de grandeur d'âme. Seuls les criminels et les âmes médiocres craignent de voir tomber leurs semblables près d'eux, parce que, cessant d'être cachés par une foule de complices, ils se sentent exposés à la lumière de la vérité. Mais s'il existe dans cette assemblée des âmes de cette espèce, il s'en trouve aussi d'héroïques. Le nombre des coquins n'est pas

grand. Nous avons quelques têtes à frapper et la patrie est sauvée.
Applaudissements.
Je demande que la motion de Legendre soit rejetée.
Les députés se lèvent tous en signe d'approbation unanime.

SAINT-JUST. Il semble qu'il y ait dans cette assemblée quelques oreilles sensibles qui ne peuvent supporter le mot sang. Quelques considérations générales peuvent les convaincre que nous ne sommes pas plus cruels que la nature et que l'époque. La nature suit tranquillement et irrésistiblement ses lois[109], l'homme est anéanti lorsqu'il entre en conflit avec elles. Un changement dans les composantes de l'air, un embrasement tellurique, une altération dans l'équilibre d'une masse d'eau, une épidémie, une éruption volcanique, une inondation font mourir des milliers d'êtres humains. Quel est le résultat ? Un changement insignifiant, presque imperceptible de la nature physique, qui serait passé presque sans laisser de traces, si des cadavres ne se trouvaient pas sur son chemin.

Je demande à présent : la nature morale dans ses révolutions doit-elle montrer plus d'égards que la nature physique ? Une idée n'a-t-elle pas le droit, tout autant qu'une loi de la physique, d'anéantir ce qui lui résiste ? Un événement qui change totalement la configuration de la nature morale, c'est-à-dire de l'humanité, ne pourrait pas avancer dans le sang ? L'esprit du monde se sert dans la sphère spirituelle de nos bras, de la même façon qu'il utilise dans la sphère physique les volcans ou les inondations. Qu'importe qu'ils meurent d'une épidémie ou de la Révolution ?

Les pas de l'humanité sont lents, on ne peut les compter que par siècles, derrière chacun d'eux se dressent les tombeaux des générations. L'accès aux découvertes, l'établissement des principes les plus simples ont coûté la vie à des millions d'hommes morts en route. N'est-il pas évident qu'à une époque où la marche de l'histoire est plus rapide, davantage d'hommes doivent expirer?

Nous conclurons vite et simplement : comme tous ont été créés dans les mêmes conditions, tous sont égaux, mises à part les différences que la nature a elle-même établies. En conséquence chacun peut avoir des avantages, mais personne des privilèges, ni un individu, ni une classe d'individus petite ou grande. Chaque membre de cette phrase appliqué à la réalité, a tué son lot d'êtres humains. Le 14 juillet, le 10 août, le 31 mai sont ses signes de ponctuation. Il lui a fallu quatre années pour s'introduire dans le monde des corps, et dans les conditions habituelles il lui aurait fallu des siècles, et il aurait été ponctué par des générations. Faut-il donc s'étonner que le fleuve de la Révolution, à chaque étape, à chaque tournant, rejette ses cadavres?

Nous ajouterons encore à notre phrase quelques conclusions, est-ce que quelques centaines de cadavres nous empêcheront de le faire?

Moïse a conduit son peuple à travers la mer Rouge et dans le désert, jusqu'à ce que la vieille génération corrompue se soit râpée, avant qu'il ne fonde le nouvel État. Législateurs ! Nous n'avons ni mer Rouge ni désert, mais nous avons la guerre et la guillotine.

La Révolution est comme les filles de Pélias[110]; elle met en morceaux l'humanité pour la rajeunir. L'humanité sortira du chaudron sanglant comme la terre du déluge, avec des membres d'une vigueur originelle, comme nouvellement créés.

Applaudissements prolongés, soutenus.
Quelques membres se lèvent avec enthousiasme.

SAINT-JUST. Tous les ennemis secrets de la tyrannie, qui portent en Europe et dans l'univers entier sous leurs vêtements le poignard de Brutus, nous les appelons à partager avec nous ce moment sublime.

Les auditeurs et les députés entonnent La Marseillaise.

ACTE III

Scène 1

LE LUXEMBOURG

UNE SALLE AVEC DES PRISONNIERS

*Chaumette, Payne[112], Mercier, Hérault de Séchelles
et d'autres prisonniers.*

CHAUMETTE[111] *tapotant la manche de Payne* : Écoutez, Payne[112], ça pourrait bien être ça, j'en ai déjà été obsédé ; j'ai mal à la tête aujourd'hui, aidez-moi un peu avec vos déductions, je ne me sens pas bien du tout.

PAYNE. Alors viens, philosophe Anaxagore, je vais te catéchiser. Il n'y a pas de Dieu, car : ou bien Dieu a créé le monde ou il ne l'a pas créé. S'il ne l'a pas créé, le monde a sa cause en lui-même et il n'y a pas de Dieu, car Dieu n'est Dieu qu'en tant qu'il est cause de tout être. Mais Dieu ne peut avoir créé le monde, car ou bien la création est comme Dieu, éternelle, ou elle a un commencement. Si c'est le cas, il faut que Dieu l'ait créée à un certain moment, et lorsqu'il a permis à son éternité de devenir active, il faut qu'il ait supporté un changement en lui, qui permette de lui appliquer le concept de temps : deux processus incompatibles avec l'essence de Dieu. Dieu ne peut donc pas avoir créé le monde. Mais comme nous savons très bien que le monde, ou tout au moins que notre Moi existe, et que donc, d'après ce qui précède, il faut que la cause soit en lui ou en quelque chose qui n'est pas Dieu, il ne peut donc y avoir de Dieu, *quod erat demonstrandum*[113].

CHAUMETTE. Ah vraiment, ça me rend la lumière, merci, merci.

MERCIER. Arrêtez, Payne, et si la création est éternelle ?
PAYNE. Alors elle n'est plus création, car elle ne fait qu'un avec Dieu ou elle est un de ses attributs, comme dit Spinoza[114], car Dieu est dans tout, en vous, mon très cher, dans le philosophe Anaxagore et en moi ; ce qui ne serait pas si mal, mais vous devrez m'accorder que la majesté céleste est peu de chose si le bon Dieu en chacun de nous peut avoir mal aux dents, attraper la chaude-pisse, être enterré vivant ou tout au moins en avoir les très pénibles représentations.
MERCIER. Mais il faut bien qu'il y ait une cause première.
PAYNE. Qui dira le contraire ? Mais qui vous dit que cette cause, c'est ce que nous appelons Dieu, c'est-à-dire l'être parfait ? Tenez-vous le monde pour parfait ?
MERCIER. Non.
PAYNE. Comment voulez-vous alors conclure d'un effet imparfait à une cause parfaite ?
Voltaire n'a pas osé s'en prendre plus à Dieu qu'aux rois, c'est pourquoi il a raisonné de cette façon. Celui qui n'a rien d'autre que sa raison et ne sait ou n'ose pas s'en servir d'une manière conséquente n'est qu'un bousilleur.
MERCIER. Moi je demande au contraire si une cause parfaite peut avoir un effet parfait, en d'autres termes le parfait peut-il créer du parfait ? N'est-ce pas impossible puisque le créé ne peut jamais avoir sa cause en soi, ce qui est, comme vous le disiez, le propre de la perfection ?
CHAUMETTE. Taisez-vous ! Taisez-vous !
PAYNE. Calme-toi, philosophe. Vous avez raison. Mais si Dieu doit créer quelque chose, et s'il ne peut créer que de l'imparfait, il vaut mieux qu'il s'abstienne tout à fait. N'est-ce pas bien humain, de ne pouvoir penser Dieu que comme créateur ? Parce que nous sommes obligés de nous agiter en tous sens pour ne parvenir au bout du compte qu'à nous dire : nous existons ! Faut-il aussi attribuer à Dieu

ce misérable besoin? Faut-il, quand notre esprit se plonge dans l'essence d'une béatitude éternelle, reposant sur une harmonie intime, accepter en même temps qu'elle doive allonger les doigts pour pétrir des petits bonshommes avec les miettes de la table? par un irrépressible besoin d'amour, comme nous nous le disons mystérieusement à l'oreille. Tout cela est-il nécessaire, uniquement pour faire de nous des fils de Dieu? Je préfère un père de condition plus modeste, à qui au moins je ne pourrai pas reprocher de m'avoir fait élever au-dessous de son rang, dans les étables à cochons ou aux galères.

Écartez l'imparfait, c'est le seul moyen de démontrer Dieu, Spinoza l'a tenté. On peut nier le mal, mais pas la douleur; seule la raison peut prouver Dieu, le sentiment s'y refuse. Note bien cela, Anaxagore, pourquoi est-ce que je souffre? C'est le roc de l'athéisme. Le plus léger tressaillement de douleur, même s'il a lieu dans un atome, crée une brèche dans la création, du haut jusqu'en bas.

MERCIER. Et la morale?

PAYNE. D'abord vous prouvez Dieu à partir de la morale, et ensuite la morale à partir de Dieu. Qu'est-ce que vous voulez avec votre morale? Je ne sais pas s'il existe quelque chose de bon ou de mauvais en soi, et je n'ai donc pas besoin de changer ma façon d'agir. J'agis conformément à ma nature, ce qui lui va est bon pour moi et je le fais, ce qui lui est contraire est mauvais pour moi, je ne le fais pas et m'y oppose lorsque je le trouve sur mon chemin. Vous pouvez rester vertueux, comme on dit, et résister à ce qu'on appelle le vice, sans être pour autant obligé de mépriser vos adversaires, ce qui est un bien triste sentiment.

CHAUMETTE. Vrai, très vrai!

HÉRAULT. Ô philosophe Anaxagore, on pourrait aussi dire que Dieu est tout, qu'il doit donc être aussi son contraire, c'est-à-dire parfait et imparfait, bon et méchant, heureux et souffrant, mais ce serait un jeu à somme nulle, on aboutirait au néant.

Réjouis-toi, tu t'en tires heureusement, tu peux tranquillement vénérer en madame Momoro[115] le chef-d'œuvre de la nature, elle t'a laissé pour ça au bas du ventre un joli chapelet.

CHAUMETTE. Je vous suis bien obligé, messieurs. *Il sort.*

PAYNE. Il ne s'y fie pas encore, il se fera donner pour finir l'extrême-onction, placer les pieds en direction de La Mecque et circoncire pour ne négliger aucune voie.

On amène Danton, Lacroix, Camille et Philippeau.

HÉRAULT *court vers Danton et l'embrasse :* Bonjour, bonne nuit devrais-je dire. Je ne peux pas te demander comment tu as dormi. Comment vas-tu dormir ?

DANTON. Mais bien, il faut aller au lit en riant.

MERCIER *à Payne :* Ce dogue aux ailes de colombe ! C'est le mauvais génie de la Révolution, il s'en est pris à sa mère, mais elle a été plus forte que lui.

PAYNE. Sa vie comme sa mort sont deux malheurs égaux.

LACROIX *à Danton :* Je ne pensais pas qu'ils viendraient si vite.

DANTON. Je le savais, on m'avait prévenu.

LACROIX. Et tu n'as rien dit ?

DANTON. Pour quoi faire ? Un coup de sang est la meilleure des morts, voulais-tu d'abord être malade ? Et puis je ne pensais pas qu'ils oseraient. *À Hérault :* Il vaut mieux se coucher dans la terre que se faire des cors aux pieds en marchant dessus ; je l'aime mieux comme coussin que comme tabouret.

HÉRAULT. Au moins nous ne caresserons pas les joues de la jolie madame Putréfaction avec des mains calleuses.

CAMILLE *à Danton :* Ne te donne pas tant de mal. Tu auras beau sortir ta langue aussi loin que tu peux, tu ne réussiras pas à lui faire lécher la sueur de la mort sur ton front. Ô Lucile ! Quelle désolation !

Les prisonniers se pressent autour des nouveaux venus.

DANTON à *Payne :* Ce que vous avez fait pour le bien de votre pays, j'ai essayé de le faire pour le mien. J'ai été moins heureux, on m'envoie à l'échafaud, tant pis, je ne trébucherai pas.

MERCIER à *Danton :* Le sang des vingt-deux[116] va t'étouffer.

UN PRISONNIER à *Hérault :* Le pouvoir du peuple et le pouvoir de la raison ne font qu'un.

UN AUTRE à *Camille :* Eh bien, procureur général de la lanterne[117], on ne voit pas mieux en France depuis que tu as amélioré l'éclairage des rues.

UN AUTRE. Laissez-le! Ce sont les lèvres qui ont prononcé le mot : indulgence. *Il embrasse Camille, plusieurs prisonniers suivent son exemple.*

PHILIPPEAU. Nous sommes des prêtres qui avons prié auprès des mourants, nous avons été contaminés et nous mourons de la même épidémie.

QUELQUES VOIX. Le coup qui vous frappe nous fait tous mourir.

CAMILLE. Messieurs, je regrette vivement que nos efforts aient été si vains, je vais à l'échafaud parce que mes yeux se sont mouillés devant le sort de quelques malheureux.

Scène 2

UNE CHAMBRE

Fouquier-Tinville, Herrmann.

FOUQUIER. Tout est prêt?

HERRMANN. Ça ne va pas être commode; si Danton n'était pas parmi eux, ça irait mieux.

FOUQUIER. Il faut qu'il ouvre le bal.

HERRMANN. Il va effrayer les jurés; c'est l'épouvantail de la Révolution.

FOUQUIER. Il faut que les jurés soient résolus.

HERRMANN. J'aurais bien un moyen, mais il porterait atteinte aux formes légales.

FOUQUIER. Vas-y.
HERRMANN. On ne tire pas au sort, on choisit les plus solides.
FOUQUIER. Ça doit marcher. On aura un joli feu de file[118]. Ils sont dix-neuf. On les a adroitement panachés. Les quatre faussaires, quelques banquiers, des étrangers[119]. C'est un plat bien relevé. Le peuple aime ça. Bon, alors des gens de confiance! Qui par exemple?
HERRMANN[120]. Leroi, il est sourd, il n'entend rien de tout ce que les accusés racontent, Danton pourra s'égosiller avec lui.
FOUQUIER. Très bien. Ensuite!
HERRMANN. Vilatte et Lumière, le premier passe son temps au café, le second à dormir, tous les deux n'ouvrent la bouche que pour dire : coupable! Girard a pour principe qu'une fois devant le tribunal, aucun ne doit en réchapper. Renaudin[121]...
FOUQUIER. Celui-là aussi? Il a aidé une fois quelques prêtres à s'en tirer.
HERRMANN. Sois tranquille, il y a quelques jours il est venu me demander qu'on saigne tous les condamnés avant l'exécution pour les ramollir un peu, leur attitude généralement insolente le mettait en colère.
FOUQUIER. Ah, très bien. Je m'en remets à toi.
HERRMANN. Laisse-moi faire.

Scène 3

LE LUXEMBOURG[122]

UN CORRIDOR

Lacroix, Danton, Mercier et d'autres prisonniers font les cent pas.

LACROIX *à un prisonnier :* Quoi, tant de malheureux, dans un état si misérable?
LE PRISONNIER. Les charrettes de la guillotine ne vous ont-elles jamais dit que Paris était un abattoir?

MERCIER. N'est-ce pas, Lacroix? L'égalité brandit sa faucille au-dessus de toutes les têtes, la lave de la Révolution coule, la guillotine républicanise! Les galeries applaudissent et les Romains se frottent les mains, mais ils n'entendent pas que chacune de ces paroles est le râle d'une victime. Accompagnez donc vos phrases jusqu'au point où elles prennent corps.

Regardez autour de vous, vous avez déjà tout dit, c'est une traduction mimique de vos paroles. Ces malheureux, vos bourreaux et la guillotine sont devenus vos discours vivants. Vous avez bâti vos systèmes, comme Bajazet[123] ses pyramides, avec des crânes humains.

DANTON. Tu as raison.

De nos jours tout se fait en chair humaine. C'est la malédiction de notre époque. Mon corps à son tour va être utilisé.

Il y a un an que j'ai créé le Tribunal révolutionnaire. Je prie Dieu et les hommes de me le pardonner, je voulais prévenir de nouveaux massacres de Septembre, j'espérais sauver les innocents, mais ces lents assassinats avec leurs formalités sont pires et en même temps inévitables. Messieurs, j'espérais vous faire tous quitter cet endroit.

MERCIER. Oh, nous allons bien sortir.

DANTON. Je suis désormais avec vous, le Ciel sait comment cela finira.

Scène 4

LE TRIBUNAL RÉVOLUTIONNAIRE

HERRMANN *à Danton :* Votre nom, citoyen.

DANTON. La Révolution connaît mon nom. Mon adresse va bientôt être au néant et mon nom au panthéon de l'histoire.

HERRMANN. Danton, la Convention vous accuse, ainsi que Mirabeau, Dumouriez, Orléans et les Giron-

dins d'avoir conspiré avec l'étranger et la faction de Louis XVII.
DANTON. Ma voix, que j'ai fait si souvent retentir pour la cause du peuple, saura sans peine repousser la calomnie. Que les misérables qui m'accusent se montrent, je saurai les couvrir de honte. Que les Comités viennent ici, je ne répondrai que devant eux. J'ai besoin d'eux comme accusateurs et comme témoins.
Qu'ils se montrent.
D'ailleurs, qu'ai-je à faire de vous et de votre jugement. Je vous ai déjà dit que le néant sera bientôt mon asile — la vie m'est à charge, qu'on me l'ôte, j'aspire à en être débarrassé.
HERRMANN. Danton, l'audace est le propre du crime, la sérénité le propre de l'innocence.
DANTON. L'audace privée est sûrement blâmable, mais cette audace nationale que j'ai si souvent manifestée, avec laquelle j'ai si souvent combattu pour le peuple, est la plus méritoire de toutes les vertus. C'est mon audace, celle dont je me sers ici pour le bien de la République contre mes misérables accusateurs. Puis-je me contenir, lorsque je me vois calomnié d'une façon si basse? D'un révolutionnaire tel que moi on ne peut attendre une froide défense. Les hommes de ma trempe sont inestimables dans les révolutions, sur leur front plane le génie de la liberté.
Signes d'approbation parmi les auditeurs.
On m'accuse d'avoir conspiré avec Mirabeau, avec Dumouriez[124], avec Orléans[125], d'avoir rampé aux pieds de misérables despotes, on me somme de répondre devant l'inéluctable, devant l'inflexible justice.
Toi, misérable Saint-Just, tu répondras devant la postérité de cette diffamation!
HERRMANN. Je vous invite à répondre calmement, rappelez-vous Marat, il s'est présenté avec respect devant ses juges.
DANTON. Ils ont porté la main sur ma vie entière,

qu'elle se dresse donc contre eux, je les enterrerai sous le poids de chacune de mes actions. Je n'en tire pas d'orgueil. C'est le destin qui guide nos bras, mais seules les natures puissantes sont ses organes. Sur le Champ de Mars j'ai déclaré la guerre à la royauté, je l'ai vaincue le 10 août, je l'ai tuée le 21 janvier et j'ai jeté, comme un gant de défi aux rois, une tête royale.
Nouveaux signes d'approbation.
Il prend en main l'acte d'accusation. Quand je jette un regard sur cet écrit infâme, je sens tout mon être frémir. Qui sont-ils, ceux qui durent contraindre Danton à se montrer en cette mémorable journée du 10 août ? Qui sont donc ces êtres privilégiés, à qui il emprunta son énergie ? Qu'ils apparaissent, mes accusateurs ! Je suis lucide quand je le demande. Je démasquerai ces vils coquins et les balancerai dans ce néant d'où ils n'auraient jamais dû s'extirper.

HERRMANN *agite sa sonnette :* Vous n'entendez pas la sonnette ?

DANTON. La voix d'un homme qui défend son honneur et sa vie doit se faire entendre plus fort que ta sonnette.
En Septembre j'ai nourri la jeune couvée de la Révolution avec les corps des aristocrates mis en lambeaux. Ma voix a forgé des armes pour le peuple avec l'or des aristocrates et des riches. Ma voix était l'ouragan qui a enseveli sous des vagues de baïonnettes les satellites du despotisme.
Bruyantes approbations.

HERRMANN. Danton, votre voix est épuisée, vous vous êtes trop agité. Vous donnerez la conclusion de votre défense la prochaine fois. Vous avez besoin de repos.
La séance est levée.

DANTON. À présent vous connaissez Danton ; encore quelques heures, il s'endormira dans les bras de la gloire.

Scène 5

LE LUXEMBOURG

UN CACHOT

Dillon, Laflotte, un gardien.

DILLON[126] *[au gardien]* Animal, ne m'envoie pas la lumière de ton nez dans la figure. Ha, ha, ha!
LAFLOTTE. Ferme la bouche, ton croissant de lune a un halo. Ha, ha, ha!
LE GARDIEN. Ha, ha, ha! Pensez-vous, messieurs, que vous pourriez lire à sa lumière? *Il montre un papier qu'il tient à la main.*
DILLON. Donne donc!
LE GARDIEN. Monsieur, mon croissant de lune est à marée basse.
LAFLOTTE. Ta culotte a pourtant l'air d'être à flot.
LE GARDIEN. Non, elle prend l'eau. *À Dillon :* Mon croissant s'est caché devant votre soleil, monsieur, vous devriez me donner quelque chose pour qu'il retrouve son éclat si vous voulez lire ce papier.
DILLON. Tiens, animal! Fiche le camp. *Il lui donne de l'argent.*
Le gardien sort.
DILLON *lit :* « Danton a effrayé le tribunal, les jurés hésitaient, les auditeurs murmuraient. L'affluence était extraordinaire. Le peuple se pressait autour du palais de justice et s'amassait jusqu'aux ponts. » Une poignée d'argent, un bras enfin, hum! hum! *Il va et vient et de temps à autre se verse un verre de vin.* Si seulement j'avais un pied dans la rue. Je ne vais pas me laisser égorger comme ça. Rien qu'un pied dans la rue!
LAFLOTTE. Et sur la charrette, c'est tout pareil.
DILLON. Tu crois? Il resterait encore quelques pas, assez pour les mesurer avec les cadavres des décemvirs. Il est grand temps que les honnêtes gens relèvent la tête.

LAFLOTTE *à part :* Ce sera encore mieux, on la leur coupera plus facilement. Allons, le vieux, encore quelques verres et Laflotte est à flot.

DILLON. Les coquins, les imbéciles, ils finiront par se guillotiner eux-mêmes. *Il arpente le cachot.*

LAFLOTTE *à part :* On pourrait recommencer à aimer vraiment la vie, comme son enfant, quand on se la donne à soi-même. Ça n'arrive pas souvent qu'on commette un inceste avec le hasard, et qu'on devienne son propre père. Père et enfant à la fois. Un Œdipe bien commode !

DILLON. On ne nourrit pas le peuple avec des cadavres, que les femmes de Danton et de Camille jettent des assignats parmi le peuple, c'est mieux que des têtes.

LAFLOTTE. Je ne m'arracherais pas les yeux après, je pourrais en avoir besoin pour pleurer le brave général.

DILLON. Porter la main sur Danton ! Qui est à l'abri ? La peur les unira.

LAFLOTTE. Il est de toute façon perdu. Où est le mal, si je marche sur un cadavre pour me hisser hors du tombeau ?

DILLON. Rien qu'un pied dans la rue ! Je trouverai assez de gens, de vieux soldats, des Girondins, des ci-devant nobles, nous forcerons les prisons, il faut nous mettre d'accord avec les prisonniers.

LAFLOTTE. Bon d'accord, ça sent un peu la crapulerie. Et alors ? J'aurais plaisir à essayer ça aussi, jusque-là j'ai été trop rigide. On se fabrique des remords, ça vous change, ce n'est pas si déplaisant de sentir sa propre puanteur.

La perspective de la guillotine m'ennuie, c'est tellement long à venir ! Je l'ai déjà subie en esprit plus de vingt fois. Il n'y a plus rien de piquant, c'est devenu tout à fait ordinaire.

DILLON. Il faut faire parvenir un billet à la femme de Danton.

LAFLOTTE. Et puis — je n'ai pas peur de la mort, mais de la douleur. Ça pourrait faire mal, qui m'est garant que non? On dit bien qu'il s'agit d'un instant, mais la douleur a une échelle de temps plus fine, elle divise encore le soixantième de seconde. Non, la douleur est l'unique péché et la souffrance le seul vice, je resterai vertueux.

DILLON. Dis-moi Laflotte, où est passé notre animal? J'ai de l'argent, ça doit marcher, il faut forger le fer, mon plan est prêt.

LAFLOTTE. Tout de suite, tout de suite! Je connais le geôlier, je vais lui parler. Tu peux compter sur moi, général, nous sortirons du trou *à part en sortant* pour aller dans un autre, moi dans le plus vaste, le monde, lui dans le plus étroit, la tombe.

Scène 6

LE COMITÉ DE SALUT PUBLIC

Saint-Just, Barère, Collot d'Herbois, Billaud-Varennes.

BARÈRE. Qu'écrit Fouquier?

SAINT-JUST. Le second interrogatoire est terminé. Les prisonniers réclament la comparution de plusieurs membres de la Convention et du Comité de salut public, ils en appellent au peuple du refus de citer les témoins. On dit que l'agitation des esprits est indescriptible. Danton parodie Jupiter et secoue ses boucles.

COLLOT. Samson pourra empoigner sa tête plus facilement.

BARÈRE. Il ne faut pas nous montrer, les poissardes et les chiffonniers pourraient nous trouver moins imposants.

BILLAUD. Le peuple a un instinct qui le pousse à se laisser piétiner, ne serait-ce que par un regard, c'est pourquoi les physionomies insolentes lui plaisent. De pareils fronts sont pires que des armoiries, l'aristocratisme raffiné du mépris y est inscrite. Tous ceux qui ne supportent pas d'être regardés de haut en bas devraient aider à les assommer.

BARÈRE. Sa peau est garnie de corne, comme celle de Siegfried[127], le sang des victimes de Septembre l'a rendu invulnérable.

Que dit Robespierre?

SAINT-JUST. Il fait comme s'il avait quelque chose à dire.

Les jurés doivent se déclarer suffisamment instruits et clore les débats.

BARÈRE. Impossible, ça ne va pas.

SAINT-JUST. Il faut les faire disparaître, à tout prix, et même s'il faut que nous les étranglions de nos propres mains. Osez! Danton ne nous aura pas appris ce mot pour rien. La Révolution ne trébuchera pas sur leurs cadavres, tandis que si Danton reste en vie, il l'attrapera par son vêtement, il a dans son allure quelque chose d'un violeur de liberté.

On appelle Saint-Just au-dehors.

Entre un geôlier.

LE GEÔLIER. À Sainte-Pélagie[128] il y a des prisonniers sur le point de mourir, ils demandent un médecin.

BILLAUD. Inutile, autant de travail en moins pour le bourreau[129].

LE GEÔLIER. Il y a des femmes enceintes parmi eux.

BILLAUD. Tant mieux, pas besoin de cercueil pour leurs enfants.

BARÈRE. La phtisie d'un aristocrate épargne une session au Tribunal révolutionnaire. Tout recours à des remèdes serait contre-révolutionnaire.

COLLOT *prend un papier*: Une pétition, un nom de femme.

BARÈRE. Sans doute une de celles qui aimeraient être obligées de choisir entre la planche de la guillotine et le lit d'un Jacobin. Celles qui mourraient comme Lucrèce[130] après la perte de leur honneur, mais un peu plus tard que la Romaine, en couches, d'un cancer ou de vieillesse. Ça ne doit pas être désagréable d'engendrer chez une vierge un Tarquin de la République des vertus.

COLLOT. Elle est trop vieille. Madame réclame la mort, elle sait s'exprimer, la prison pèse sur elle comme le couvercle d'un cercueil. Elle y est depuis quatre semaines. La réponse est facile. *Il écrit et lit :* Citoyenne, il n'y a pas assez longtemps que tu souhaites la mort[131].

BARÈRE. Bien dit. Mais Collot, il n'est pas bon que la guillotine commence à rire, les gens n'en auront plus peur. Il ne faut pas se montrer si familier.
Saint-Just revient.

SAINT-JUST. Je viens juste de recevoir une dénonciation. On conspire dans les prisons, un jeune homme du nom de Laflotte a tout dénoncé. Il partageait la cellule de Dillon, qui a bu et parlé.

BARÈRE. Il se coupe le cou avec sa bouteille, c'est déjà arrivé plus d'une fois.

SAINT-JUST. Les femmes de Danton et de Camille devaient répandre de l'argent dans le peuple, Dillon faire une sortie, on voulait libérer les prisonniers et faire sauter la Convention.

BARÈRE. Ce sont des fables.

SAINT-JUST. Mais nous allons les faire dormir avec cette fable. J'ai la dénonciation en main, ajoutez l'insolence des accusés, les murmures du peuple, le désarroi des jurés : je vais faire un rapport.

BARÈRE. Oui, va, Saint-Just, tisse tes périodes, que chaque virgule soit un coup de sabre, chaque point une tête coupée.

SAINT-JUST. Il faut que la Convention décrète que le Tribunal doit poursuivre le procès sans interruption, et que tout accusé qui manquera au respect dû au tribunal ou provoquera des troubles sera exclu des débats.

BARÈRE. Tu as un instinct révolutionnaire, cela sonne très modéré et pourtant cela produira son effet. Ils ne peuvent pas se taire, il faut que Danton crie.

SAINT-JUST. Je compte sur votre appui. Il existe des gens à la Convention qui sont aussi malades que Danton, et qui redoutent le même traitement. Ils ont repris courage, ils vont crier à la violation de procédure.

BARÈRE *l'interrompant :* Je vais vous dire : à Rome, le consul qui découvrit la conjuration de Catilina[132] et punit de mort aussitôt les coupables fut accusé de violer la procédure. Qui étaient ses accusateurs ?

COLLOT *avec emphase :* Va, Saint-Just. La lave de la Révolution coule. La Liberté étouffera dans son étreinte les êtres débiles qui prétendaient féconder son sein généreux, la majesté du peuple leur apparaîtra, comme Jupiter à Sémélé, au milieu du tonnerre et des éclairs et les réduira en cendres. Va, Saint-Just, nous t'aiderons à lancer les carreaux de la foudre sur les têtes des lâches.

Saint-Just sort.

BARÈRE. As-tu entendu le mot traitement ? Ils vont encore faire da la guillotine un spécifique contre la syphilis. Ils ne combattent pas les modérés, ils combattent le vice.

BILLAUD. C'est à cet endroit que nos chemins se séparent.

BARÈRE. Robespierre veut faire de la Révolution un amphithéâtre pour la morale et de la guillotine une chaire à prêcher.

BILLAUD. Ou un banc d'œuvre.

COLLOT. Sur lequel il ne sera bientôt plus debout, mais couché.

BARÈRE. Ça sera facile. Le monde aurait la tête en bas si les prétendus coquins devaient être pendus par les prétendus honnêtes gens.

COLLOT *à Barère :* Quand reviendras-tu à Clichy[133] ?

BARÈRE. Quand le médecin cessera de venir chez moi.

COLLOT. N'est-il pas vrai que l'endroit est dominé par une comète, dont les rayons ardents te dessèchent complètement la moelle épinière ?

BILLAUD. Bientôt les doigts gracieux de la ravissante Demahy[134] l'extrairont de son fourreau et la lui feront pendre le long du dos comme une natte.

BARÈRE *haussant les épaules :* Chut ! Le Vertueux ne doit rien savoir de ça.

BILLAUD. C'est un Mahomet impuissant[135].

Billaud et Collot sortent.

BARÈRE *seul :* Les monstres! « Tu ne souhaites pas la mort depuis assez longtemps! » Ces mots auraient dû dessécher la langue qui les a proférés.
Et moi?
Quand les Septembriseurs envahirent les prisons, si un prisonnier armé de son couteau s'était mêlé aux meurtriers, et l'avait planté dans la poitrine d'un prêtre, il était sauvé! Qui peut s'élever là-contre? Et si moi je me mêle aux meurtriers d'à présent, si je siège au Comité de salut public, et que je me serve de la guillotine ou d'un couteau de cuisine? C'est le même cas, simplement dans des circonstances plus compliquées, mais les données de base sont les mêmes.
Et s'il avait le droit d'en tuer un, il avait le droit d'en tuer deux, trois, davantage? où cela s'arrête-t-il? C'est le paradoxe des grains d'orge : est-ce que deux font un tas, trois, quatre, combien? Viens ma conscience, viens petit poulet, viens p'ti p'ti p'ti voilà du grain.
Mais — étais-je un prisonnier? J'étais un suspect, ça revient au même, la mort était certaine. *Il sort.*

Scène 7

LA CONCIERGERIE

Lacroix, Danton, Philippeau, Camille.

LACROIX. Tu as bien crié, Danton, mais si tu avais pris soin de ta vie un peu avant de cette manière, les choses iraient autrement. N'est-ce pas, quand la mort approche aussi effrontément en puant du bec, et se fait toujours plus pressante?
CAMILLE. Si encore elle usait de violence et arrachait sa proie à vos membres tout chauds dans une lutte acharnée! mais comme ça, à travers toutes ces formalités, comme lors de noces avec une vieille

femme, quand le contrat est rédigé, les témoins appelés, l'amen prononcé, et que le lit est ouvert, et qu'elle s'y glisse lentement avec ses membres glacés!

DANTON. Si c'était un combat où l'on s'agrippe avec les bras et les dents! mais c'est comme si j'étais tombé dans un moulin et que mes membres soient disloqués lentement, systématiquement, par la froide force physique. Être tué d'une manière aussi mécanique!

CAMILLE. Être couché là, tout seul, froid, rigide dans le brouillard humide de la décomposition, peut-être que la mort extrait lentement, en vous torturant, la vie de vos veines, et que vous avez conscience de vous décomposer!

PHILIPPEAU. Calmez-vous mes amis. Nous sommes comme la colchique[136], qui ne porte ses semences qu'après l'hiver. Nous ne nous distinguons des fleurs transplantées qu'en ceci : nous puons un peu dans l'intervalle. Est-ce si terrible?

DANTON. Quelle perspective édifiante! D'un tas de fumier l'autre! C'est ça, la divine théorie des classes? De troisième en seconde, de seconde en première et ainsi de suite? J'en ai assez des bancs d'école, j'y ai attrapé des ampoules au derrière, comme un singe.

PHILIPPEAU. Qu'est-ce que tu veux?

DANTON. Le repos.

PHILIPPEAU. Il est en Dieu.

DANTON. Dans le néant. Plonge-toi dans quelque chose de plus reposant que le néant, et si le repos suprême est en Dieu, est-ce que le néant n'est pas Dieu? Mais je suis un athée. La maudite sentence : quelque chose ne peut pas devenir rien! Et je suis quelque chose, voilà la misère!

La création occupe toute la place. Aucun vide, tout grouille partout.

Le néant s'est suicidé, la création est sa blessure, nous sommes ses gouttes de sang, le monde est la tombe où il pourrit.

Ça a l'air fou, mais il y a du vrai là-dedans.
CAMILLE. Le monde est le Juif errant, le néant est la mort, mais elle est impossible. Oh, ne pouvoir mourir, ne pouvoir mourir, comme dit la chanson[137].
DANTON. Nous sommes tous enterrés vivants et comme les rois, enterrés dans trois ou quatre cercueils, sous le ciel, dans nos maisons, dans nos habits et nos chemises. Nous grattons pendant cinquante ans le couvercle du cercueil. Celui qui pourrait croire à l'anéantissement, ça l'aiderait.
Il n'y a rien à espérer de la mort, c'est une pourriture plus simple, la vie une pourriture plus compliquée, plus organisée, voilà toute la différence !
Mais maintenant que je suis habitué à cette pourriture-là, le diable seul sait comment je m'arrangerai de l'autre.
Ô Julie ! Si je m'en allais tout seul ! Si elle me laissait à ma solitude !
Et si je me dissolvais, me décomposais complètement, je serais une poignée de poussière martyrisée, chacun de mes atomes ne pourrait trouver le repos qu'auprès d'elle.
Je ne peux pas mourir, non, je ne peux pas mourir. Nous devons crier, il faudra qu'ils m'arrachent des membres chaque goutte de vie.

Scène 8

UNE CHAMBRE

Fouquier, Amar, Vouland.

FOUQUIER. Je ne sais plus quoi répondre, ils réclament une commission.
AMAR[138]. Nous les tenons, les coquins, tu as là ce que tu voulais.
Il tend à Fouquier un papier.
VOULAND[139]. Ça va vous faire plaisir.

FOUQUIER. Vrai, nous en avions besoin.
AMAR. Maintenant arrange-toi pour qu'eux et nous soyons débarrassés de cette affaire.

Scène 9

LE TRIBUNAL RÉVOLUTIONNAIRE

DANTON. La République est en danger et il n'a pas d'instructions ! Nous en appelons au peuple, ma voix est encore assez forte pour prononcer l'oraison funèbre des décemvirs. Je le répète, nous exigeons une commission, nous avons d'importantes révélations à faire. Je vais me retirer dans la citadelle de la Raison, je vais faire une sortie avec le canon de la Vérité et mettre mes ennemis en bouillie.
Signes d'approbation.
Fouquier, Amar, Vouland entrent.
FOUQUIER. Silence au nom de la République, respect devant la Loi. La Convention décrète :
Considérant le fait que dans les prisons se manifestent des signes de rébellion, que les femmes de Danton et de Camille répandent de l'argent dans le peuple, que le général Dillon doit s'évader et se placer à la tête des séditieux pour libérer les accusés, enfin que ces mêmes individus ont essayé de provoquer des troubles et tenté d'outrager le Tribunal, le Tribunal est habilité à mener l'enquête sans interruption et à exclure des débats tout accusé qui perdrait de vue le respect dû à la Loi.
DANTON. Je demande à l'assistance si nous avons tourné en dérision le Tribunal, le peuple ou la Convention nationale ?
VOIX NOMBREUSES. Non ! Non !
CAMILLE. Les misérables, ils veulent assassiner ma Lucile !
DANTON. Un jour on connaîtra la vérité. Je vois de grands malheurs fondre sur la France. C'est la dic-

tature, elle a déchiré son voile, elle avance le front haut, elle marche sur nos cadavres. *Désignant Amar et Vouland :* Voyez les lâches assassins, voyez les corbeaux du Comité de sûreté générale !
J'accuse Robespierre, Saint-Just et leurs bourreaux de haute trahison.
Ils veulent étouffer la République dans le sang. Les ornières des charrettes de la guillotine sont les routes où les armées de l'étranger pénétreront au cœur de la Patrie.
Combien de temps les marques des pas de la Liberté seront-elles des tombes ?
Vous voulez du pain et ils vous jettent des têtes.
Vous avez soif et ils vous font lécher le sang des marches de la guillotine.
Violente agitation parmi les auditeurs, cris d'approbation.
VOIX NOMBREUSES. Vive Danton, à bas les décemvirs !
Les prisonniers sont emmenés brutalement.

Scène 10

UNE PLACE DEVANT LE PALAIS DE JUSTICE

Un attroupement.

QUELQUES VOIX. À bas les décemvirs ! Vive Danton !
PREMIER CITOYEN. C'est vrai, ça, des têtes au lieu de pain, du sang au lieu de vin.
QUELQUES FEMMES. La guillotine est un mauvais moulin, et Sanson[140] un mauvais mitron, nous voulons du pain, du pain !
DEUXIÈME CITOYEN. Votre pain, c'est Danton qui l'a bouffé, sa tête vous rendra du pain à tous, il avait raison.
PREMIER CITOYEN. Danton était avec nous le 10 août. Danton était avec nous en Septembre. Où étaient ceux qui l'ont accusé ?

DEUXIÈME CITOYEN. Et Lafayette[141] était avec vous à Versailles, et c'était pourtant un traître.
PREMIER CITOYEN. Qui dit que Danton est un traître ?
DEUXIÈME CITOYEN. Robespierre.
PREMIER CITOYEN. Et Robespierre est un traître.
DEUXIÈME CITOYEN. Qui dit cela ?
PREMIER CITOYEN. Danton.
DEUXIÈME CITOYEN. Danton a de beaux habits, Danton a une belle maison, Danton a une jolie femme, il se baigne dans le bourgogne, mange du gibier dans des assiettes d'argent et couche avec vos femmes et vos filles quand il est soûl.
Danton était pauvre. D'où tire-t-il tout ça ?
C'est le Veto[142] qui le lui a acheté pour qu'il lui sauve sa couronne.
Le duc d'Orléans[143] le lui a donné pour qu'il vole la couronne et la lui donne.
L'étranger le lui a donné, pour qu'il vous trahisse tous. Que possède Robespierre ? Le vertueux Robespierre. Vous le connaissez tous.
TOUS. Vive Robespierre ! À bas Danton ! À bas le traître !

ACTE IV

Scène 1

Julie, un garçon.

JULIE. C'est la fin. Ils tremblaient devant lui. Ils vont le tuer par peur. Va ! Je l'ai vu pour la dernière fois, dis-lui que je ne puis le voir ainsi.
Elle lui donne une boucle de cheveux.
Tiens, porte-lui ça et dis-lui qu'il ne s'en ira pas

tout seul. Il me comprendra et reviens vite pour que
je lise ses regards dans tes yeux.

Scène 2

UNE RUE

Dumas, un citoyen.

LE CITOYEN. Comment peut-on après un pareil interrogatoire condamner à mort tant de malheureux ?
DUMAS[144]. C'est vrai que c'est extraordinaire, mais les
hommes de la Révolution ont un instinct qui
manque aux autres hommes, et cet instinct ne les
trompe jamais.
LE CITOYEN. C'est l'instinct du tigre. Tu as une
femme.
DUMAS. Je vais bientôt en avoir eu une.
LE CITOYEN. C'est donc vrai !
DUMAS. Le Tribunal révolutionnaire va prononcer
notre divorce, la guillotine nous séparera de corps
et de biens.
LE CITOYEN. Tu es un monstre !
DUMAS. Imbécile, tu admires Brutus[145] ?
LE CITOYEN. De toute mon âme.
DUMAS. Faut-il être consul romain et pouvoir s'enve-
lopper la tête de sa toge pour sacrifier à la patrie ce
qu'on a de plus cher ? Je m'essuierai les yeux avec la
manche de mon habit rouge, c'est toute la dif-
férence.
LE CITOYEN. C'est effrayant.
DUMAS. Va, tu ne me comprends pas.
Ils sortent.

Scène 3

LA CONCIERGERIE

Lacroix, Hérault sur un lit.
Danton, Camille sur un autre.

LACROIX. Les cheveux et les ongles poussent tellement qu'on en est honteux.

HÉRAULT. Faites donc un peu attention, vous m'éternuez le sable dans toute la figure.

LACROIX. Et vous, mon cher, ne me marchez pas comme ça sur les pieds, j'ai des cors.

HÉRAULT. Vous avez encore de la vermine.

LACROIX. Ah, si je pouvais me débarrasser une bonne fois de ces vers.

HÉRAULT. Bon, dormez bien, il faut nous arranger ensemble, on a peu de place.
Ne m'égratignez pas avec vos ongles en dormant. Ne tirez pas ainsi sur le linceul, il fait froid là-dessous.

DANTON. Oui Camille, demain nous serons de vieux souliers qu'on jette à la terre, cette mendiante.

CAMILLE. Le cuir de bœuf, avec lequel selon Platon[146] les anges se taillent des pantoufles pour marcher à petits pas autour de la terre. À nous de payer les pots cassés. Mais ma Lucile !

DANTON. Calme-toi, mon garçon.

CAMILLE. Est-ce possible ? Crois-tu ça, Danton ? Est-ce possible ? Ils ne peuvent pas porter la main sur elle. La lumière de beauté qui rayonne de son corps délicat ne peut s'éteindre. Impossible ! La terre n'oserait pas l'ensevelir, elle formerait une voûte autour d'elle, la vapeur de la tombe brillerait à ses paupières comme la rosée, des cristaux naîtraient comme des fleurs autour de ses membres, et des sources limpides la berceraient dans son sommeil.

DANTON. Dors, mon garçon, dors.

CAMILLE. Écoute, Danton, soit dit entre nous, c'est lamentable d'être obligé de mourir. Et puis ça ne sert à rien. Je veux encore dérober à la vie les derniers regards de ses jolis yeux, je veux garder les yeux ouverts.

DANTON. Tu les garderas ouverts de toute façon, Sanson ne ferme les yeux de personne. Le sommeil est plus miséricordieux. Dors, mon garçon, dors.

CAMILLE. Lucile, tes baisers gambadent sur mes lèvres, chacun d'eux devient un rêve, mes yeux se ferment et le gardent précieusement.

DANTON. L'horloge ne va donc pas s'arrêter ? Chacun de ses battements pousse les murs plus près de moi, jusqu'à ce qu'ils soient aussi étroits qu'un cercueil. Quand j'étais gamin, j'ai lu une histoire comme ça, les cheveux s'en dressaient sur ma tête.
Oui, un gamin ! Ça valait bien la peine de me nourrir si généreusement et de me tenir au chaud. Du travail pour le fossoyeur !
Il me semble que je sens déjà un peu. Mon cher corps, je veux me boucher le nez et m'imaginer que tu es une jeune femme qui sue et pue après la danse, et te dire des galanteries. Nous nous sommes déjà donné du bon temps ensemble.
Demain tu seras un violon cassé, la mélodie en sera disparue. Demain tu seras une bouteille vide, le vin sera bu, mais il ne m'aura pas enivré, j'irai au lit l'esprit clair. Heureux ceux qui peuvent encore se soûler. Demain tu seras une culotte en loques, on te jettera à la garde-robe et les mites te boufferont, tu pourras puer autant que tu voudras.
Ah, ça ne sert à rien. Oui, c'est dur d'être obligé de mourir. La mort singe la naissance, au moment de mourir nous sommes aussi désarmés et nus que les nouveau-nés. Mais oui, on nous donne le linceul comme lange. À quoi ça servira ? Dans la tombe, on pourra gémir aussi bien qu'au berceau.
Camille ! il dort *se penchant au-dessus de lui* un songe joue entre ses cils. Je ne veux pas essuyer de ses yeux la rosée d'or du sommeil.

Il se lève et va à la fenêtre.
Je ne partirai pas seul, merci Julie. Mais j'aurais aimé mourir autrement, sans aucune peine, comme une étoile qui tombe, comme un son qui s'éteint tout seul et se donne de ses propres lèvres le baiser de la mort, comme un rayon de lumière qui s'enfonce dans la clarté des flots.

Les étoiles sont comme des larmes qui brillent dans la nuit, il a fallu un bien grand chagrin dans l'œil qui les a laissé couler.

CAMILLE. Oh! *Il s'est dressé et cherche à tâtons vers le plafond.*

DANTON. Qu'as-tu, Camille?

CAMILLE. Oh, oh!

DANTON *le secouant :* Tu cherches à faire tomber le plafond en le grattant?

CAMILLE. Ah, toi, toi, tiens-moi, parle, toi!

DANTON. Tu trembles de tous tes membres, la sueur perle sur ton front.

CAMILLE. C'est toi, c'est moi, ah bon! C'est ma main! Ça va, je retrouve mes esprits. Oh Danton, c'était affreux.

DANTON. Quoi donc?

CAMILLE. Voilà, j'étais entre rêve et veille. Et puis le plafond a disparu et la lune est entrée, tout près, tout contre, mon bras l'a attrapée. La voûte du ciel avec ses lumières s'était abaissée, je m'y cognais, je pouvais toucher les étoiles, je titubais comme un homme qui se noie sous une couverture de glace. C'était affreux, Danton.

DANTON. C'est la lampe qui jette au plafond un cercle de lumière, voilà ce que tu as vu.

CAMILLE. Peu importe, il n'en faut pas beaucoup pour faire perdre à quelqu'un son peu de raison. La folie m'avait saisi par les cheveux *il se lève,* je n'ai plus envie de dormir, je ne veux pas devenir fou. *Il s'empare d'un livre.*

DANTON. Qu'est-ce que c'est?

CAMILLE. *Les Pensées nocturnes*[147].

DANTON. Veux-tu mourir par avance? Moi, je prends

La Pucelle[148]. Je ne veux pas quitter la vie en cachette comme on quitte un prie-Dieu, mais comme on sort du lit d'une sœur de charité. C'est une putain qui couche avec le monde entier.

Scène 4

UNE PLACE DEVANT LA CONCIERGERIE

Un geôlier, deux charretiers et leurs charrettes.

LE GEÔLIER. Qui vous a appelés par ici ?
PREMIER CHARRETIER. Je ne m'appelle pas Parici, quel drôle de nom.
LE GEÔLIER. Imbécile, qui t'a donné la convocation ?
PREMIER CHARRETIER. J'ai pas eu de vacation pour ça, juste 10 sous par tête.
SECOND CHARRETIER. Le drôle veut m'ôter le pain de la bouche.
PREMIER CHARRETIER. C'est quoi, ton pain ? *Montrant les fenêtres des prisonniers :* C'est de la pâtée pour les vers.
SECOND CHARRETIER. Mes enfants aussi sont des petits vers et ils veulent avoir leur part. Oh, ça va mal avec notre métier, et pourtant c'est nous les meilleurs charretiers.
PREMIER CHARRETIER. Comment ça ?
SECOND CHARRETIER. Qui est le meilleur charretier ?
PREMIER CHARRETIER. Celui qui mène le plus loin et le plus vite.
SECOND CHARRETIER. Alors, andouille, qui mène plus loin que celui qui mène hors du monde, et qui mène plus vite que celui qui fait le trajet en un quart d'heure ? Il y a exactement un quart d'heure d'ici à la place de la Révolution.
LE GEÔLIER. Vite, vauriens ! Plus près de la porte, et vous, les filles, écartez-vous.
PREMIER CHARRETIER. Gardez vos places, on ne fait jamais le tour d'une fille, on lui rentre dedans.

SECOND CHARRETIER. Ça j'te crois, tu peux y entrer avec charrette et chevaux, tu as de bonnes ornières, mais il faut faire quarantaine quand tu sors[149].
Ils avancent.
SECOND CHARRETIER *aux femmes :* Qu'est-ce que vous regardez comme ça ?
UNE FEMME. Nous attendons de vieux clients.
SECOND CHARRETIER. Est-ce que vous prenez ma charrette pour un bordel ? C'est une charrette convenable, elle a conduit à table le roi et tous les beaux messieurs de Paris.
LUCILE *apparaît. Elle s'assoit sur une pierre devant les fenêtres :* Camille, Camille !
Camille apparaît à la fenêtre.
Écoute Camille, tu me fais rire avec ta redingote de pierre et ton masque de fer devant ton visage, ne peux-tu pas te pencher ? Où sont tes bras ?
Je veux t'attirer, cher oiseau. *Elle chante :*

> Deux étoiles brillent au ciel
> Plus lumineuses que la lune,
> À la fenêtre de ma mie,
> Devant la porte de sa chambre[150].

Viens, viens, mon ami ! Monte l'escalier doucement, ils dorment tous. La lune m'aide à attendre depuis un bon moment. Mais tu ne peux pas passer la porte, ton costume est impossible. La plaisanterie est trop cruelle, arrête. Tu ne remues pas du tout, pourquoi ne parles-tu pas ? Tu me fais peur. Écoute ! Les gens disent que tu dois mourir, c'est pour ça qu'ils ont des mines si sérieuses.
Mourir ! Leurs visages me font rire. Mourir ! Qu'est-ce que c'est, ce mot ? Dis-le-moi, Camille. Mourir. Je veux y réfléchir. Là, le voilà. Je veux lui courir après, viens, doux ami, aide-moi à l'attraper, viens, viens ! *Elle sort en courant.*
CAMILLE *crie :* Lucile ! Lucile !

Scène 5

LA CONCIERGERIE

Danton à une fenêtre qui donne dans la pièce voisine. Camille, Philippeau, Lacroix, Hérault.

DANTON. Tu es calme à présent, Fabre.
UNE VOIX *de l'intérieur :* Près de mourir.
DANTON. Sais-tu ce que nous allons faire maintenant?
LA VOIX. Eh bien?
DANTON. Ce que tu as fait durant toute ta vie — *des vers*[151].
CAMILLE *à part :* La folie était au fond de ses yeux. Davantage de gens sont déjà devenus fous, c'est l'époque qui le veut. Que pouvons-nous y faire? Nous nous en lavons les mains — et c'est mieux ainsi.
DANTON. Je laisse tout dans une confusion terrible. Aucun d'eux ne sait gouverner. Ça pourrait peut-être aller à la rigueur si je laissais à Robespierre mes putains et à Couthon mes mollets[152].
LACROIX. Nous aurions fait de la Liberté une putain!
DANTON. Et alors? La Liberté et une putain sont les choses les plus cosmopolites sous le soleil. La Liberté va maintenant se prostituer convenablement dans le lit nuptial de l'avocat d'Arras. Mais je pense qu'elle va jouer les Clytemnestre[153] à son égard, je ne lui donne pas six mois, je l'entraîne avec moi.
CAMILLE *à part :* Puisse le Ciel lui procurer une idée fixe agréable. Les idées fixes ordinaires, qu'on baptise saine raison, sont d'un ennui insupportable. Le plus heureux des hommes était celui qui pouvait s'imaginer qu'il était Dieu le Père, le Fils et le Saint-Esprit.
LACROIX. Les ânes vont crier vive la République à notre passage.
DANTON. Quelle importance? Le déluge de la Révolu-

tion peut rouler nos cadavres où il veut, on pourra toujours avec nos os fossilisés défoncer le crâne de tous les rois.
HÉRAULT. Oui, s'il se trouve alors un Samson[154] pour ramasser nos mâchoires.
DANTON. Ce sont tous des frères à la Caïn.
LACROIX. Ce qui prouve à l'évidence que Robespierre est un Néron, c'est qu'il ne s'était jamais montré aussi amical à l'égard de Camille que deux jours avant son arrestation[155]. N'est-ce pas, Camille ?
CAMILLE. Et puis après, ça m'est égal.
Comme elle a fait de sa folie un être ravissant. Pourquoi faut-il que je m'en aille maintenant ? Nous aurions ri avec lui, nous l'aurions bercé et cajolé.
DANTON. Si un jour l'Histoire ouvre ses catacombes, l'odeur de nos cadavres pourra toujours asphyxier le despotisme[156].
HÉRAULT. Nous avons assez pué de notre vivant.
Ce sont des phrases pour la postérité, n'est-ce pas, Danton, en fait elles ne nous concernent pas.
CAMILLE. Il se compose un visage de pierre, comme s'il devait être exhumé par la postérité et rangé parmi les antiques.
Est-ce bien la peine de faire la fine bouche, de se mettre du rouge et de parler avec un bon accent ? Nous devrions une bonne fois ôter nos masques, nous verrions alors partout, comme dans les miroirs d'une chambre, la même archivieille tête d'imbécile, innombrable, indestructible : rien de plus, rien de moins. Les différences ne sont pas si grandes, tous nous sommes des crapules et des anges, des idiots et des génies, tout ça réuni, les quatre éléments trouvent place dans le même corps, ils ne sont pas si vastes qu'on se l'imagine.
Dormir, digérer, faire des enfants : tout le monde le fait, le reste n'est que variations en différentes tonalités du même thème. Alors à quoi bon se pousser du faux-col et faire des grimaces, à quoi bon faire des manières les uns devant les autres ? Nous avons

tous mangé à la même table au point d'en avoir la colique, à quoi bon vous mettre la serviette devant la figure, criez donc et geignez à votre aise.
Mais assez de grimaces si vertueuses, si spirituelles, si héroïques, si géniales, nous nous connaissons les uns les autres, épargnez-vous cette peine.

HÉRAULT. Oui Camille, asseyons-nous les uns à côté des autres et crions, ce n'est pas plus sot que de serrer les lèvres quand on a mal.
Les Grecs et les dieux criaient, les Romains et les Stoïciens préféraient les mines héroïques.

DANTON. Les uns et les autres étaient de bons épicuriens. Ils se fabriquaient un soi tout à fait confortable. Ce n'est pas si mal de se draper de sa toge et de regarder autour de soi si on fait une ombre assez longue. Pourquoi se déchirer? Où est la différence, si nous lions devant notre sexe des feuilles de laurier, une guirlande de roses ou des feuilles de vigne, ou si nous portons à découvert la vilaine chose et laissons les chiens la lécher?

PHILIPPEAU. Mes amis il n'est pas nécessaire de s'élever bien haut au-dessus de la terre pour cesser de voir toutes ces variations et ce scintillement confus, et pour emplir ses yeux de quelques grandes lignes divines.
Il existe une oreille pour laquelle les criailleries et le vacarme qui nous assourdissent sont un flot d'harmonie.

DANTON. Mais nous sommes de pauvres musiciens errants[157] et nos corps les instruments. Est-ce que les sons discordants que des mains malhabiles en tirent ne sont là que pour monter toujours plus haut et, faiblissant doucement comme un soupir de volupté, mourir dans les oreilles célestes?

HÉRAULT. Sommes-nous des cochons de lait qu'on fouette à mort pour les tables princières afin que leur chair soit plus savoureuse?

DANTON. Sommes-nous des enfants qu'on rôtit dans les bras brûlants de ce Moloch qu'est le monde et qu'on chatouille avec des rayons de lumière pour que les dieux s'amusent de leur rire?

CAMILLE. L'éther avec ses yeux d'or est-il un plat avec des carpes dorées servi à la table des dieux bienheureux ? Est-ce qu'éternellement les dieux bienheureux rient, les poissons meurent et les dieux goûtent les couleurs chatoyantes du combat mortel[158] ?

DANTON. Le monde est le chaos. Le néant est le dieu universel encore à naître.

Le geôlier entre.

LE GEÔLIER. Messieurs, vous pouvez partir, les voitures sont devant la porte.

PHILIPPEAU. Bonne nuit mes amis, tirons sur nous tranquillement la grande couverture sous laquelle tous les cœurs s'arrêtent de battre et tous les yeux se ferment.

Ils s'embrassent.

HÉRAULT *prenant Camille par le bras :* Réjouis-toi, Camille, nous avons une belle nuit. Les nuages flottent dans le paisible ciel vespéral, comme un Olympe en train de s'éteindre avec ses figures de dieux qui pâlissent et disparaissent.

Ils sortent.

Scène 6

UNE CHAMBRE

JULIE. Le peuple courait dans les rues, à présent tout est silencieux.

Je ne voudrais pas le faire attendre un seul instant.

Elle sort une fiole.

Viens, cher prêtre, après ton amen nous irons au lit.

Elle va à la fenêtre.

C'est si joli de se dire adieu, je n'ai plus qu'à tirer la porte derrière moi. *Elle boit.*

On voudrait toujours rester ainsi.

Le soleil s'est couché. Les traits de la terre étaient si nets dans cette lumière, maintenant son visage est

calme et grave comme celui d'une mourante.
Comme le crépuscule joue sur son front et ses
joues.
Elle devient toujours plus pâle, elle descend comme
un cadavre dans les flots de l'éther : aucun bras ne
la saisira-t-il par ses boucles dorées pour la tirer du
flot et l'enterrer ?
Je pars doucement. Je ne l'embrasse pas, pour
qu'aucun souffle, aucun soupir ne la tire de son
sommeil.
Dors, dors.
Elle meurt.

Scène 7

PLACE DE LA RÉVOLUTION

*Les voitures arrivent et s'arrêtent devant la guillotine.
Des hommes et des femmes dansent et chantent*
Carmagnole[159]. *Les prisonniers entonnent* La
Marseillaise.

UNE FEMME AVEC DES ENFANTS. Place ! Place ! Les
  enfants crient, ils ont faim. Il faut que je leur fasse
  voir pour qu'ils se taisent. Place !
UNE FEMME. Hé Danton, tu vas pouvoir faire l'amour
  avec les vers.
UNE AUTRE. Hérault, je me ferai faire une perruque
  avec tes jolis cheveux.
HÉRAULT. Ma toison n'est pas assez fournie pour un
  mont de Vénus aussi déboisé que le tien.
CAMILLE. Maudites sorcières ! Un jour vous crierez :
  montagnes, tombez sur nous !
UNE FEMME. La montagne est tombée sur vous, ou
  plutôt c'est vous qui avez dégringolé de la montagne.
DANTON *à Camille :* Du calme, mon garçon, tu as trop
  crié.

CAMILLE *donne de l'argent au charretier :* Tiens, vieux Charon[160], ta charrette est un bon plateau.
Messieurs, je veux me servir le premier. C'est un repas à l'antique, nous sommes couchés à nos places et nous verserons un peu de sang comme libation. Adieu Danton.
Il monte sur l'échafaud. Les prisonniers le suivent l'un après l'autre. Danton monte le dernier.
LACROIX *au peuple :* Vous nous tuez le jour[161] où vous avez perdu la raison ; vous les tuerez le jour où vous l'aurez recouvrée.
QUELQUES VOIX. On a déjà entendu ça ! que c'est ennuyeux !
LACROIX. Les tyrans se briseront le cou sur nos tombeaux.
HÉRAULT *à Danton :* Il pense que son cadavre sera l'engrais de la Liberté.
PHILIPPEAU *sur l'échafaud :* Je vous pardonne, je souhaite que l'heure de votre mort ne soit pas plus dure que la mienne.
HÉRAULT. Je le pensais bien, il fallait qu'il se frappe encore une fois la poitrine et qu'il montre à ceux d'en bas qu'il a du linge propre.
FABRE. Adieu Danton. Je meurs doublement[162].
DANTON. Adieu mon ami. La guillotine est le meilleur médecin.
HÉRAULT *veut étreindre Danton :* Ah Danton, je ne peux même plus sortir une blague. Il est temps.
Un bourreau le repousse.
DANTON *au bourreau :* Veux-tu être plus cruel que la mort ? Peux-tu empêcher que nos têtes se donnent un baiser au fond de la corbeille[163] ?

Scène 8

UNE RUE

LUCILE. Il y a pourtant quelque chose de sérieux là-dedans. Je vais y penser. Je commence à comprendre. Mourir — mourir...

Tout a le droit de vivre, tout, la petite mouche, là, l'oiseau. Et pourquoi pas lui? Le flot de la vie devrait s'arrêter dès qu'une goutte de sang est répandue. La terre à chaque coup devrait être blessée.
Tout bouge, les horloges battent, les cloches sonnent, les gens marchent, l'eau coule, et tout, tout continue jusque-là, jusqu'à — non! ça ne doit pas arriver, non — je veux m'asseoir par terre et crier pour que le grand Tout, épouvanté, s'arrête, se bloque, tombe en panne.
Elle s'assoit par terre, se couvre les yeux et pousse un cri. Après une pause elle se relève.
Ça ne sert à rien, tout est comme d'habitude, les maisons, la rue, le vent souffle, les nuages passent. Il faut bien l'endurer.
Quelques femmes descendent la rue.
PREMIÈRE FEMME. Un bel homme, ce Hérault.
DEUXIÈME FEMME. Quand je l'ai vu à la fête de la Constitution sous l'arc de triomphe, j'ai pensé, il aura bonne allure près de la guillotine, j'ai pensé. Comme un pressentiment.
TROISIÈME FEMME. Oui, il faut voir les gens dans toutes les situations, c'est vraiment bien que la mort soit publique.
Elles passent.
LUCILE. Mon Camille! Où te chercher à présent?

Scène 9

PLACE DE LA RÉVOLUTION

Deux bourreaux occupés à la guillotine.

PREMIER BOURREAU, *debout sur la guillotine, chante :*

Quand je reviens vers chez nous
La lune brille tout doux.

DEUXIÈME BOURREAU. Hé! Holà! T'as pas bientôt fini?
PREMIER BOURREAU. Voilà, voilà! *Il chante :*

Sur le carreau chez le grand-père un reflet brille :
Scélérat, qu'as-tu fait si longtemps chez les filles[164]?

> Bon, passe-moi ma veste!
> *Ils partent en chantant.*

> > Quand je reviens vers chez nous
> > La lune brille tout doux.

LUCILE *apparaît et s'assoit sur les marches de la guillotine :*
Je m'assois sur tes genoux, paisible ange de la mort.
Elle chante :

> > Il est un faucheur nommé la mort
> > C'est Dieu très haut qui le fait si fort.

Cher berceau, qui as fait glisser mon Camille dans le sommeil et l'as étouffé sous les roses.
Cloche des morts, qui de ta douce langue as chanté sa mise au tombeau. *Elle chante :*

> > Par milliers à terre sont couchés
> > Les hommes qu'elle a déjà fauchés[165].

Une patrouille apparaît.
UN CITOYEN. Hé qui est là?
LUCILE. Vive le roi[166]!
LE CITOYEN. Au nom de la République.
La garde l'entoure et l'emmène.

LÉONCE ET LÉNA

Comédie

> *Épigraphe*[1]
> ALFIERI : E la fama ?
> GOZZI : E la fame ?

PERSONNAGES

LE ROI PIERRE, du Royaume de Popo
LE PRINCE LÉONCE, son fils, fiancé à
LA PRINCESSE LÉNA, du Royaume de Pipi
VALÉRIO
LA GOUVERNANTE
LE PRÉCEPTEUR
LE PRÉSIDENT DU CONSEIL D'ÉTAT
LE MAÎTRE DE CÉRÉMONIE
LE PRÉDICATEUR DE LA COUR
LE CONSEILLER CANTONAL
LE MAÎTRE D'ÉCOLE
ROSETTA

Serviteurs, membres du Conseil d'État, paysans, etc.

ACTE I

Oh, si je pouvais être un bouffon!
Un habit bariolé, voilà mon ambition!

Comme il vous plaira[2].

Scène 1

UN JARDIN

Léonce, à moitié couché sur un banc. Le précepteur.

LÉONCE. Eh bien, monsieur, que voulez-vous de moi?
Que je me prépare à ma profession? Mes mains
sont remplies de choses à faire[3]. Le travail me fait
tourner la tête. Tenez, cette pierre, là, il faut que je
crache dessus trois cent soixante-cinq fois de suite[4].
Vous n'avez jamais essayé? Allez-y, vous verrez
comme c'est amusant. — Ensuite, vous voyez ma
main pleine de sable? *Il ramasse du sable, le jette en
l'air et le rattrape sur le dos de la main* — je le jette en
l'air. On parie? Combien de grains de sable sur le
dos de ma main? Pair ou impair? Hein? Vous ne
voulez pas parier? Êtes-vous un païen? Croyez-
vous en Dieu? J'ai l'habitude de faire des paris avec
moi-même, je peux y passer des journées. Si vous

pouvez me trouver un homme qui aimerait faire souvent des paris avec moi, vous m'obligerez beaucoup. Ensuite, il faut que je réfléchisse à un moyen de voir le dessus de ma tête. — Oh, voir une fois le dessus de sa tête! C'est un de mes idéaux. Et puis, et puis, beaucoup de choses du même genre. Est-ce que je suis un désœuvré? Est-ce que je n'ai pas d'occupations? — Oui, c'est bien triste...

LE PRÉCEPTEUR. Très triste, Votre Altesse.

LÉONCE. ...que les nuages depuis trois semaines aillent d'ouest en est. Ça me rend tout à fait mélancolique.

LE PRÉCEPTEUR. Une mélancolie tout à fait fondée.

LÉONCE. Vingt dieux, pourquoi ne me contredisez-vous jamais? Vous avez sûrement des affaires pressantes, n'est-ce pas? Je regrette de vous avoir si longtemps retenu. *Le précepteur s'éloigne après une profonde révérence.* Monsieur, je vous félicite pour la jolie parenthèse que font vos jambes quand vous faites la révérence[5].

LÉONCE *seul, s'allongeant sur le banc.* Les abeilles restent posées avec nonchalance sur les fleurs, et le soleil tire sa flemme sur le sol. L'oisiveté est la mère de tous les vices. Qu'est-ce que les gens ne font pas par ennui! Ils étudient par ennui, ils prient par ennui, ils s'éprennent, se marient, font des enfants par ennui, et finissent par mourir d'ennui, et ça, et ça, c'est le côté humoristique de la chose. Le tout avec les mines les plus graves, sans savoir pourquoi, et ils vont en outre penser Dieu sait quoi. Tous ces héros, ces génies, ces imbéciles, ces saints, ces pécheurs, ces pères de famille ne sont au fond rien d'autre que des oisifs raffinés. — Pourquoi faut-il que moi, justement, je le sache? Pourquoi est-ce que je ne peux pas me prendre au sérieux et habiller ma pauvre marionnette d'un frac et lui mettre un parapluie dans la main pour lui donner un air très convenable, très utile et très moral? — L'homme qui vient de me quitter, je l'enviais, j'aurais pu le tabasser par envie. Oh, pouvoir être un autre! Ne serait-ce qu'une minute[6]. Comme il court, celui-là!

Si je connaissais quelque chose au monde qui soit capable de me faire courir.

      Valério, à moitié soûl, entre.

VALÉRIO *se place tout près du prince, le doigt sur le nez et le regardant fixement.* Oui !
LÉONCE *de même :* C'est juste !
VALÉRIO. M'avez-vous bien compris ?
LÉONCE. Parfaitement.
VALÉRIO. Bon, nous allons parler d'autre chose. *Il s'allonge dans l'herbe.* Je vais m'allonger dans l'herbe, laisser fleurir mon nez là-haut dans le chaume, et éprouver des sensations romantiques quand les abeilles et les papillons se balanceront dessus, comme sur une rose.
LÉONCE. Mais mon très cher, ne reniflez pas si fort, ou les abeilles et les papillons vont mourir de faim avec ces prises terribles que vous aspirez des fleurs.
VALÉRIO. Ah, monsieur, comme je sens vivement la nature ! L'herbe est si belle qu'on voudrait être un bœuf pour pouvoir en manger, et puis redevenir un homme, pour manger le bœuf qui a mangé une herbe pareille.
LÉONCE. Malheureux, vous avez l'air, vous aussi, de vous donner bien de la peine avec les idéaux.
VALÉRIO. C'est une pitié. On ne peut pas sauter du haut d'un clocher sans se rompre le cou[7]. On ne peut pas manger quatre livres de cerises avec les noyaux sans attraper mal au ventre. Vous voyez, monsieur, je pourrais me mettre dans un coin et chanter du matin au soir : « Ya un' mouch' sur le mur ! Mouch' sur le mur ! Mouch' sur le mur ! » et comme ça jusqu'à la fin de ma vie[8].
LÉONCE. Arrête avec ta chanson, elle vous rendrait fou.
VALÉRIO. Eh bien ça serait quelque chose. Un fou ! Un fou ! Qui veut échanger sa folie contre ma sagesse ? Ha, je suis Alexandre le Grand ! Quelle couronne d'or le soleil met dans mes cheveux, comme mon uniforme étincelle ! Généralissime Sauterelle, faites avancer les troupes ! Monsieur le ministre des

Finances Lefaucheux, j'ai besoin d'argent! Chère dame d'honneur Libellule, que fait ma tendre épouse Rame de haricots? Cher docteur Cantharide, j'aurais bien besoin d'un prince héritier. Pour ces délicieuses inventions on vous donne de la bonne soupe, de la bonne viande, du bon pain, un bon lit, on vous coupe les cheveux gratis, tout ça à la maison de fous, tandis qu'avec ma saine raison je pourrais au maximum me faire engager pour aider les cerises à mûrir en haut de l'arbre, pour — eh bien? — pour?

LÉONCE. Pour faire rougir de honte les cerises quand elles verront les trous de ton pantalon! Mais, mon très cher, ton métier, ta profession, ton industrie, ta condition, ton art?

VALÉRIO *avec dignité*. Monsieur, ma grande activité consiste à rester oisif, je possède une adresse peu commune à ne rien faire, j'ai une extraordinaire endurance dans la paresse. Nul cal ne déshonore mes mains, le sol n'a encore bu aucune goutte de sueur tombée de mon front, je suis encore vierge quant au travail, et si cela ne représentait pas une peine excessive, je prendrais la peine de vous exposer plus longuement mes mérites.

LÉONCE *avec un enthousiasme comique*. Dans mes bras! Es-tu un de ces êtres divins qui, sans peine, le front pur, au milieu de la sueur et de la poussière parcourent les grand-routes de la vie, et, sur des semelles étincelantes, dans l'éclat de leurs corps superbes, entrent dans l'Olympe, pareils à des dieux bienheureux[9]? Viens! Viens!

VALÉRIO *chante en s'en allant :* Ya un' mouch' sur le mur! Mouch' sur le mur! Mouch' sur le mur! *Tous deux s'en vont bras dessus bras dessous.*

Scène 2

UNE CHAMBRE

Le roi Pierre, deux valets de chambre qui l'habillent.

PIERRE *pendant qu'on l'habille.* L'homme doit penser, et il faut que je pense pour mes sujets; car ils ne pensent pas, ils ne pensent pas. — La substance est l'en-soi, c'est ce que je suis. *Il parcourt la chambre presque nu.* Compris? L'en-soi existe en soi, vous comprenez? Et puis surviennent mes attributs, modifications, affections et accidents[10], où est ma chemise, ma culotte? — Halte, beurk! Le libre arbitre[11], là-devant, tout ouvert. Où est la morale, où sont les manchettes? Les catégories sont dans la plus affreuse confusion, deux boutons sont boutonnés de travers, la tabatière est dans la poche droite. Tout mon système est en ruine. — Hé, que veut dire ce nœud à mon mouchoir? Animal, qu'est-ce que ça veut dire, à quoi est-ce que je voulais penser?

PREMIER VALET DE CHAMBRE. Lorsque Votre Majesté a ordonné qu'on fît ce nœud à son mouchoir, c'est que vous vouliez —

PIERRE. Eh bien?

PREMIER VALET. Vous rappeler quelque chose.

PIERRE. Une réponse compliquée! — Bon, et alors, qu'est-ce que tu veux dire?

SECOND VALET. Votre Majesté voulait se rappeler quelque chose, lorsqu'elle a ordonné qu'on fît ce nœud à son mouchoir.

PIERRE *marche de long en large.* Quoi? Quoi? Ces hommes m'embrouillent, je suis dans une confusion totale. Je ne sais plus où j'en suis.

Entre un serviteur.

LE SERVITEUR. Votre Majesté, le Conseil d'État est réuni.

PIERRE *joyeusement.* Voilà, ça y est! Ça y est! — Je voulais me rappeler mon peuple! Venez, messieurs! Avancez avec symétrie. Est-ce qu'il ne fait pas bien chaud? Prenez donc vous aussi vos mouchoirs et essuyez-vous la figure. Je suis toujours si embarrassé quand je dois parler en public.

Tous sortent.
Le roi Pierre. Le Conseil d'État.

PIERRE. Mes chers et fidèles amis, je voulais vous donner à connaître, vous donner à connaître, — que, ou bien mon fils se marie, ou il ne se marie pas *il se met un doigt sur le nez,* ou bien, ou bien — vous me comprenez? C'est le tiers exclu[12]. Il faut que l'homme pense. *Il reste un moment à réfléchir.* Quand je parle à haute voix, comme ça, je ne sais pas vraiment qui parle, moi ou un autre, ça me met dans l'angoisse. *Après une longue réflexion.* Je suis moi. — Qu'en pensez-vous, Président?

LE PRÉSIDENT *avec gravité et lenteur.* Votre Majesté, peut-être en est-il ainsi, mais peut-être n'en est-il pas ainsi.

LE CONSEIL D'ÉTAT *en entier et en chœur.* Oui, peut-être en est-il ainsi, mais peut-être n'en est-il pas ainsi.

PIERRE *avec émotion.* Ô mes sages conseillers! — Alors de quoi était-il question? De quoi est-ce que je voulais parler? Président, pourquoi avez-vous si peu de mémoire dans une circonstance aussi solennelle? La séance est levée.

Il s'éloigne avec majesté, le Conseil d'État en entier le suit.

Scène 3

UNE SALLE RICHEMENT DÉCORÉE. DES BOUGIES SONT ALLUMÉES

Léonce avec quelques serviteurs.

LÉONCE. Tous les volets sont fermés? Allumez les bougies! Au diable le jour! Je veux la nuit, une nuit profonde d'ambroisie[13]. Placez les lampes sous des

cloches de cristal entre les lauriers-roses, pour qu'elles émettent leurs rêves comme des yeux de jeunes filles sous les cils des feuilles. Approchez les roses, pour que le vin jaillisse sur leurs calices comme des gouttes de rosée. Musique! Où sont les violons? Où est Rosetta? Allez! Tout le monde dehors!
Les serviteurs sortent. Léonce s'allonge sur un divan. Entre Rosetta, habillée avec élégance. On entend au loin une musique.
ROSETTA *s'approche, câline*. Léonce!
LÉONCE. Rosetta!
ROSETTA. Léonce!
LÉONCE. Rosetta!
ROSETTA. Tes lèvres sont paresseuses. Trop de baisers?
LÉONCE. Trop bâillé!
ROSETTA. Oh!
LÉONCE. Ah, Rosetta, j'ai le terrible travail...
ROSETTA. Alors?
LÉONCE. De ne rien faire...
ROSETTA. Que d'aimer?
LÉONCE. Sûr que c'est du travail!
ROSETTA *offensée*. Léonce!
LÉONCE. Plutôt de l'occupation.
ROSETTA. Plutôt de l'oisiveté.
LÉONCE. Tu as raison comme toujours. Tu es une fille intelligente et j'apprécie ta lucidité.
ROSETTA. Alors tu m'aimes par ennui?
LÉONCE. Non, je m'ennuie parce que je t'aime. Mais j'aime mon ennui comme toi-même. Vous ne faites qu'un. Ô doux *far niente*[14], au-delà de tes yeux je rêve à des sources mystérieuses et profondes, la caresse de tes lèvres m'endort comme le bruit des vagues. *Il l'enlace.* Viens, cher ennui, tes baisers sont un bâillement voluptueux, et tes pas un gracieux hiatus[15].
ROSETTA. Tu m'aimes, Léonce?
LÉONCE. Eh pourquoi pas?
ROSETTA. Pour toujours?

LÉONCE. C'est un mot bien long, toujours! Si je t'aime, mettons cinq mille ans et six mois, est-ce suffisant? Bien sûr, c'est beaucoup moins que toujours, mais c'est quand même pas mal de temps, et nous pouvons prendre le temps de nous aimer.
ROSETTA. Ou c'est le temps qui peut prendre nos vies.
LÉONCE. Ou c'est l'amour qui nous prendra le temps. Danse, Rosette, danse, pour que le temps avance au rythme de tes jolis pieds.
ROSETTA. Mes pieds aimeraient mieux sortir du temps. *Elle danse et chante* :

> Mes pauvres pieds, il faut danser
> Avec des chaussons de couleur,
> Au lieu de reposer, cachés
> Par la terre en ses profondeurs.
>
> Mes pauvres joues, il faut rougir
> Sous les baisers les plus torrides
> Au lieu simplement de fleurir,
> Deux roses d'un éclat candide.
>
> Mes pauvres yeux, il faut briller
> À la lumière des bougies,
> Au lieu de vous réfugier
> Auprès de la nuit, votre amie[16].

LÉONCE *en aparté, rêveur*. Ô, qu'un amour mourant a plus de charme qu'un amour naissant. Je suis un Romain; à la fin du somptueux repas, au dessert les poissons dorés font jouer les couleurs de leur mort[17]. Comme le rouge pâlit sur ses joues, comme ses yeux perdent leur éclat, comme le balancement de ses membres s'accroît pour s'arrêter peu à peu! Adio, adio mon amour, j'aimerai ton cadavre
Rosetta s'approche de nouveau.
Des larmes, Rosetta? C'est un épicurisme raffiné que de savoir pleurer. Mets-toi au soleil pour faire cristalliser ces jolies gouttes, elles feront des diamants superbes. Tu pourras t'en faire un collier[18].
ROSETTA. Des diamants, oui, qui me blessent les yeux. Ah, Léonce! *Elle veut l'enlacer.*

LÉONCE. Attention! Ma tête! J'y ai enseveli notre amour. Regarde les fenêtres de mes yeux. Vois-tu comme la pauvre chose est jolie dans la mort? Vois-tu les deux roses blanches sur ses joues et les deux roses rouges sur sa poitrine? Ne me bouscule pas, son petit bras pourrait se casser, ce serait dommage. Il faut que je tienne ma tête bien droite sur mes épaules, comme une pleureuse porte un cercueil d'enfant.

ROSETTA *plaisantant*. Fou que tu es!

LÉONCE. Rosetta!

Rosetta lui fait une grimace.

LÉONCE. Dieu merci! *Il se cache les yeux.*

ROSETTA *effrayée*. Léonce, regarde-moi.

LÉONCE. Pour rien au monde!

ROSETTA. Juste un regard!

LÉONCE. Non! Tu pleures? Un rien suffirait pour faire revivre mon amour aimé. Je suis content de l'avoir enterré. J'en garde l'impression.

ROSETTA *s'éloigne tristement, avec lenteur, et chante en marchant :*

> Je suis une pauvre orpheline,
> La solitude me fait peur.
> Ah, ma chère douleur câline,
> Vivons ensemble en ma demeure.

LÉONCE *seul*. Quelle drôle de chose est l'amour. On passe au lit une année dans un demi-sommeil, un beau matin on se réveille, on boit un verre d'eau, on s'habille, on se passe la main sur le front et on réfléchit, on réfléchit. Mon Dieu, combien faut-il de femmes pour chanter tous les tons de l'amour? Quand une seule donne à peine une note. Pourquoi la brume au-dessus de la terre est-elle un prisme qui réfracte en arc-en-ciel la lumière blanche de l'amour? *Il boit.* Dans quelle bouteille trouverai-je le vin capable de m'enivrer aujourd'hui? Je ne réussirais pas cette fois? Je suis comme sous une cloche pneumatique. L'air est si coupant, si raréfié que je gèle, comme si je devais patiner en pantalon de

nankin. — Messieurs, messieurs, savez-vous, vous aussi, qui étaient Caligula et Néron[19]? Moi je le sais.— Viens Léonce, débite-moi un monologue, je veux écouter. Ma vie bâille devant moi comme une grande feuille de papier blanc que je dois remplir, mais je n'arrive pas à écrire une seule lettre. Ma tête est une salle de danse vide, quelques roses fanées et des rubans froissés par terre, des violons crevés dans un coin, les derniers danseurs ont ôté leurs masques et se regardent avec des yeux morts de fatigue[20]. Je me retourne comme un gant vingt-quatre fois par jour. Oh! je me connais, je sais ce que je vais penser et rêver dans un quart d'heure, dans huit jours, dans l'année entière. Dieu, quel crime ai-je donc commis pour que tu me fasses réciter si souvent ma leçon, comme un écolier?
Bravo Léonce! Bravo! *Il applaudit.* Ça me fait du bien quand je m'interpelle comme ça. Hé! Léonce! Léonce!

VALÉRIO *surgissant de sous une table.* Votre Altesse me paraît en bonne voie de devenir un fou authentique.

LÉONCE. Oui, à tout prendre, je trouve moi aussi.

VALÉRIO. Attendez, nous allons tout de suite nous entretenir plus à fond là-dessus. Il me reste juste un morceau de rôti à déguster, volé à la cuisine, et un peu de vin, volé sur votre table. Je suis à vous tout de suite.

LÉONCE. Comme ça fait du bruit. L'animal me procure des sensations tout à fait idylliques, je pourrais revenir aux choses les plus simples, manger du fromage, boire de la bière, fumer du tabac. Continue, mais fais moins de bruit avec ton groin et ne fais pas claquer tes défenses comme ça.

VALÉRIO. Très cher Adonis, craignez-vous pour votre entrecuisse[21]? Je ne suis ni un fabricant de balais, ni un maître d'école. Je n'ai pas besoin de verges.

LÉONCE. Bien répondu, tu ne me dois plus rien.

VALÉRIO. Je voudrais qu'il en soit de même pour mon maître.

LÉONCE. Penses-tu aux coups de bâton qu'il te doit? Es-tu si préoccupé par ton éducation?

VALÉRIO. Ô Ciel, la procréation est plus aisée que l'éducation. Il est triste de voir dans quelle situation peut vous mettre une position intéressante [22] ! Quels gros soucis j'ai connus depuis la grossesse de ma mère ! Quel bien ai-je reçu depuis qu'on m'a conçu ?

LÉONCE. Pour ce qui est de ta réceptivité, tu ne pouvais pas mieux trouver pour l'éprouver. Exprime-toi mieux, sinon j'imprimerai dans ta cervelle une mémorable correction.

VALÉRIO. Lorsque ma mère naviguait au large de la Bonne Espérance [23]...

LÉONCE. Et que ton père fit naufrage au Cap Corne [24]...

VALÉRIO. En effet, il était veilleur de nuit. Mais il portait moins souvent la corne à ses lèvres que les pères de nobles princes à leur front.

LÉONCE. Animal, tu fais preuve d'une insolence céleste. J'éprouve une certaine envie d'entrer en contact avec elle. J'adore te flanquer la raclée.

VALÉRIO. Voilà une réponse frappante et un argument de choc.

LÉONCE *se précipite sur lui*. Et toi tu es une réponse frappée, puisque tu prends la raclée pour ta réponse.

VALÉRIO *s'enfuit, Léonce trébuche et tombe*. Et vous êtes un argument débile qui ne tient pas sur ses propres jambes, lesquelles du reste restent à éprouver. Ce sont des mollets tout à fait invraisemblables et des cuisses bien problématiques.

Le Conseil d'État fait son entrée. Léonce reste assis par terre. Valério.

LE PRÉSIDENT. Que Votre Altesse nous excuse...

LÉONCE. Comme moi-même ! Comme moi-même ! Je m'excuse d'avoir la bonté de vous entendre. Messieurs, ne voulez-vous pas prendre place ? — Quelle tête font ces gens quand ils entendent le mot place ! Ne vous gênez pas, asseyez-vous par terre. C'est la dernière place que vous obtiendrez, mais elle ne rapporte rien à personne — sauf au fossoyeur.

LE PRÉSIDENT *embarrassé, faisant craquer ses doigts.* Votre Altesse voudrait-elle...

LÉONCE. Mais ne faites pas craquer vos doigts comme ça, si vous ne voulez pas faire de moi un meurtrier.

LE PRÉSIDENT *faisant craquer ses doigts encore plus fort.* Si Votre Altesse daignait prendre en considération...

LÉONCE. Mon Dieu, mettez vos mains dans votre culotte, ou asseyez-vous dessus. Vous êtes complètement perturbé, ressaisissez-vous.

VALÉRIO. Il ne faut pas interrompre les enfants quand ils font pipi, sinon ils font de la rétention.

LÉONCE. Mon brave, calmez-vous, pensez à votre famille et à l'État. Vous risquez un infarctus, si vous souffrez d'un discours rentré.

LE PRÉSIDENT *tire un papier de sa poche.* Si Votre Altesse permet...

LÉONCE. Quoi! Vous savez lire? Eh bien...

LE PRÉSIDENT. Votre Altesse doit s'attendre dès demain à l'imminente arrivée de la fiancée promise à Votre Altesse, la sérénissime princesse Léna de Pipi, c'est la teneur du message adressé à Votre Altesse par Sa Majesté royale.

LÉONCE. Si ma fiancée m'attend, je ferai selon son désir et la laisserai attendre. Je l'ai vue hier en rêve, elle avait une paire d'yeux si grands que les chaussons de danse de ma Rosetta auraient fait des sourcils à leur taille, et sur ses joues on ne voyait pas de fossettes, mais des rigoles pour l'écoulement du rire. Je crois aux rêves. Vous arrive-t-il de rêver, monsieur le Président? Avez-vous des prémonitions?

VALÉRIO. Évidemment. Toujours la nuit qui précède le jour où un rôti va brûler, un chapon va crever ou Sa Majesté royale aura mal au ventre.

LÉONCE. À propos, n'aviez-vous pas encore quelque chose sur le bout de la langue? Allez, sortez tout.

LE PRÉSIDENT. Le jour des noces, une volonté éminente s'est manifestée de déposer entre les mains de Votre Altesse l'exercice des suprêmes volontés.

LÉONCE. Vous direz à une volonté éminente que je suis prêt à tout faire, à l'exception de ce que je laisserai de côté, ce qui en tout cas ne fera pas autant que s'il y en avait encore une fois autant. — Messieurs, vous m'excuserez de ne pas vous accompagner, ma passion est de rester assis, mais ma bienveillance est si grande que je peux à peine la mesurer avec mes jambes. *Il écarte les jambes.* Monsieur le Président, prenez donc la mesure, pour que plus tard je m'en souvienne. Valério, accompagne ces messieurs.

VALÉRIO. Les accompagner ? À la guitare ou au violon ? Faut-il accrocher une clochette au cou du Président ? Les mener comme s'ils marchaient à quatre pattes ?

LÉONCE. Animal, tu n'es qu'un mauvais jeu de mots. Tu n'as ni père ni mère, ce sont les cinq voyelles qui t'ont engendré [25].

VALÉRIO. Et vous, prince, vous êtes un livre sans lettres, juste avec des points de suspension. Venez donc, messieurs. Il y a quelque chose de triste avec le mot « venir ». Si l'on veut un revenu, il faut voler, impossible de parvenir sans risquer d'être pendu, au mourant il ne reste que le souvenir, on peut toujours intervenir avec un bon mot quand on n'a rien d'autre à dire, comme moi en ce moment, et vous avant d'avoir ouvert la bouche. Messieurs, je vous prie d'en convenir et de ne plus chercher à revenir [26].

Le Conseil d'État et Valério sortent.

LÉONCE, *seul*. Quelle grossièreté ! Comme je me suis conduit cavalièrement avec ces pauvres diables ! Mais c'est vrai qu'il y a une certaine jouissance dans une certaine grossièreté. — Hum ! Se marier ! C'est boire toute l'eau d'un puits. Ô Shandy, vieux Shandy, qui me donnera ta pendule [27] ?

Valério revient.

Tu as entendu, Valério ?

VALÉRIO. Eh bien, vous allez être roi. C'est amusant. On peut se promener toute la journée, les gens abîment leurs chapeaux à force de saluts, on peut avec des gens ordinaires faire des soldats ordinaires, ce qui paraît tout naturel, on peut changer des fracs noirs et des cravates blanches en serviteurs de l'État, et quand on meurt, tous les boutons brillants sont passés au bleu, et les cordes des cloches cassent comme des fils à force de sonner. N'est-ce pas marrant?

LÉONCE. Valério! Valério! Il faut faire autre chose. Un conseil!

VALÉRIO. Ah, la science, la science! Nous voulons devenir des savants! *a priori*? ou *a posteriori*?

LÉONCE. *A priori*, cela s'apprend auprès de monsieur mon père, et *a posteriori*[28], tout commence comme un vieux conte : il était une fois!

VALÉRIO. Alors soyons des héros. *Il marche au pas, en feignant de jouer du tambour et de la trompette.* Plom—plom—tra—ta—ra!

LÉONCE. Mais l'héroïsme boit une gnôle infecte, attrape la fièvre des hôpitaux et ne peut pas se soutenir sans lieutenants et sans recrues. Fiche le camp avec ton romantisme, tes Alexandre et Napoléon[29]!

VALÉRIO. Alors devenons des génies.

LÉONCE. Le rossignol de la poésie chante tout le jour au-dessus de nos têtes, mais le meilleur est déjà parti au diable quand nous lui arrachons les plumes pour les tremper dans l'encre ou dans la couleur.

VALÉRIO. Alors devenons des membres utiles de la société humaine.

LÉONCE. J'aimerais mieux donner ma démission d'être humain.

VALÉRIO. Alors allons au diable.

LÉONCE. Ah, le diable n'est là que pour le contraste, pour que nous comprenions qu'il y a quelque chose au ciel. *Se levant d'un bond.* Ah Valério, Valério, ça y est! Ne sens-tu pas le souffle du sud? Ne sens-tu pas comme l'éther d'un bleu profond monte et descend en vagues ardentes, comme la lumière jaillit du sol doré par le soleil, des saintes étendues salées, des colonnes et des statues de marbre? Le grand Pan est endormi[30], et les silhouettes de bronze dans l'ombre, par-dessus les vagues rugissantes, rêvent du vieil enchanteur Virgile, de tarentelles et de tambourins, de folles nuits pleines de masques, de flambeaux et de guitares. Un lazzaroni! Valério! Un lazzaroni[31]! Partons pour l'Italie[32].

Scène 4

UN JARDIN

La princesse Léna parée pour le mariage.
La gouvernante.

LÉNA. Voilà, ça y est. Je ne pensais à rien. Tout allait son train, et voilà que soudain le jour se lève devant moi. J'ai la couronne dans les cheveux — et les cloches, les cloches! *Elle se laisse aller en arrière et ferme les yeux.* Regarde, je voudrais que l'herbe pousse au-dessus de moi et que les abeilles bourdonnent au-dessus de moi; et me voilà habillée, avec du romarin dans les cheveux. N'y a-t-il pas une vieille chanson:

> Je veux dormir dans mon tombeau
> Comme un enfant dans son berceau[33].

LA GOUVERNANTE. Pauvre enfant, comme vous êtes pâle sous vos pierreries étincelantes.

LÉNA. Ô Dieu, je pourrais aimer, pourquoi pas? On avance si solitaire, on cherche à tâtons une main qui vous tienne, jusqu'au moment où la femme qui dispose les morts sépare les mains et les croise sur la poitrine de chacun. Mais pourquoi clouer deux mains qui ne se cherchaient pas? Qu'a-t-elle fait, ma pauvre main? *Elle ôte un anneau de son doigt.* Cet anneau me pique comme une vipère.

LA GOUVERNANTE. Mais — on dit que c'est un vrai Don Carlos[34].

LÉNA. Mais — un homme —

LA GOUVERNANTE. Et alors?

LÉNA. Que l'on n'aime pas. *Elle se redresse.* Vois-tu, je me fais honte. — Demain je n'aurai plus ni parfum ni éclat. Suis-je donc comme la pauvre source sans aide qui doit refléchir dans ses profondeurs paisibles toute image qui se penche au-dessus d'elle? Les fleurs ouvrent et ferment comme elles veulent leurs calices au soleil du matin et au vent du soir. La fille d'un roi est-elle moins qu'une fleur?

LA GOUVERNANTE *en larmes.* Cher ange, tu es un vrai agneau pascal[35].

LÉNA. Oui, et le prêtre lève déjà son couteau. Mon Dieu, mon Dieu, est-il donc vrai que nous devons nous racheter nous-mêmes par notre douleur? Est-il vrai que le monde est un sauveur crucifié, le soleil, sa couronne d'épines, les étoiles, les clous et les lances dans ses pieds et ses flancs?

LA GOUVERNANTE. Mon enfant, mon enfant, je ne peux te voir ainsi. — Cela ne peut continuer ainsi, cela te tue. Peut-être, qui sait? J'ai quelque chose en tête. Nous verrons. Viens!
Elle emmène la princesse.

ACTE II

Une voix a retenti
Au plus profond de moi-même
Et soudain a englouti
Ma mémoire en son entier.

Adelbert von Chamisso[36].

Scène 1

EN PLEIN AIR. UNE AUBERGE À L'ARRIÈRE-PLAN

Entrent Léonce et Valério, qui porte un balluchon.

VALÉRIO *haletant.* Sur mon honneur, prince, le monde est une bâtisse énorme.

LÉONCE. Mais non! Mais non! J'ose à peine étendre les mains, comme dans un petit cabinet de miroirs, de peur de me cogner partout[37], et que les jolies figures ne gisent en morceaux sur le sol, me laissant devant un mur désolé et nu.

VALÉRIO. Je suis perdu.

LÉONCE. Ce ne sera une perte pour personne, sauf pour celui qui te trouvera.

VALÉRIO. Je vais bientôt me mettre à l'ombre de mon ombre.

LÉONCE. Tu t'évapores complètement au soleil. Tu vois le joli nuage là-haut? Il représente déjà le quart de toi. Il regarde bien confortablement ta grossière enveloppe matérielle.

VALÉRIO. Le nuage ne pourrait faire aucun mal à votre tête si on le faisait couler dessus goutte à goutte. — Une idée ravissante. Nous avons déjà parcouru une douzaine de principautés, une demi-douzaine de grands-duchés[38] et quelques royaumes, tout cela à toute vitesse, en une demi-journée, et pourquoi? Parce qu'on veut devenir roi et qu'on doit épouser une belle princesse. Et vous vivez encore dans une situation pareille? Je ne comprends pas votre résignation. Je ne comprends pas que vous n'ayez pas pris de l'arsenic, que vous ne soyez pas monté sur la balustrade du clocher de l'église et que vous ne vous soyez pas logé une balle dans la tête, afin d'être sûr de ne pas vous manquer.

LÉONCE. Mais Valério, et l'idéal? J'ai en moi un idéal féminin, et il faut que je le cherche. Elle est infiniment belle et infiniment bête. Sa beauté est aussi désarmée, aussi touchante qu'un enfant nouveau-né. Un charmant contraste : ces yeux d'une céleste stupidité, cette bouche divinement niaise, ce profil grec[39] avec un nez de brebis, cette mort de l'esprit dans un corps spirituel.

VALÉRIO. Diable! Nous revoilà déjà à la frontière. Ce pays ressemble à un oignon, rien que des pelures, ou des boîtes les unes dans les autres, dans la plus grande rien que des boîtes et dans la plus petite rien du tout. *Il jette son balluchon par terre.* Est-ce que ce balluchon va devenir ma pierre tombale ? Voyez-vous, prince, je deviens un objet de philosophie, une image de la vie humaine. Je traîne ce balluchon, les pieds écorchés, glacé par le gel, brûlé par le soleil, parce que le soir je veux enfiler une chemise propre, et quand enfin vient le soir, mon front est ridé, mes joues sont creuses, mes yeux enfoncés, j'ai juste le temps de mettre ma chemise comme un linceul. Est-ce que je n'aurais pas mieux fait de bazarder mon paquet dans la première auberge venue, de me soûler et de dormir à l'ombre jusqu'à la nuit tombée, au lieu de suer et de me faire des cors aux pieds ? Et maintenant, prince, passons à l'application, à la mise en pratique. Par pudeur, habillons aussi l'homme intérieur, enfilons au-dedans de nous-même veste et pantalon. *Tous deux se dirigent vers l'auberge.* Eh, mon cher paquet, quels parfums exquis, arôme de vin et senteur de rôti ! Et toi cher pantalon, comme tu prends racine, une vigne verdoyante et florissante, dont les longues et lourdes grappes me pendent dans la bouche tandis que le moût fermente dans le pressoir. *Ils sortent.*

Entrent la princesse Léna et la gouvernante.
LA GOUVERNANTE. Ce doit être une journée enchantée, le soleil ne se couche pas, il y a si longtemps que nous fuyons.
LÉNA. Mais non, ma chère, les fleurs que j'ai cueillies à notre départ, en sortant du jardin, sont à peine fanées.
LA GOUVERNANTE. Et où allons-nous nous reposer ? Nous n'avons rien rencontré. Je ne vois ni couvent, ni ermite, ni berger.
LÉNA. Nous avions fait d'autres rêves avec nos livres, derrière les murs de notre jardin, entre nos myrtes et nos lauriers-roses.
LA GOUVERNANTE. Oh ! que le monde est abominable ! Il ne faut pas penser à un fils de roi errant.
LÉNA. Il est si beau, si vaste, si infiniment vaste. Je voudrais toujours marcher ainsi, jour et nuit. Rien

ne bouge. Un reflet rouge de fleurs joue sur les prairies, et les montagnes lointaines sont posées sur la terre comme des nuages immobiles.

LA GOUVERNANTE. Mon doux Jésus, que va-t-on dire ? Et c'est pourtant si délicat, si féminin ! C'est une renonciation. C'est comme la fuite de sainte Odile[40]. Mais il faut trouver un abri. Le soir tombe !

LÉNA. Oui, les plantes rassemblent leurs pétales pour dormir, et les rayons du soleil se balancent sur les brins d'herbe, comme des libellules fatiguées.

Scène 2

UNE AUBERGE SUR UNE HAUTEUR, LE LONG D'UNE RIVIÈRE. VUE ÉTENDUE.
JARDIN DEVANT L'AUBERGE

Valério, Léonce.

VALÉRIO. Eh bien, prince, votre pantalon ne fournit-il pas une boisson délicieuse ? Vos bottes ne descendent-elles pas le long de votre gosier avec une légèreté étonnante ?

LÉONCE. Vois-tu les vieux arbres, les haies, les fleurs, tous ont leurs histoires, leurs histoires charmantes et secrètes. Vois-tu ces grands visages aimables sous la vigne à la porte d'entrée ? Ils sont assis, et se tiennent par la main, effrayés d'être si vieux alors que le monde est si jeune. Ô Valério, moi aussi je suis jeune, et le monde est si vieux. Souvent je me fais peur à moi-même, je pourrais m'asseoir dans un coin et pleurer à chaudes larmes, tant je me fais pitié.

VALÉRIO *lui donne un verre.* Prends cette cloche, cette cloche à plongeur[41], et enfonce-toi dans la mer du vin, jusqu'à ce que des perles rejaillissent sur toi. Regarde comme les elfes dansent, attirés par le bouquet au-dessus de ton verre, chaussés d'or et jouant du tympanon.

LÉONCE *se levant d'un bond.* Viens, Valério, il faut faire quelque chose, faire quelque chose. Nous allons méditer profondément, chercher comment il se fait que la chaise tient sur trois pieds mais pas sur deux, pourquoi on se cure le nez avec les mains et non avec les pieds comme les mouches. Nous allons démembrer des fourmis, compter des étamines ; je finirai bien par me trouver une marotte princière. Je me trouverai une crécelle, qui me tombera des mains seulement quand j'en serai à tirer des petits bouts de laine de la couverture pour en faire des flocons [42]. J'ai encore une certaine dose d'enthousiasme à dépenser, mais une fois que j'aurai bien cuisiné comme il faut, il me faudra un temps infini avant de trouver une cuillère pour manger, alors on abandonne.

VALÉRIO. *Ergo bibamus* [43]. Cette bouteille n'est pas une femme qu'on aime, une idée, elle ne connaît pas les douleurs de l'accouchement, elle ne devient pas ennuyeuse, ni infidèle, elle reste la même de la première goutte à la dernière. Tu romps le cachet, et tous les rêves qui sommeillent en elle bondissent vers toi.

LÉONCE. Mon Dieu ! La moitié de ma vie devra être une prière, si l'on m'accorde un brin de paille en guise de monture, que je chevaucherai comme un magnifique coursier, jusqu'à ce que je sois moi-même couché sur la paille. — Quelle soirée étrange ! Au-dessous tout est calme, tandis que là-haut les nuages passent et changent de forme, et le soleil se cache pour se montrer à nouveau. Regarde quelles silhouettes bizarres se pourchassent là-bas, regarde les longues ombres blanches avec leurs jambes d'une maigreur épouvantable et leurs ailes de chauves-souris, et tout ça si rapide, si confus, tandis qu'en bas pas une feuille, pas un brin d'herbe ne bouge. La terre s'est blottie craintivement comme un enfant, et par-dessus de son berceau marchent des fantômes.

VALÉRIO. Je ne sais pas ce que vous voulez, moi je me

sens très bien. Le soleil ressemble à une enseigne d'auberge, et les nuages enflammés passent au-dessus avec l'inscription : « L'auberge du Soleil d'or ». La terre et l'eau d'en-bas sont comme une table où on a renversé du vin, et nous sommes dessus comme des cartes avec lesquelles Dieu et le diable, par ennui, ont joué une longue partie : vous êtes un roi, moi un valet, il ne manque qu'une dame, une belle dame, avec un grand cœur en pain d'épice sur la poitrine, et une grande tulipe pour y plonger son long nez sentimental *entrent la princesse et la gouvernante,* et, par Dieu, la voici! Mais à vrai dire, ce n'est pas une tulipe, mais une tabatière, ni un nez, mais une trompe! *À la gouvernante :* Pourquoi noble dame, marchez-vous si vite qu'on aperçoit vos défunts mollets jusqu'à vos respectables jarretières [44]?

LA GOUVERNANTE, *furieuse, s'arrête.* Et vous, noble monsieur, pourquoi ouvrez-vous une si grande gueule que le paysage en est troué?

VALÉRIO. C'est pour que votre nez, noble dame, ne saigne pas en heurtant l'horizon. Un pareil nez est comme la tour du Liban, qui surveille la route de Damas [45].

LÉNA *à la gouvernante.* Très chère, le chemin est-il si long?

LÉONCE *en aparté, rêveur.* Oh, tous les chemins sont longs. Le tic-tac que fait l'horloge de la mort [46] dans notre poitrine est lent, chaque goutte de sang prend son temps, et notre vie est une fièvre rampante. Tous les chemins sont trop longs pour les pieds fatigués...

LÉNA *qui l'écoute avec anxiété.* Et les yeux las trouvent toutes les lumières trop vives, et pour les lèvres fatiguées un souffle est trop fort *avec un sourire,* et pour les oreilles fatiguées tout mot est de trop. *Elle entre avec la gouvernante dans la maison.*

LÉONCE. Ô mon cher Valério! Est-ce que je ne pourrais pas dire, moi aussi : « Et avec cela une forêt de plumes et une paire de roses pompon sur mes souliers » ? J'ai dit ça, je crois, de façon tout à fait mélancolique. Dieu soit loué, je commence à venir à bout de la mélancolie. L'air n'est plus si pur et froid, le ciel abaisse ses rayons brûlants autour de moi, et de lourdes gouttes tombent. — Ô cette voix : le chemin est-il si long ? Beaucoup de voix parlent sur terre, on pense qu'elles parlent d'autres choses, mais elle, je l'ai comprise. Elle repose sur moi comme l'esprit qui planait sur les eaux, — avant que la lumière ne fût[47]. Quelle fermentation dans la profondeur, quel devenir en moi, comme cette voix se répand dans l'espace. — Le chemin est-il si long ? *Il sort.*

VALÉRIO. Non, le chemin vers la maison de fous n'est pas si long, il est facile à trouver, je connais tous les sentiers, les chemins vicinaux, les routes qui y mènent. Je le vois déjà marchant dans une allée large, par un jour de gelée hivernale, le chapeau sous le bras, se plaçant dans les ombres allongées sous les arbres dépouillés et s'éventant avec son mouchoir. — C'est un fou ! *Il le suit.*

Scène 3

UNE CHAMBRE

Léna, la gouvernante.

LA GOUVERNANTE. Ne pensez pas à cet homme.
LÉNA. Il était si vieux sous ses boucles blondes. Le printemps sur les joues et l'hiver au cœur. C'est triste. Le corps fatigué trouve partout un oreiller pour dormir, mais quand l'esprit est fatigué, où peut-il se reposer ? Il me vient une idée terrible, je crois qu'il y a des hommes qui sont malheureux, incurables, simplement parce qu'ils existent. *Elle se lève.*
LA GOUVERNANTE. Où allez-vous, mon enfant ?

LÉNA. En bas dans le jardin.
LA GOUVERNANTE. Mais...
LÉNA. Mais, chère mère, tu sais bien qu'on aurait dû me mettre dans un pot de fleurs. J'ai besoin de rosée et d'air nocturne, comme les fleurs. — Entends-tu l'harmonie du soir ? Comme les grillons bercent le jour et les giroflées l'endorment de leur parfum ! Je ne peux pas rester enfermée dans la chambre. Les murs m'oppressent.

Scène 4

LE JARDIN. NUIT ET CLAIR DE LUNE

On voit Léna assise sur le gazon.

VALÉRIO *à quelque distance.* La nature, c'est bien beau, mais ce serait encore plus beau s'il n'y avait pas de moustiques, si les draps dans les auberges étaient un peu plus propres, et si les vrillettes ne taraudaient pas les cloisons avec leur tic-tac de mort[48]. Dedans, les hommes ronflent, dehors les grenouilles coassent, dedans on entend le cri-cri des grillons du foyer, dehors celui des grillons des champs. Plutôt le gazon, voilà une décision prise à pleins gaz[49].

Il se couche sur le gazon.
Léonce entre, remarque la princesse et s'approche d'elle doucement.

LÉNA *en aparté.* La fauvette a gazouillé en rêve. — La nuit dort plus profondément, ses joues sont plus pâles et sa respiration plus calme. La lune est comme un enfant endormi, les boucles dorées sont retombées pendant son sommeil le long de son joli visage. — Oh, son sommeil est la mort. L'ange mort repose sur son coussin obscur, les étoiles brûlent autour de lui comme des cierges ! Pauvre enfant ! Quelle tristesse, mort et si seul.

LÉONCE. Lève-toi dans ton vêtement blanc, marche derrière le cadavre à travers la nuit et chante-lui le chant des morts.
LÉNA. Qui parle?
LÉONCE. Un rêve.
LÉNA. Bienheureux sont les rêves.
LÉONCE. Rêve donc que tu es heureuse et permets-moi d'être ton rêve bienheureux.
LÉNA. La mort est le rêve le plus heureux.
LÉONCE. Alors permets-moi d'être ton ange de la mort. Permets que mes lèvres, comme un battement de ses ailes se posent sur tes yeux. *Il lui donne un baiser.* Beau cadavre, tu reposes si joliment sur le linceul de la nuit que la nature se met à haïr la vie et s'éprend de la mort.
LÉNA. Non, laisse-moi. *Elle se lève d'un bond et s'éloigne rapidement.*
LÉONCE. C'est trop! C'est trop! Tout mon être est dans cet instant. Maintenant meurs. Impossible d'en supporter plus. Comme la création se dégage du chaos pour venir à ma rencontre, l'haleine fraîche et rayonnante de beauté! La terre est une coupe d'or bruni, la lumière y pétille et passe par-dessus le bord, et les étoiles en jaillissent avec abondance. Cette goutte unique de félicité fait de moi un vase précieux[50]. Va au fond, sainte coupe[51]! *Il veut se jeter dans la rivière.*
VALÉRIO *bondit et le retient* : Halte, Sérénissime!
LÉONCE. Laisse-moi!
VALÉRIO. Dès que vous serez calmé, je vais vous laisser tranquille si vous promettez de laisser l'eau tranquille.
LÉONCE. Imbécile!
VALÉRIO. Votre Altesse n'a pas encore dépassé ce romantisme de sous-lieutenant, jeter par la fenêtre le verre où l'on a bu à la santé de sa bien-aimée?
LÉONCE. Je commence à croire que tu as raison.
VALÉRIO. Consolez-vous. Si vous ne dormez pas cette nuit encore sous le gazon, vous dormirez au moins dessus. Ce serait tout aussi suicidaire de vouloir

dormir dans un de leurs lits. On couche sur de la paille, comme un mort, et on est dévoré par les puces, comme un vivant.

LÉONCE. Ça m'est égal. *Il s'allonge dans l'herbe.* Animal, tu m'as privé du plus beau des suicides. Je ne retrouverai plus jamais de ma vie un instant aussi favorable, par un temps aussi superbe. Maintenant je ne suis plus d'humeur. Cette brute avec sa veste jaune et son pantalon bleu ciel[52] m'a tout gâché. — Que le ciel m'octroie un sommeil bien épais, bon pour la santé.

VALÉRIO. Amen — j'ai sauvé une vie humaine et cette nuit ma bonne conscience me tiendra chaud. Bien joué, Valério !

ACTE III

Scène 1

Léonce, Valério.

VALÉRIO. Vous marier ? Depuis quand Votre Altesse se sert-elle d'un calendrier perpétuel ?

LÉONCE. Sais-tu bien, Valério, que même le plus petit parmi les êtres humains est si grand que la vie est trop courte pour pouvoir l'aimer ? Et puis pour une certaine espèce de gens rien n'est si beau ni si sacré qu'ils ne se croient obligés de le rendre encore plus beau, encore plus sacré : je peux leur laisser ce plaisir. Il y a une certaine jouissance dans cette prétention charitable. Pourquoi la leur refuserais-je ?

VALÉRIO. Très humain et philobestial[53]. Mais sait-elle qui vous êtes ?

LÉONCE. Elle sait seulement qu'elle m'aime.

VALÉRIO. Et Votre Altesse sait-elle qui elle est?
LÉONCE. Imbécile! Demande leur nom à l'œillet et à la perle de rosée.
VALÉRIO. Ça veut dire qu'elle est quelque chose, si ce n'est pas trop grossier de le dire, si ça n'a pas un goût d'avis de recherche. — Mais que va-t-il arriver? Prince, suis-je ministre si vous êtes unis aujourd'hui devant votre père par la bénédiction du mariage avec l'Indicible, l'Anonyme? Votre parole?
LÉONCE. Ma parole!
VALÉRIO. Le pauvre diable de Valério se recommande à Son Excellence monsieur le ministre d'État Valério de Valeriental. — « Que réclame cet individu? Je ne le connais pas. Dehors, maraud! » *Il sort en courant. Léonce le suit.*

Scène 2

UNE PLACE DEVANT LE CHÂTEAU DU ROI PIERRE

Le conseiller cantonal. Le maître d'école[54].
Des paysans endimanchés tenant des rameaux de sapin.

LE CONSEILLER CANTONAL. Cher maître d'école, comment se tiennent vos gens?
LE MAÎTRE D'ÉCOLE. Ils se tiennent si bien au milieu de leurs souffrances qu'ils se retiennent depuis un certain temps les uns aux autres. Ils se versent bravement de l'esprit de vin sur le corps[55], sans quoi ils ne pourraient résister si longtemps à la chaleur. Courage, braves gens! Brandissez vos rameaux de sapin devant vous, pour qu'on pense que vous êtes une forêt de sapins, que vos nez sont des fraises, vos tricornes des ramures de gibier et que vos culottes en cuir de cerf font le clair de lune là-dedans; et rappelez-vous, le dernier repasse toujours devant le premier, pour qu'on ait l'impression que vous êtes élevés au carré.
LE CONSEILLER CANTONAL. Et vous, maître d'école, vous répondez de la sobriété.

LE MAÎTRE D'ÉCOLE. Bien sûr, j'en réponds si bien que je tiens à peine debout.

LE CONSEILLER CANTONAL. Attention, vous autres, le programme prévoit : tous les sujets de Sa Majesté, proprement vêtus, bien nourris, avec des visages satisfaits, se placeront spontanément le long de la grand-route[56]. Ne nous faites pas honte.

LE MAÎTRE D'ÉCOLE. De l'endurance! Ne vous grattez pas derrière les oreilles, ne vous curez pas le nez avec les doigts aussi longtemps que passe le couple princier, et montrez l'émotion convenable, sans quoi on emploiera des moyens émouvants. Reconnaissez ce que l'on fait pour vous, on s'est arrangé pour que l'air de la cuisine passe au-dessus de vous et que vous sentiez aussi l'odeur du rôti au moins une fois dans votre vie. Savez-vous encore votre leçon ? He ! Vi !

LES PAYSANS. Vi !

LE MAÎTRE D'ÉCOLE. Vat !

LES PAYSANS. Vat !

LE MAÎTRE D'ÉCOLE. Vivat !

LES PAYSANS. Vivat[57] !

LE MAÎTRE D'ÉCOLE. Vous voyez, monsieur le conseiller, comme l'intelligence est en progrès. Songez que c'est du latin. Et ce soir on donnera un bal transparent grâce aux trous de nos vestes et de nos culottes, et nous nous ferons des cocardes à coups de poing sur la tête.

Scène 3

UNE GRANDE SALLE. DES DAMES ET DES MESSIEURS
EN TENUE DE SOIRÉE,
SOIGNEUSEMENT GROUPÉS.

Le maître de cérémonie avec quelques serviteurs au premier plan.

LE MAÎTRE DE CÉRÉMONIE. C'est un désastre. Tout va à vau-l'eau. Les rôtis se ratatinent. Tous les vœux de bonheur se décomposent. Tous les faux-cols[58] retombent, comme des oreilles de porc mélancoliques. Les ongles et la barbe des paysans repoussent. Les boucles des soldats se défont. Sur les douze innocentes, il n'y en a pas une qui ne préfère la position horizontale à la position verticale. Dans leurs petites robes blanches elles ont l'air de lapins angoras épuisés, et le poète de la cour grogne autour d'elles comme un cochon d'Inde soucieux. Messieurs les officiers ont perdu toute contenance. *À un serviteur.* Va dire au stagiaire qu'il fasse pisser ses garnements. — Le pauvre prédicateur de la cour! La queue de son habit pend avec mélancolie. Je crois qu'il a de l'idéal et qu'il change tous les gentilshommes de la chambre en chaises percées. Il n'en peut plus de rester debout.

LE DEUXIÈME SERVITEUR. Toute chair se gâte à rester debout. Même le prédicateur de la cour est tout avarié depuis qu'il s'est habillé ce matin.

LE MAÎTRE DE CÉRÉMONIE. Les dames de la cour ont l'air de bacs de salines. Le sel cristallise sur leurs colliers.

LE DEUXIÈME SERVITEUR. Au moins elles se mettent à l'aise; on ne peut dire d'elles qu'elles portent sur les épaules. Si elles ne parlent pas à cœur ouvert, elles sont ouvertes jusqu'au cœur.

LE MAÎTRE DE CÉRÉMONIE. Oui, ce sont de bonnes cartes de l'empire ottoman, on voit les Dardanelles et la mer de Marmara[59]. Allez, canailles! Aux fenêtres! Voici Sa Majesté.

Le roi Pierre et le conseiller d'État entrent.

PIERRE. La princesse aussi est disparue. N'a-t-on encore aucune nouvelle de notre bien-aimé prince héritier? Mes ordres ont-ils été suivis? Les frontières sont-elles surveillées?

LE MAÎTRE DE CÉRÉMONIE. Oui, Majesté. La vue depuis cette salle nous permet de tout passer en revue. *Au premier serviteur.* Qu'as-tu vu?

LE PREMIER SERVITEUR. Un chien à la recherche de son maître a traversé le royaume.

LE MAÎTRE DE CÉRÉMONIE *à un autre.* Et toi?

LE DEUXIÈME SERVITEUR. Quelqu'un se promène vers la frontière nord, mais ce n'est pas le prince, je pourrais le reconnaître.
LE MAÎTRE DE CÉRÉMONIE. Et toi?
LE TROISIÈME SERVITEUR. Pardonnez-moi, rien du tout.
LE MAÎTRE DE CÉRÉMONIE. C'est très peu. Et toi?
LE QUATRIÈME SERVITEUR. Rien non plus.
LE MAÎTRE DE CÉRÉMONIE. Ce n'est pas grand-chose.
PIERRE. Mais, conseiller d'État, est-ce que je n'ai pas pris la décision que ma majesté royale allait se réjouir en ce jour, et qu'en ce jour le mariage serait célébré? N'était-ce pas notre irrévocable résolution?
LE PRÉSIDENT. Oui, Votre Majesté, c'est enregistré sur le protocole.
PIERRE. Et ne serait-ce pas me compromettre que de ne pas exécuter ma décision?
LE PRÉSIDENT. S'il était possible pour Votre Majesté de se compromettre, ce serait en effet un cas où elle pourrait se compromettre.
PIERRE. N'ai-je pas donné ma parole royale? — Oui, je vais mettre en œuvre immédiatement ma décision, ça me fera plaisir. *Il se frotte les mains.* Oh! je suis extraordinairement joyeux!
LE PRÉSIDENT. Tous nous partageons les sentiments de Votre Majesté, dans la mesure où cela est possible et convenable à des sujets.
PIERRE. Ô la joie me met hors de moi. Je ferai tailler des uniformes rouges pour les gentilshommes de ma chambre, je nommerai quelques cadets au grade de lieutenant, j'autoriserai mes sujets — mais, mais — le mariage? L'autre moitié de la résolution ne prévoyait-elle pas que le mariage serait célébré?
LE PRÉSIDENT. Oui, Votre Majesté.
PIERRE. Oui, mais si le prince ne vient pas, et la princesse non plus?
LE PRÉSIDENT. Oui, si le prince ne vient pas et la princesse non plus, — alors — alors —
PIERRE. Alors, alors?
LE PRÉSIDENT. Alors ils ne peuvent pas se marier.

PIERRE. Halte, la conclusion est-elle logique? Si — alors. — Exact! Mais ma parole, ma parole royale!
LE PRÉSIDENT. Que Votre Majesté se console avec d'autres majestés. Une parole royale est une chose, — une chose, — une chose, — qui n'est rien[60].
PIERRE *aux serviteurs*. Ne voyez-vous toujours rien?
LES SERVITEURS. Votre Majesté, rien, rien du tout.
PIERRE. Et moi qui avais décidé de me réjouir; je voulais commencer avec le premier son de cloche et me réjouir douze heures d'affilée, — j'en deviens tout mélancolique.
LE PRÉSIDENT. Tous les sujets sont invités à partager les sentiments de Votre Majesté.
LE MAÎTRE DE CÉRÉMONIE. À ceux qui ne possèdent pas de mouchoir il est interdit de pleurer, par souci de convenance.
LE PREMIER SERVITEUR. Halte! Je vois quelque chose! C'est comme un cap, comme un nez, le reste n'a pas encore passé la frontière; et puis je vois encore un homme et deux personnes de sexes opposés.
LE MAÎTRE DE CÉRÉMONIE. Dans quelle direction?
LE PREMIER SERVITEUR. Ils s'approchent. Ils vont vers le château. Les voilà.

Valério, Léonce, la gouvernante et la princesse avancent, masqués.

PIERRE. Qui êtes-vous?
VALÉRIO. Est-ce que je sais? *Il ôte lentement l'un après l'autre plusieurs masques.* Suis-je ceci? ou cela? ou cela? Vraiment ça me fait peur, je pourrais me peler et m'effeuiller comme ça tout entier.
PIERRE *embarrassé*. Mais — mais il faut bien que vous soyez quelque chose?
VALÉRIO. Si Votre Majesté l'ordonne. Mais, messieurs, retournez les miroirs, cachez un peu vos boutons dorés, et ne me regardez pas comme ça en m'obligeant à me refléter dans vos yeux, car je ne sais vraiment plus du tout ce que je suis au juste.
PIERRE. Cet homme me jette dans la confusion, dans la désespérance. Je suis dans un désarroi complet.
VALÉRIO. En vérité je voulais annoncer à cette haute et

honorée société que les deux automates[61] mondialement réputés sont arrivés, et que peut-être je suis le troisième et le plus remarquable des deux, si seulement je savais exactement qui je suis, ce qui ne devrait d'ailleurs surprendre personne, car je ne sais moi-même pas du tout de quoi je parle, que je ne sais même pas que je ne le sais pas, de sorte qu'il est très vraisemblable qu'on me fait parler ainsi, et que ce ne sont que des cylindres et des soufflets qui disent tout ça. *D'une voix vibrante.* Vous voyez là, mesdames et messieurs, deux personnes des deux sexes, un petit mâle et une petite femelle, un monsieur et une dame. Rien que de l'artifice et de la mécanique, rien que du carton-pâte et des ressorts d'horlogerie! Chacun a un ressort de rubis fin, fin, sous l'ongle du petit doigt du pied droit, on presse légèrement, et le mécanisme fonctionne pendant cinquante ans. Ces personnes sont si ingénieusement fabriquées qu'on ne pourrait les distinguer du reste des hommes, si l'on ne savait qu'elles sont en carton-pâte; on pourrait en faire des membres de la société humaine. Elles sont de condition élevée, car elles parlent le haut allemand. Elles sont très morales, car elles se lèvent au son de la cloche, mangent à midi au son de la cloche, vont se coucher au son de la cloche, elles ont aussi une bonne digestion, ce qui prouve une bonne conscience. Elles ont un sens raffiné des convenances car la dame n'a même pas de mot pour culotte, et le monsieur ne peut en aucun cas monter un escalier derrière une femme ou le descendre devant elle. Elles sont très cultivées, car la dame chante tous les nouveaux opéras[62], et le monsieur porte des manchettes. Faites bien attention, mesdames et messieurs, elles sont à présent à un stade intéressant, le mécanisme de l'amour commence à se manifester, le monsieur a porté plusieurs fois le châle de la dame, la dame a roulé les yeux et regardé le ciel. Ils ont déjà plusieurs fois chuchoté tous les deux : foi, charité, espérance[63]. Tous les deux paraissent déjà accordés

l'un à l'autre, il ne leur manque plus que le petit mot : amen.
PIERRE *mettant le doigt sur son nez*. En effigie ? En effigie[64] ? Président, si on pend un homme en effigie, est-ce que ce n'est pas aussi valable que de le pendre pour de bon ?
LE PRÉSIDENT. Excusez-moi, Votre Majesté, c'est encore bien mieux, puisqu'il ne subit aucun mal, et qu'il est quand même pendu.
PIERRE. Eh bien ça y est. Nous allons célébrer le mariage en effigie. *Désignant Léna et Léonce*. Voici la princesse, voici le prince. — Ma décision va s'exécuter, je vais me réjouir. Faites sonner les cloches, mettez au point vos compliments, et que ça saute, monsieur le prédicateur de la cour !

Le prédicateur de la cour s'avance, se râcle la gorge, jette plusieurs regards vers le ciel.

VALÉRIO. Vas-y ! Cesse tes maudites grimaces et commence ! Vas-y !
LE PRÉDICATEUR DE LA COUR *dans le plus grand embarras*. Si nous — ou bien — mais —
VALÉRIO. Attendu que, étant donné —
LE PRÉDICATEUR DE LA COUR. Car —
VALÉRIO. C'était avant la création du monde —
LE PRÉDICATEUR DE LA COUR. Puisque —
VALÉRIO. Dieu trouvait le temps long —
PIERRE. Soyez bref, mon cher.
LE PRÉDICATEUR DE LA COUR *se ressaisissant*. S'il plaît à Votre Altesse, le prince Léonce du royaume de Popo, et s'il plaît à Votre Altesse, la princesse Léna du royaume de Pipi, et s'il plaît à Vos Altesses de se vouloir l'un l'autre réciproquement et d'un accord mutuel, prononcez à haute et intelligible voix Oui.
LÉNA ET LÉONCE. Oui.
LE PRÉDICATEUR DE LA COUR. Alors je dis Amen.
VALÉRIO. Vite fait, bien fait ; ainsi seraient créés le petit homme et la petite femme[65], et tous les animaux du paradis les entourent.

Léonce ôte son masque.

TOUS. Le prince !

PIERRE. Le prince! Mon fils! Je suis perdu, je suis trompé! *Il se dirige vers la princesse.* Qui est cette personne? Je vais faire annuler tout ceci.
LA GOUVERNANTE *ôte son masque à la princesse, sur un ton triomphant.* La princesse!
LÉONCE. Léna?
LÉNA. Léonce?
LÉONCE. Ah Léna, je crois que c'était la fuite au paradis.
LÉNA. On m'a trompée.
LÉONCE. On m'a trompé.
LÉNA. Oh hasard!
LÉONCE. Oh Providence!
VALÉRIO. Ça me fait marrer, marrer. Vos Altesses se sont vraiment rencontrées par hasard, j'espère que ce sera un heureux hasard.
LA GOUVERNANTE. Dire que mes vieilles prunelles ont enfin pu voir cela! Un fils de roi errant! Maintenant je peux mourir tranquille.
PIERRE. Mes enfants, je suis ému, l'émotion me fait tourner la tête. Je suis le plus heureux des hommes! Je profite de l'occasion solennelle pour remettre le gouvernement entre tes mains, mon fils, et je vais me mettre à penser sans être dérangé. Mon fils, laisse-moi ces sages messieurs *il montre les conseillers d'État,* pour qu'ils me soutiennent dans mes efforts. Venez, messieurs, nous avons à penser, à penser sans être dérangés. *Il s'éloigne avec les conseillers.* Cet individu m'a tourneboulé, il faut que je reprenne mes esprits.
LÉONCE *à l'assistance.* Messieurs, mon épouse et moi regrettons infiniment que vous ayez dû rester si longtemps debout à notre service. Votre situation est si triste qu'à aucun prix nous ne voudrions mettre à l'épreuve plus longtemps votre constance. Rentrez à présent chez vous, mais n'oubliez pas vos discours, vos sermons et vos poèmes, car demain, en toute sérénité et dans la bonhomie, nous reprenons toute la plaisanterie depuis le début. Au revoir!

*Tous s'éloignent sauf Léonce,
Léna, Valério et la gouvernante.*

LÉONCE. Eh bien Léna, vois-tu comme nous avons les poches pleines de poupées et de jouets? Qu'allons-nous en faire, leur mettre des moustaches et leur pendre un sabre au côté? Ou bien leur enfiler un frac et leur faire pratiquer une politique et une diplomatie d'infusoires[66], et nous installer près d'eux avec un microscope? Ou bien désires-tu un orgue de Barbarie sur lequel trotteraient d'esthétiques musaraignes à la blancheur de lait? Construirons-nous un théâtre?

Léna se penche vers lui et secoue la tête.
Mais je sais bien ce que tu veux, nous ferons mettre en pièces toutes les horloges, interdire tous les calendriers, les heures et les mois seront calculés d'après l'heure florale, d'après la floraison et la fructification. Ensuite nous équiperons ce petit pays de miroirs ardents pour qu'il n'y ait plus d'hivers, pour nous distiller pendant l'été jusqu'à Ischia et Capri, et passer toute l'année entre les roses et les violettes, entre les orangers et les lauriers.

VALÉRIO. Et je serai ministre d'État, je prendrai un décret prescrivant que celui qui aura les mains calleuses, sera mis en tutelle; que celui qui se rendra malade à force de travail sera passible de peines criminelles; que quiconque se vantera de manger son pain à la sueur de son visage sera tenu pour fou et dangereux pour la société humaine; et puis nous nous coucherons à l'ombre et nous prierons Dieu qu'il nous accorde des macaronis, des melons et des figues, des gorges musicales, des corps classiques et une religion accommodante[67]!

WOYZECK

Version combinée

PERSONNAGES

FRANZ WOYZECK
MARIE
LE TAMBOUR-MAJOR
LE CAPITAINE
LE DOCTEUR
LE PROFESSEUR
LE FORAIN *devant une baraque*
ANDRES, *camarade de Woyzeck*
LA GRAND-MÈRE
KARL, *un idiot*
MARGRETH, *voisine de Marie*
KÄTHE, *une jeune fille au bal*
LE JUIF, *un brocanteur*
L'AUBERGISTE
UN SOUS-OFFICIER
UN EMPLOYÉ DU TRIBUNAL
PREMIER COMPAGNON
DEUXIÈME COMPAGNON
PREMIÈRE PERSONNE
DEUXIÈME PERSONNE
PREMIER ENFANT
DEUXIÈME ENFANT
TROISIÈME ENFANT
UN VIEIL HOMME
CHRISTIAN *l'enfant de Marie et de Woyzeck (âgé d'un an à peu près)*

UN MÉDECIN *attaché au tribunal*
UN JUGE

      Soldats, étudiants, passants.
         Un cheval de foire.

1.   CAMPAGNE. AU LOIN, LA VILLE

Woyzeck et Andres taillent des cannes[1] *dans le fourré.*

WOYZECK. Oui, Andres; tu vois la traînée dans l'herbe, là-bas? Le soir la tête roule, une fois il y en a un qui l'a ramassée, il croyait que c'était un hérisson. Trois jours et trois nuits, et pour finir, couché sur les copeaux. *Doucement.* Andres, c'était les francs-maçons, sûr, les francs-maçons[2]. Chut!

ANDRES *chante.*

    Deux lièvres ensemble étaient assis,
    Broutaient, broutaient les pissenlits...

WOYZECK. Chut! Quelque chose cogne!

ANDRES.

    Broutaient, broutaient les pissenlits
    Tout du long, jusqu'à la racine[3].

WOYZECK. Ça cogne, derrière moi, au-dessous de moi, *il trépigne sur le sol,* c'est creux, tu entends? Tout est creux là-dessous. Les francs-maçons!

ANDRES. Ça me fait peur.

WOYZECK. C'est louche ce silence. On voudrait retenir son souffle. Andres!

ANDRES. Quoi?

WOYZECK. Dis quelque chose! *Il regarde fixement le paysage.* Andres! Comme il fait clair! Un feu tournoie dans le ciel, il vient de là-haut comme un fracas de trompettes[4]. Comme ça monte! Allons-nous-en. Ne regarde pas derrière toi. *Il l'entraîne dans les fourrés.*

ANDRES *après une pause.* Tu entends encore?

WOYZECK. Rien, rien que le silence, comme si le monde était mort.

ANDRES. Entends-tu? Le tambour en ville. C'est le couvre-feu. Il faut partir.

2. MARIE À LA FENÊTRE AVEC SON ENFANT. MARGRETH.

Le couvre-feu passe, le tambour-major en tête.

MARIE, *berçant l'enfant dans ses bras.* Hé, môme! Rataplan, plan, plan! T'entends? Ils arrivent.

MARGRETH. En voilà un homme, comme un arbre.

MARIE. Il est planté sur ses pieds comme un lion.
Le tambour-major les salue.

MARGRETH. Ah, quels yeux doux, madame la voisine, on n'a pas l'habitude avec vous.

MARIE *chante*

> Oui, les soldats
> Sont de beaux gars.

MARGRETH. Vos yeux sont encore tout brillants.

MARIE. Et alors? Portez vos yeux chez le juif pour qu'il les astique, peut-être qu'ils brilleraient encore et qu'on pourrait les vendre pour deux boutons.

MARGRETH. Quoi? Qu'est-ce que vous... Madame la pucelle, moi, je suis une honnête femme, mais vous, vos yeux passeraient à travers sept culottes de peau.

MARIE. Charogne! *Elle ferme la fenêtre.* Viens, mon petit. Qu'est-ce qu'ils me veulent, tous? Tu n'es qu'un pauvre enfant de putain et tu fais pourtant la joie de ta mère avec ta bouille de crapule. Rataplan!
Elle chante.

> La fille, que vas-tu faire à présent?
> T'as pas d'mari, juste un petit enfant.
> Je pourrais bien chanter la nuit entière
> Dodo, l'enfant do, dors bien mon petiot,
>   Sans finir pour ça ma misère.
>
> Attelle tes six pommelés, Jeannot,
> Mais nourris-les d'une façon nouvelle,
> Pas d'avoine à manger, de l'eau jamais,
> Rien que du vin bien frais, hourra,
>   Rien d'autre que du vin bien frais [5].

On frappe à la fenêtre.

MARIE. Qui est là? C'est toi, Franz? Entre!
WOYZECK. Peux pas. Faut qu'j'aille à l'appel.
MARIE. Qu'est-ce que t'as, Franz?
WOYZECK *mystérieusement*. Marie, il y avait encore quelque chose, beaucoup de choses, n'est-il pas écrit : et voici qu'une fumée s'éleva du sol, comme la fumée d'un poêle [6]?
MARIE. Mon homme!
WOYZECK. Ça m'a suivi jusque devant la ville. Qu'est-ce que ça va donner?
MARIE. Franz!
WOYZECK. Il faut que je m'en aille. *Il s'en va.*
MARIE. Quel homme! La tête toute chamboulée. Il n'a même pas regardé son enfant. Il recommence avec ses idées de cinglé. Pourquoi tu ne dis rien, bébé? Tu as peur? Il fait si noir, on se fait l'effet d'être aveugle. D'habitude la lanterne nous éclaire à l'intérieur. *Elle sort.* Je n'y tiens plus. J'en ai des frissons.

3.   BARAQUES. LUMIÈRES. PEUPLE

UN VIEIL HOMME, *avec un enfant qui danse. Il chante :*

> En ce bas monde rien ne dure
> Tous un jour nous devrons mourir
> C'est une vérité bien dure [7]!

WOYZECK. Hé! Hop-là! Pauvre vieil homme! Pauvre jeune enfant! Hé Marie, est-ce qu'il faut que je te porte ? Il faut qu'un homme [travaille] pour pouvoir manger. Le monde est fou ! Le monde est beau !

LE FORAIN *devant une baraque*. Mesdames, messieurs, ici on peut voir le cheval astronomique et les petits oiseaux des Canailleries[8], chouchous de tous les princes d'Europe et membres de toutes les sociétés savantes, ils peuvent dire à chacun quel est son âge, combien il a d'enfants, de quelle maladie il souffre, il tire au pistolet[9], il se tient sur une jambe. Affaire d'éducation : il a une intelligence bestiale, ou plutôt une bestialité tout à fait intelligente, ce n'est pas un individu d'une bêtise animale comme tant de gens, l'honorable public mis à part. Entrez. Ça va être la raprrésentation. Le commencement du commencement[10] va débuter dans un instant. Mesdames ! Messieurs ! Voyez la créature, telle que Dieu l'a faite : ce n'est rien, rien du tout[11]. Voyez à présent l'effet de l'art, elle marche, elle porte veste et culotte, elle a un sabre ! Voyez les progrès de la civilisation. Tout progresse, un cheval, un singe, un canailleri ! Le singe est déjà soldat, ce n'est pas encore grand-chose, le plus bas degré de l'espèce humaine ! Début de la raprrésentation ! C'est le début du début.

WOYZECK. Tu as envie ?

MARIE. Si tu veux. Il doit y avoir de belles choses. Il en a des chamarrures, le bonhomme, et la femme porte culotte.

4.   UN SOUS-OFFICIER. LE TAMBOUR-MAJOR

LE SOUS-OFFICIER. Halte ! Tu la vois ? Un beau brin de fille !

LE TAMBOUR-MAJOR. Par le diable ! De quoi engendrer des régiments de cuirassiers et un élevage de tambours-majors.

LE SOUS-OFFICIER. Comme elle tient sa tête, on pense que ses cheveux noirs devraient la tirer en arrière, à cause de leur poids, et quels yeux noirs...

LE TAMBOUR-MAJOR. Comme si on regardait au fond

d'un puits ou le dedans d'une cheminée. Allez, on entre derrière elle.
MARIE. Toutes ces lumières !
WOYZECK. Oui..., un grand chat noir avec des yeux de feu. Ah, quelle soirée !

5.   L'INTÉRIEUR DE LA BARAQUE

LE FORAIN *(avec un cheval dressé)* Montre tes talents ! Montre ton intelligence bestiale ! Fais honte à la société humaine ! Messieurs, cet animal que vous voyez là, une queue attachée au corps, avec ses quatre sabots, est membre de toutes les sociétés savantes, est professeur à notre université, où les étudiants apprennent auprès de lui l'équitation et le combat à l'arme blanche[12]. Ça, c'était la raison simple ! Pense maintenant, avec la raison double[13]. Qu'est-ce que tu fais quand tu penses avec la raison double ? Y a-t-il ici dans la société savante un âne ? *Le cheval secoue la tête.*
Vous la voyez, la raison double ? C'est de la bestionomique[14]. Ce n'est pas un individu à la bêtise bestiale, c'est une personne ! Un homme, un homme animal, et pourtant un bestiau, une bête. *Le cheval se comporte de manière inconvenante.*
C'est ça, fais honte à la société ! Voyez-vous, la bête brute est encore nature, une nature non corrompue[15] ! Apprenez auprès de lui. Demandez au médecin, c'est tout à fait nuisible ! On a dit à l'homme : sois naturel. Tu as été fait de poussière, de sable, d'ordure. Veux-tu être plus que poussière, sable, ordure ? Voyez l'intelligence, il sait calculer sans compter sur ses doigts, pourquoi ? Il lui manque seulement de communiquer, de s'exprimer, c'est un homme transformé ! Dis à ces messieurs quelle heure il est. Qui parmi ces messieurs-dames possède une montre, une montre ?
LE SOUS-OFFICIER. Une montre ! *Avec un geste majestueux et compassé il tire une montre de sa poche.* Voilà, monsieur.

MARIE. Je veux voir ça. *Elle grimpe à la première place. Le tambour-major l'aide.*

6.   MARIE *seule*.

MARIE. L'autre lui a ordonné et il a dû s'en aller. Ha! Un homme devant un autre.

7.   LA COUR DU PROFESSEUR

Des étudiants et le docteur en bas, le professeur à la fenêtre d'une mansarde.

LE PROFESSEUR. Messieurs, je suis sur le toit, comme David quand il vit Bethsabée[16]; mais je ne vois que les tournures[17] du pensionnat de jeunes filles sécher dans le jardin. Messieurs nous en sommes à l'importante question du rapport du sujet à l'objet. Si nous prenons une seule des choses où se manifeste l'auto-affirmation organique du divin à un niveau si élevé, et si nous enquêtons sur son rapport à l'espace, à la terre, au système planétaire, messieurs, si je jette ce chat par la fenêtre, comment cette entité va-t-elle se comporter vis-à-vis du *centrum gravitationis*[18] et de son propre instinct? Hé Woyzeck *il braille* Woyzeck!

WOYZECK. Monsieur le professeur, il mord.

LE PROFESSEUR. Andouille! Il traite cette bête avec tendresse comme si c'était sa grand-mère.

WOYZECK. Monsieur le docteur, j'ai des tremblements.

LE PROFESSEUR *tout réjoui*. Bon, bon, Woyzeck. *Il se frotte les mains et prend le chat.* Mais que vois-je, messieurs, une nouvelle variété de pou du lièvre, une très jolie variété, très différente, enfoncé, monsieur le docteur *il sort une loupe* Ricinus[19], messieurs! *Le chat s'enfuit.* Messieurs, l'animal n'a pas d'instinct scientifique.

LE PROFESSEUR. Ricinus! Montez-moi les plus beaux spécimens, apportez vos cols de fourrure.

LE DOCTEUR. Messieurs, en contrepartie vous pouvez voir autre chose, voyez, cet homme depuis un trimestre ne mange que des pois, constatez l'effet, sentez comme le pouls est irrégulier, et puis regardez les yeux.
WOYZECK. Monsieur le docteur, je n'y vois plus clair. *Il s'assoit.*
LE DOCTEUR. Courage! Woyzeck encore quelques jours et puis ce sera fini, sentez, messieurs, sentez. *Ils lui tâtent les tempes, le pouls et la poitrine.*
À propos, Woyzeck, remue donc un peu les oreilles pour ces messieurs[20], je voulais leur montrer. Deux muscles sont actifs chez lui. Allons, ça vient?
WOYZECK. Mais, monsieur le docteur!
LE DOCTEUR. Animal, est-ce qu'il faut que moi je te les remue, les oreilles, veux-tu faire comme le chat! Voilà, messieurs, il existe des transitions vers l'âne, souvent la conséquence d'une éducation féminine et de la langue maternelle. Combien ta mère t'a-t-elle déjà arraché de cheveux pour le souvenir, par tendresse? Ils sont devenus tout fins depuis quelques jours, à cause des pois, messieurs[21].

8. MARIE

assise, son enfant dans les bras, un bout de miroir à la main[22].

MARIE *se regardant dans la glace.* Comme ces pierres brillent! Comment les appelle-t-on? Qu'est-ce qu'il a dit? — Dors, petit! Ferme bien tes yeux.
L'enfant cache ses yeux derrière ses mains.
Encore plus fort, reste comme ça, très sage, sinon il va venir te chercher.
Elle chante.

    La fille, ferme bien ton huis,
    Sinon le Tzigane viendra
    Et par la main te conduira
    Là-bas bien loin dans son pays[23].

Elle se regarde à nouveau dans le miroir. C'est sûrement de l'or! Nous autres, on a juste un petit coin sur la terre et un bout de miroir, j'ai pourtant la bouche aussi rouge que les grandes madames avec leurs glaces de haut en bas et les beaux messieurs qui leur baisent la main, et je ne suis qu'une pauvre femme.
L'enfant se met debout.
Sage, mon petit, ferme les yeux, voilà le petit ange du sommeil, il court sur le mur, *elle fait des reflets avec le miroir,* ferme les yeux, sans ça il enfoncera son regard dans tes yeux jusqu'à ce que tu deviennes aveugle.
Woyzeck entre derrière elle. Elle porte les mains à ses oreilles

WOYZECK. Qu'est-ce que tu as?
MARIE. Rien.
WOYZECK. Ça brille, là, sous tes doigts.
MARIE. Une boucle d'oreille, je l'ai trouvée.
WOYZECK. Moi, j'ai jamais rien trouvé de pareil. Deux d'un coup.
MARIE. Est-ce que je suis une putain[24]?
WOYZECK. Ça va, Marie. — Comme il dort, ce petit. Prends-le sous les bras, la chaise le gêne. Il a des gouttes de sueur sur le front. Le travail est partout sous le soleil, on sue même en dormant. Pauvres gens que nous sommes[25]! Tiens, voilà encore de l'argent, Marie, la solde et quelque chose de mon capitaine.
MARIE. Dieu te le rendra, Franz.
WOYZECK. Il faut que je m'en aille. À ce soir, Marie. Adieu.
MARIE *seule, après une pause.* Je suis quand même une mauvaise créature. Je pourrais me flanquer un coup de couteau. — Ah, quel monde! Tout va au diable, les hommes et les femmes.

9.   LE CAPITAINE. WOYZECK.

Le capitaine est assis sur une chaise, Woyzeck le rase.

LE CAPITAINE. Doucement, Woyzeck, doucement ; une chose après l'autre. Tu me donnes le vertige. Qu'est-ce que je vais faire des dix minutes que tu as gagnées en finissant trop tôt ? Woyzeck, penses-y, tu as encore bien trente ans à vivre, trente ans ! Ça fait trois cent soixante mois, et des jours, et des heures, et des minutes ! Qu'est-ce que tu veux faire de cette énorme masse de temps ? Il faut la répartir, Woyzeck.
WOYZECK. Oui, mon capitaine.
LE CAPITAINE. Je suis très inquiet pour le monde quand je pense à l'éternité. Les occupations, Woyzeck, les occupations ! Mais éternel, ça veut dire éternel, éternel, tu saisis ? tandis que maintenant, justement ce n'est pas éternel et c'est un instant, oui, un instant Woyzeck, ça me fait frissonner quand je pense que le monde tourne en un jour, quel gaspillage de temps, où ça nous mène ? Woyzeck, je ne peux plus voir une roue de moulin, ça me déprime.
WOYZECK. Oui, mon capitaine.
LE CAPITAINE. Woyzeck, tu as toujours l'air d'être traqué. Un honnête homme n'est pas comme ça, un honnête homme qui a une bonne conscience. Parle donc, Woyzeck. Quel temps fait-il ?
WOYZECK. Mauvais, mon capitaine, mauvais ; du vent.
LE CAPITAINE. Je le sens bien, quelque chose passe à toute vitesse dehors ; ce vent-là me fait l'effet d'une souris. *Malicieux.* J'ai l'impression que nous avons un vent de sud-nord.
WOYZECK. Oui, mon capitaine.
LE CAPITAINE. Ha ! ha ! ha ! Sud-nord ! Ha ! ha ! ha ! Oh qu'il est bête, affreusement bête. *Attendri.* Woyzeck, tu es un brave homme, un brave homme — mais *avec dignité* Woyzeck, tu n'as pas de morale ! La morale c'est quand on se conduit moralement, tu comprends. C'est un mot qui compte. Tu as un

enfant sans la bénédiction de l'Église, comme dit notre respectable aumônier de garnison, sans la bénédiction de l'Église, ce n'est pas de moi.

WOYZECK. Mon capitaine, le bon Dieu ne va pas se demander si on a dit amen sur le pauvre vermisseau avant qu'il n'ait été fait. Le Seigneur a dit : laissez venir à moi les tout petits[26].

LE CAPITAINE. Qu'est-ce que tu dis ? En voilà une drôle de réponse ! Elle me trouble complètement l'esprit. Et quand je dis elle, c'est de toi, de toi qu'il s'agit.

WOYZECK. Pauvres gens que nous sommes[27]. Voyez-vous, mon capitaine, l'argent, toujours l'argent. Celui qui n'a pas d'argent, qu'il essaie un peu de s'en remettre à la morale en ce monde. On est aussi de chair et de sang. Nous autres, on est malheureux dans ce monde et dans l'autre, je crois que si on allait au ciel on devrait aider à fabriquer le tonnerre[28].

LE CAPITAINE. Woyzeck tu n'as pas de vertu, tu n'es pas un homme vertueux. Chair et sang ? Quand je suis à la fenêtre, qu'il a plu et que je vois les chaussettes blanches sautiller dans la rue, bon sang, Woyzeck, alors j'ai envie de faire l'amour. Moi aussi, je suis fait de chair et de sang. Mais, Woyzeck, la vertu, la vertu ! Alors comment passer le temps ? Je me dis toujours : tu es un homme vertueux, *ému*, un honnête homme, un honnête homme.

WOYZECK. Oui, mon capitaine, la vertu ! Je ne sais pas encore ce que c'est. Voyez-vous, nous les petites gens, on n'a pas de vertu, c'est la nature qui nous pousse[29], mais si j'étais un monsieur avec un chapeau, une montre, une redingote, si j'avais appris à bien parler, alors j'aimerais bien être vertueux. Mais je suis un pauvre diable.

LE CAPITAINE. Bien Woyzeck. Tu es un brave homme, un brave homme. Mais tu penses trop, ça te travaille, tu as toujours l'air d'être traqué. Ce dialogue m'a complètement vidé. Va-t'en maintenant et ne cours pas comme ça ; descends la rue dou-ce-ment.

10.   MARIE. LE TAMBOUR-MAJOR

LE TAMBOUR-MAJOR. Marie!
MARIE *le regardant avec expression.* Marche un peu. La poitrine velue comme un taureau et une barbe comme un lion... Il n'y en pas deux comme toi... Je suis fière entre toutes les femmes.
LE TAMBOUR-MAJOR. Et si tu me voyais le dimanche avec le grand plumet et les gants blancs, tonnerre, Marie, le prince dit toujours : celui-là, c'est un homme!.
MARIE *railleuse.* Ah, vraiment? *Passant devant lui.* Quel homme!
LE TAMBOUR-MAJOR. Et toi, tu es aussi une belle fille. Sapristi, nous allons créer un élevage de tambours-majors. Hein? *Il la prend par la taille.*
MARIE *contrariée.* Laisse-moi!
LE TAMBOUR-MAJOR. Bête sauvage.
MARIE *violemment.* Essaie de me toucher!
LE TAMBOUR-MAJOR. C'est le diable qui regarde par tes yeux?
MARIE. Je m'en fiche. C'est du pareil au même.

11.   WOYZECK. LE DOCTEUR

LE DOCTEUR. Qu'est-ce que j'apprends, Woyzeck? Je te croyais un homme de parole.
WOYZECK. Et quoi donc, monsieur le docteur?
LE DOCTEUR. J'ai vu, Woyzeck : tu as pissé dans la rue, pissé contre le mur comme un chien. Et je t'ai donné deux groschen par jour. Woyzeck, c'est mauvais. Le monde devient mauvais, très mauvais.
WOYZECK. Mais monsieur le docteur, si c'est la nature qui vous pousse.
LE DOCTEUR. La nature pousse, la nature pousse! La nature! Est-ce que je n'ai pas montré que le *musculus constrictor vesicæ* [30] est soumis à la volonté? La nature! Woyzeck, l'homme est libre, en l'homme l'individualité se transfigure en liberté [31]. On ne peut pas retenir son urine!? *Il secoue la tête, et se met à*

déambuler, les mains derrière le dos. Est-ce que tu as mangé tes pois, Woyzeck? — Ça va faire une révolution dans la science, je vais la faire exploser. Urée 0,10, chlorure d'ammonium, hyperoxydule[32]. Woyzeck, tu n'as pas encore envie de pisser? Entre là et essaie un peu.

WOYZECK. J'peux pas, monsieur le docteur.

LE DOCTEUR *irrité*. Mais pisser contre le mur! Je l'ai par écrit, le contrat. Je t'ai vu, de mes yeux vu, j'avais justement mis le nez à la fenêtre pour laisser entrer les rayons du soleil et observer l'éternuement. *Avançant vers lui.* Non, Woyzeck, je ne me fâche pas, la colère est nuisible à la santé et antiscientifique. Je suis calme, tout à fait calme, mon pouls fait son 60 comme d'habitude et je te parle avec un parfait sang-froid. Que Dieu préserve celui qui se met en colère contre un homme, contre une créature humaine! Si encore c'était un protée[33] qui vous crève entre les doigts! Mais toi, tu n'aurais pas dû pisser contre le mur.

WOYZECK. Voyez-vous, monsieur le docteur, on a parfois son caractère, sa structure[34]. Mais avec la nature il en va autrement, voyez-vous avec la nature *il fait craquer ses doigts* c'est quelque chose, comment dirais-je, par exemple...

LE DOCTEUR. Woyzeck, tu recommences à philosopher.

WOYZECK *confidentiellement*. Monsieur le docteur, avez-vous déjà aperçu quelque chose de la double nature? Quand le soleil indique midi et que le monde a l'air de s'embraser, une voix terrible m'a déjà parlé!

LE DOCTEUR. Woyzeck, tu souffres d'*aberratio*.

WOYZECK *pose un doigt contre son nez*. Les champignons, monsieur le docteur. C'est là, c'est là que ça se tient. Avez-vous déjà remarqué quelles figures dessinent les champignons sur le sol? Si on pouvait les lire[35].

LE DOCTEUR. Woyzeck, tu fais une superbe *aberratio mentalis partialis*[36], deuxième catégorie, joliment

caractérisée. Woyzeck, tu auras un supplément. Deuxième catégorie, idée fixe, état mental généralement satisfaisant. Tu fais tout comme d'habitude, tu rases ton capitaine ?
WOYZECK. Mais oui.
LE DOCTEUR. Tu manges tes pois ?
WOYZECK. Toujours comme il faut, monsieur le docteur. Je donne l'argent à ma femme pour le ménage.
LE DOCTEUR. Tu fais ton service ?
WOYZECK. Oui.
LE DOCTEUR. Un cas intéressant. Sujet Woyzeck, tu auras un supplément. Conduis-toi correctement. Donne voir ton pouls ! Voilà.

12.   LE CAPITAINE. LE DOCTEUR

LE CAPITAINE. Docteur, les chevaux me plongent dans l'angoisse : quand je pense que les pauvres bêtes doivent aller à pied. Ne courez pas ainsi. Ne faites pas ces moulinets avec votre canne. C'est la mort que vous traquez avec cette ardeur. Un honnête homme, qui a une bonne conscience, ne court pas si vite. Un honnête homme. *Il attrape le docteur par son habit.* Docteur, permettez-moi de sauver une vie d'homme, vous foncez tellement... Docteur, je suis si mélancolique, j'ai quelque chose d'irréaliste, il faut toujours que je pleure quand je vois mon habit pendu au mur, c'est là que je le range.
LE DOCTEUR. Hum ! Bouffi, gras, le cou épais, constitution apoplectique. Oui, capitaine, vous risquez une *apoplexia cerebralis*[37]. Mais vous pourriez être frappé d'un seul côté, et rester paralysé de ce côté-là, ou bien dans le meilleur des cas être atteint de paralysie cérébrale et mener une vie végétative, voilà à peu près vos perspectives pour les quatre semaines à venir. Du reste je peux vous assurer que vous serez parmi les cas intéressants et si Dieu veut que votre langue soit partiellement paralysée, nous ferons les expériences les plus immortelles[38].
LE CAPITAINE. Docteur ne m'épouvantez pas, des gens

sont morts de terreur, de pure et simple terreur. Je vois déjà les gens avec des citrons dans les mains[39], mais ils diront, c'était un brave homme, un brave homme — clou de cercueil du diable.

LE DOCTEUR *tient son chapeau devant lui.* Et ça, qu'est-ce que c'est, capitaine ? Une tête vide !

LE CAPITAINE *fait un pli dans le chapeau.* Et ça, qu'est-ce que c'est, docteur ? La sim-*pli*-cité.

LE DOCTEUR. J'ai bien l'honneur, très respectable queue de cheval.

LE CAPITAINE. Pareillement, très cher clou de cercueil[40].

Ils s'en vont chacun de son côté. Woyzeck veut passer en courant.

LE CAPITAINE. Eh Woyzeck, pourquoi passer si vite devant nous ? Reste donc, Woyzeck, au lieu de courir comme un rasoir ouvert à travers le monde, on pourrait s'y couper, tu cours comme si tu avais un régiment de cosaques à raser et si tu devais être pendu dans un quart d'heure à cause du dernier poil — mais à propos des longues barbes, qu'est-ce que je voulais dire ? Woyzeck — les longues barbes[41]...

LE DOCTEUR. Pline[42] disait déjà qu'il fallait déshabituer les soldats de porter une longue barbe sous le menton.

LE CAPITAINE *poursuivant.* Ah, à propos des longues barbes... Eh bien Woyzeck, n'as-tu pas déjà trouvé un poil de barbe dans ton assiette ? Hein, tu me comprends, un poil d'homme, de la barbe d'un sapeur, d'un sous-officier, d'un — d'un tambour-major ? Hein Woyzeck ? Mais toi tu as une femme sérieuse. Elle n'est pas comme les autres.

WOYZECK. Oui, que voulez-vous dire, mon capitaine ?

LE CAPITAINE. Quelle figure il fait ! Il peut se trouver ailleurs que dans la soupe, et si tu te dépêches en tournant le coin de la rue, tu peux peut-être en trouver un autre sur une paire de lèvres, une paire de lèvres, Woyzeck, moi aussi j'ai connu l'amour, Woyzeck. Mais tu es blanc comme la craie.

WOYZECK. Mon capitaine, je suis un pauvre diable, je n'ai rien d'autre au monde. Mon capitaine, si vous voulez vous moquer de moi...

LE CAPITAINE. Me moquer, tu vas voir si je me moque, animal !

LE DOCTEUR. Ton pouls, Woyzeck, ton pouls, il est faible, dur, sautillant, irrégulier.

WOYZECK. Mon capitaine, la terre est chaude comme l'enfer, et moi je suis glacé, glacé, l'enfer est froid, voulez-vous parier ? Impossible, nom de nom ! Impossible !

LE CAPITAINE. Dis donc, veux-tu qu'on te fusille, veux-tu quelques balles dans la tête ? Tu me poignardes avec tes yeux alors que moi, je te veux du bien, parce que tu es un brave homme, Woyzeck, un brave homme.

LE DOCTEUR. Muscles du visage rigides, tendus, parfois saccadés, attitude raide, tendue.

WOYZECK. Je m'en vais ! Bien des choses sont possibles à l'être humain, bien des choses. Il fait beau temps, mon capitaine. Vous voyez, un ciel comme celui-là, bien solide, on aurait envie d'y enfoncer un clou et de s'y pendre, rien qu'à cause du tiret entre oui et non, oui — et non, mon capitaine, oui et non ? Est-ce que le oui est la faute du non, ou le non la faute du oui ? Je vais y réfléchir. *Il s'en va à grandes enjambées, d'abord lentement puis de plus en plus vite.*

LE DOCTEUR *fonce à sa poursuite*. Tu es un phénomène, Woyzeck, tu auras une prime.

LE CAPITAINE. Ils me donnent le tournis, ces deux-là, quelle vitesse, le grand échalas allonge la foulée, on dirait l'ombre d'une patte d'araignée, et le petit trotte derrière. Le long, c'est l'éclair et le petit, le tonnerre. Ha, ha, à la traîne. Je n'aime pas ça ! Un honnête homme est reconnaissant et aime sa vie, un honnête homme n'a pas de courage, une crapule en a, du courage ! Je suis allé à la guerre seulement pour me fortifier dans mon amour de la vie... mais de là au courage, comment peut-on avoir une pareille idée, grotesque ! grotesque !

13. MARIE. WOYZECK.

WOYZECK *la regarde fixement et secoue la tête.* Hum! Je ne vois rien, je ne vois rien. Oh, ça devrait se voir, ça devrait se prendre avec les poings.

MARIE *intimidée.* Qu'est-ce que tu as, Franz? Tu as l'air d'un fou furieux, Franz.

WOYZECK. Un péché si gros et si large. Il pue, à empester les petits anges et les faire fuir du paradis. Tu as une bouche rouge, Marie. Pas d'ampoules dessus? Adieu, Marie, tu es belle comme le péché. Est-ce que le péché mortel peut être aussi beau?

MARIE. Franz, tu parles dans la fièvre.

WOYZECK. Par le diable! Est-ce qu'il était là, oui ou non?

MARIE. Le jour est long, le monde est vieux, aussi beaucoup de gens peuvent se trouver au même endroit, l'un après l'autre.

WOYZECK. Je l'ai vu.

MARIE. On peut voir bien des choses quand on a deux yeux, qu'on n'est pas aveugle et que le soleil brille.

WOYZECK. Tu vas voir.

MARIE *insolemment.* Et après?

14. LE CORPS DE GARDE

Woyzeck. Andres.

ANDRES *chante :*

> Chez l'aubergiste la servante
> Reste au jardin la nuit, le jour,
> Reste au jardin, pense à l'amour...

WOYZECK. Andres!

ANDRES. Oui?

WOYZECK. Beau temps.

ANDRES. Temps de dimanche, et musique aux portes de la ville. Les filles sont parties en avant, les hommes sont en nage, tout va bien.

WOYZECK *inquiet.* La danse, Andres, ils dansent.

ANDRES. Au Cheval blanc et à l'Étoile.
WOYZECK. La danse, la danse.
ANDRES. Ça m'est égal.

>   Au jardin elle reste assise,
>   Attend minuit, l'heure précise
>   Où vont venir les militaires[43].

WOYZECK. Andres, je n'ai plus de repos.
ANDRES. Fou que tu es!
WOYZECK. Faut que je sorte. Ça tourne devant mes yeux. La danse. La danse. Quelles mains chaudes ils ont. Bon Dieu, Andres!
ANDRES. Qu'est-ce que tu veux?
WOYZECK. Faut que j'y aille.
ANDRES. Retrouver cette créature.
WOYZECK. Faut que je sorte, fait trop chaud ici.

15.   L'AUBERGE

Fenêtres ouvertes. Danse. Bancs devant la maison. Jeunes gars.

PREMIER COMPAGNON.

>   J'ai la chemise d'un autre dessus le dos
>   Et j'ai l'âme qui pue, qui pue le calvados[44]...

DEUXIÈME COMPAGNON. Frère, veux-tu que par amitié je te fasse un trou dans la nature? Allons-y! Je veux faire un trou dans la nature. Je suis un costaud, moi aussi, tu sais, je vais lui zigouiller toutes les puces sur le corps.
PREMIER COMPAGNON. Mon âme, mon âme pue la gnôle. Même l'argent tourne en pourriture. Les myosotis! Comme ce monde est beau! Frère, je pourrais chialer à remplir une citerne. Je voudrais que nos nez soient deux bouteilles pour nous les vider dans le gosier l'un de l'autre.

> *Woyzeck se place près de la fenêtre. Marie et le tambour-major passent devant lui en dansant, sans le remarquer.*

LES AUTRES en chœur :
> Un chasseur du Palatinat
> Dans la forêt verte un jour passe
> Halli, hallo, la belle chasse,
> Toute la lande à parcourir,
> Chasser par ici, quel plaisir[45] !

MARIE *passe en dansant*. Encore et encore !

WOYZECK *suffoquant*. Encore et encore ! *Se dressant brusquement et retombant sur le banc* encore et encore, *se tordant les mains*. Tournez, roulez. Pourquoi Dieu n'éteint-il pas le soleil pour que tout se roule pêle-mêle dans la luxure, homme et femme, homme et bête ? Ils font ça en plein jour, ils vous le feraient sur les mains, comme les mouches[46]. Femelle. Elle est en chaleur, en chaleur, la femelle ! Encore et encore. *Il se dresse*. Ce mec, comme il la serre, tout contre son corps, lui, il est avec elle comme moi au commencement !

PREMIER COMPAGNON *prêche, monté sur la table*. Cependant lorsqu'un voyageur, penché au-dessus du fleuve Temps, ou quand la sagesse divine se pose des questions à elle-même : qu'est-ce que l'homme, pourquoi l'homme existe-t-il ? Mais je vous le dis en vérité, de quoi auraient pu vivre le laboureur, le tonnelier, le cordonnier, le médecin, si Dieu n'avait pas créé l'homme ? De quoi aurait pu vivre le tailleur, si Dieu n'avait pas inculqué en l'homme le sentiment de la pudeur, ou le soldat, si Dieu ne l'avait pas muni du besoin de s'entre-tuer ? N'en doutez pas, tout ça est agréable et délicat, mais ce qui est terrestre est vanité, même l'argent est sujet à la corruption. Et pour conclure, mes chers auditeurs, faisons une croix et pissons par-dessus pour faire mourir un juif[47].

16. PLEIN AIR

WOYZECK. Encore et encore ! Ça suffit, la musique ! *Il s'allonge sur le sol*. Hein, quoi ? qu'est-ce que vous dites ? Plus fort, plus fort, — frappe, frappe à mort la chèvre-louve ? Frappe, frappe à mort la chèvre-louve. Je dois le faire ? Il faut le faire ? Est-ce qu'on me le dit par là aussi, est-ce que le vent aussi le dit ? Je l'entends encore et encore, vas-y, frappe à mort, à mort.

17.   LA NUIT

Andres et Woyzeck dans le même lit.

WOYZECK *secoue Andres.* Andres ! Andres ! Je ne peux pas dormir, quand je ferme les yeux, ça tourne toujours et j'entends les violons, encore et encore. Ensuite ça parle depuis le mur, tu n'entends pas ?
ANDRES. Oui, — laisse-les danser ! Que Dieu nous garde, amen. *Il se rendort.*
WOYZECK. Je sens comme un couteau me passer entre les yeux.
ANDRES. Bois du schnaps avec de la poudre dedans, ça coupe la fièvre.

18.   COUR DE LA CASERNE

WOYZECK. T'as rien entendu ?
ANDRES. Il est passé là avec un camarade.
WOYZECK. Il a dit quelque chose.
ANDRES. D'où le sais-tu ? Qu'est-ce que je peux dire. Bon, il a ri et puis il a dit : un beau brin de femme ! Elle a des épaules et tout le reste si solide !
WOYZECK *très froid* : Alors il a dit ça ? De quoi j'ai rêvé cette nuit ? C'était pas d'un couteau ? Quels rêves de cinglé on fait.
ANDRES. Où vas-tu, camarade ?
WOYZECK. Chercher du vin pour mon capitaine. Mais Andres, c'était une fille unique en son genre.
ANDRES. Pourquoi c'était ?
WOYZECK. Pour rien. Adieu.

19.   L'AUBERGE

Le tambour-major. Woyzeck. Des gens.

LE TAMBOUR-MAJOR. Je suis un homme! *Il se frappe la poitrine.* Un homme, je vous dis. Il y en a un qui veut quelque chose? Celui qui s'est pas bourré comme un dieu, qu'il me laisse tranquille. Je lui enfoncerai le nez dans le trou du cul. Je veux — *à Woyzeck* allons, mon gars, bois un coup, l'homme doit boire, je voudrais que le monde ne soit que schnaps, schnaps.

WOYZECK *siffle.*

LE TAMBOUR-MAJOR. Mec, est-ce que je vais te tirer la langue de la caboche et te l'enrouler autour du corps? *Ils luttent. Woyzeck a le dessous.*
Veux-tu que je te laisse autant de souffle qu'un pet de vieille femme, hein, tu veux?

WOYZECK *épuisé, tremblant, s'assoit sur le banc.*

LE TAMBOUR-MAJOR. Ça lui apprendra à la ramener[48].

L'eau-d'-vie, voilà toute ma vie
L'eau-d'-vie ça donne du courage!

UNE FEMME. Il a son compte.
UNE AUTRE. Il saigne.
WOYZECK. Une chose après l'autre.

20.   WOYZECK. LE JUIF

WOYZECK. Le pistolet est trop cher.
LE JUIF. Vous le prenez ou vous ne le prenez pas?
WOYZECK. Le couteau, combien il coûte?
LE JUIF. Complet, bien droit. Vous voulez vous couper le cou avec, c'est ça? Je vous le fais aussi bon marché qu'à un autre, vous avez droit à une mort bon marché, mais quand même pas gratis. Alors? Vous aurez une mort économique.
WOYZECK. Ça peut couper autre chose que du pain.
LE JUIF. Deux groschen.
WOYZECK. Voilà! *Il sort.*

LE JUIF. Voilà! Comme si c'était rien. Ça fait tout de même de l'argent. Le chien.

21. MARIE. L'ENFANT. KARL.

MARIE *feuillette la Bible*. « Dans sa bouche il ne s'est point trouvé de fraude[49]. » Seigneur, Seigneur! Ne me regarde pas. *Elle continue de feuilleter*. « Alors les pharisiens lui amenèrent une femme surprise en adultère et la placèrent au milieu du peuple. Mais Jésus dit : Je ne te condamne pas non plus. Va et ne pèche plus[50]. » *Elle se tord les mains*. Seigneur! Seigneur! Je ne peux pas. Donne-moi au moins de pouvoir prier.
L'enfant se serre contre elle.
L'enfant me perce le cœur. *À Karl devant ses pieds*. Va-t'en! Ça fait le pacha au soleil.

L'IDIOT, *allongé, se raconte des histoires en se servant de ses doigts*. Celui-là a la couronne d'or, c'est Monsieur le Roi. Demain j'amènerai son enfant à la Reine. Boudin noir dit : viens, pâté de foie[51]! *Il prend l'enfant et se tait*.

MARIE. Le Franz, il est pas venu, ni hier, ni aujourd'hui, qu'il fait chaud ici. *Elle ouvre la fenêtre*. « ...Et elle entra, se jeta à ses pieds et pleura et commença à lui mouiller les pieds de ses larmes et les essuya avec ses cheveux et les baisa et les oignit de parfum[52]. » *Elle se frappe la poitrine*. Tout est mort! Sauveur, Sauveur, je voudrais parfumer tes pieds.

22. LA CASERNE

Andres. Woyzeck fouille dans ses affaires.

WOYZECK. La sous-chemise, Andres, ne fait pas partie de la tenue, tu peux t'en servir Andres. Le crucifix et la bague sont à ma sœur, j'ai encore un saint avec deux cœurs bien dorés, il était dans la Bible de ma mère, à l'endroit où il y a :

> Que la douleur soit tout mon gain
> Et soit mon service divin.

Et qu'à ton corps souillé de sang vermeil,
Seigneur, fais que mon cœur reste pareil[53].

Ma mère ne sent plus rien, que le soleil quand il lui chauffe les mains. Sans importance.

ANDRES *le regard fixe, dit à tout* : Oui.

WOYZECK *sort un papier.* Friedrich Johann Franz Woyzeck, fusilier assermenté au 2e régiment, 2e bataillon, 4e compagnie, né le jour de l'Annonciation[54], je suis aujourd'hui 20 juillet âgé de 30 ans, 7 mois et 12 jours.

ANDRES. Franz, tu dois aller à l'hôpital. Malheureux, il faut boire du schnaps avec de la poudre, ça tue la fièvre.

WOYZECK. Oui, Andres, quand le menuisier met en tas ses copeaux, personne ne sait qui posera sa tête dessus.

23.   MARIE AVEC LES PETITES FILLES
DEVANT LA PORTE DE LA MAISON

LES PETITES FILLES *chantent* :

> La Chandeleur[55]. Le soleil brille
> Déjà les blés paraissent mûrs.
> Elles allaient par le chemin
> Deux par deux, se tenant la main.
> Les tambours étaient les premiers
> Et les violons bons derniers.
> Elle avait des socquettes rouges...

PREMIER ENFANT. C'est pas beau.
DEUXIÈME ENFANT. Tu n'es jamais content !
PREMIER ENFANT. Qu'est-ce que tu avais commencé ?
DEUXIÈME ENFANT. J'sais pas.

LES AUTRES *alternativement* :
Pourquoi ?
Parce que ?
Mais pourquoi parce que ?

UN AUTRE. Il faut qu'il chante.
LES ENFANTS. Mariette chante-nous quelque chose.
MARIE. Venez, petits crabes!

> Roule, roule, chapelet[56],
> Le roi Hérode.

Raconte, grand-mère.
LA GRAND-MÈRE. Il était une fois un pauvre enfant il avait plus de père et plus de mère tout était mort il n'y avait plus personne au monde. Tous morts alors il est parti et il a pleuré jour et nuit. Et comme il n'y avait plus personne au monde il a voulu aller au ciel et la lune l'a regardé gentiment mais quand il est enfin arrivé à la lune c'était un morceau de bois pourri et quand il est arrivé au soleil c'était un tournesol fané et quand il est arrivé aux étoiles c'était de petites mouches dorées accrochées comme celles que la pie-grièche fixe aux épines du prunellier et quand il voulut revenir sur terre c'était un pot renversé et il était tout seul alors il s'est assis et pleuré et il est encore assis tout seul[57].
WOYZECK. Marie!
MARIE *effrayée*. Qu'est-ce qu'il y a?
WOYZECK. Marie on s'en va. Il est temps.
MARIE. Où ça?
WOYZECK. Est-ce que j'sais?

24.   MARIE ET WOYZECK

MARIE. Alors là-bas c'est la ville. Il fait noir.
WOYZECK. Il faut rester encore. Viens, assieds-toi.
MARIE. Mais je dois m'en aller.
WOYZECK. Tu ne te blesseras plus les pieds en marchant.
MARIE. Qu'est-ce que t'as encore?
WOYZECK. Sais-tu, toi aussi, à quand ça remonte, Marie?

MARIE. Deux ans à la Pentecôte.
WOYZECK. Sais-tu, toi aussi, combien de temps ça va encore durer?
MARIE. Faut que j'm'en aille, la rosée tombe.
WOYZECK. Tu as froid Marie? T'es pourtant bien chaude. Comme tes lèvres sont brûlantes! Brûlant, brûlant souffle de putain et pourtant je donnerais le ciel pour pouvoir les baiser encore une fois... et quand on est froid on ne grelotte plus. La rosée ne te fera pas grelotter.
MARIE. Qu'est-ce que tu dis?
WOYZECK. Rien.
Silence.
MARIE. La lune se lève, comme elle est rouge.
WOYZECK. Comme un couteau plein de sang.
MARIE. Qu'est-ce que tu veux faire? Franz, tu es si pâle. *Il brandit le couteau.* Franz, arrête! Au nom du ciel, au sec..., au secours!
WOYZECK. Tiens, voilà et voilà! Tu ne vas pas mourir? Tiens et tiens! Ah elle bouge encore, c'est pas fini, pas fini? Toujours pas fini? *Il frappe encore.* Es-tu morte? Morte! Morte! *Des gens arrivent, il laisse tomber le couteau et s'enfuit.*

25.   DES GENS ARRIVENT

PREMIÈRE PERSONNE. Halte!
DEUXIÈME PERSONNE. Tu entends? Silence! Là!
PREMIÈRE PERSONNE. Hou-ou! Là! Quel bruit.
DEUXIÈME PERSONNE. C'est l'eau qui appelle, ça fait longtemps que personne ne s'est noyé. Allons-nous-en, ça ne vaut rien d'entendre ça.
PREMIÈRE PERSONNE. Hou-ou encore une fois. Comme quelqu'un qui meurt.
DEUXIÈME PERSONNE. C'est sinistre, ces vapeurs, ce brouillard partout, la grisaille, et le cri-cri des grillons comme des cloches fêlées. Allons-nous-en!

PREMIÈRE PERSONNE. Non, c'est trop net, trop fort. Par là-haut. Viens.

26. L'AUBERGE

WOYZECK. Dansez tous, encore et encore, suez, puez, elle viendra quand même un jour tous vous chercher. *Il chante.*

> Chez l'aubergiste la servante
> Reste au jardin la nuit, le jour,
> Reste au jardin, pense à l'amour.
> Au jardin elle reste assise,
> Attend minuit, l'heure précise
> Où vont venir les militaires[58].

Il danse. Alors Käthe! Viens t'asseoir. J'ai chaud, chaud, *il enlève sa veste*, c'est comme ça, le diable en prend une et laisse courir l'autre. Käthe tu es chaude! Pourquoi donc? Käthe toi aussi tu vas te refroidir. Sois prudente. Sais-tu chanter?

KÄTHE *chante*:

> Non la Souabe, ce n'est pas ça
> Les jupes longues, c'est pas pour moi
> Car jupes longues, souliers vernis
> Jamais servante n'en a mis.

WOYZECK. Non, pas de souliers, on peut bien aller en enfer sans souliers.

KÄTHE

> Fi mon chéri, ce n'était pas joli
> Garde tes sous, dors tout seul dans ton lit[59].

WOYZECK. Oui, vraiment! Je n'voudrais pas de sang sur moi.
KÄTHE. Mais qu'est-ce que t'as à la main?
WOYZECK. Moi? Moi?
KÄTHE. C'est rouge. C'est du sang! *Des gens s'assemblent autour d'eux.*
WOYZECK. Du sang? C'est du sang.
L'AUBERGISTE. Ah ah, du sang.

WOYZECK. Je crois que je me suis coupé, là, à la main droite.

L'AUBERGISTE. Mais comment c'est venu jusqu'au coude?

WOYZECK. Je l'ai essuyé.

L'AUBERGISTE. Le coude droit avec la main droite? Vous êtes habile.

KARL. Alors le géant a dit : je sens, je sens, je sens la chair humaine. Pouah! Ça pue déjà.

WOYZECK. Mais bon Dieu qu'est-ce que vous voulez? Ça vous regarde? Place! Ou le premier qui... bon Dieu! Est-ce que vous croyez que j'ai tué quelqu'un? Que je suis un assassin? Arrêtez de me reluquer! Regardez-vous vous-mêmes! Laissez-moi passer! *Il se précipite dehors.*

27. WOYZECK *seul.*

Le couteau? Où est le couteau? Je l'ai laissé là. Il va me trahir. Plus près, encore plus près! Qu'est-ce que c'est que cet endroit? Qu'est-ce que j'entends? Quelque chose remue. Chut. Là tout près. Marie? ah Marie! Chut. Tout est calme! Ah, voilà quelque chose par terre! Froid, humide, muet. Quitter cet endroit. Le couteau, le couteau, c'est bien lui? Oui! Des gens. — Là-bas. *Il s'enfuit.*

28. WOYZECK AU BORD D'UN ÉTANG

Là-dedans! *Il jette le couteau dans l'eau.* Il plonge dans l'eau noire comme une pierre! La lune a l'air d'un couteau plein de sang! Est-ce que le monde entier va bavarder? Non, il est trop près du bord, quand ils vont se baigner... *il avance dans l'étang et le jette plus loin* voilà, comme ça — mais l'été quand ils iront pêcher des moules, bah il sera rouillé. Qui le reconnaîtra? J'aurais dû le casser! Est-ce que j'ai encore du sang sur moi? Il faut que je me lave. Ah, une tache, et là une autre.

29.   DES ENFANTS

PREMIER ENFANT. Vite! Mariette!
DEUXIÈME ENFANT. Qu'est-ce qu'il y a?
PREMIER ENFANT. Tu sais pas? Ils sont déjà tous sortis. Là-bas il y a une femme par terre!
DEUXIÈME ENFANT. Où ça?
PREMIER ENFANT. À gauche, après le ravin dans le petit bois, à la Croix rouge.
DEUXIÈME ENFANT. Vite, pour qu'on voie encore quelque chose. Sans ça ils vont la ramener.

30.   KARL. L'ENFANT. WOYZECK

KARL *tenant l'enfant sur ses genoux*. Il est tombé dans l'eau, il est tombé dans l'eau, non, il est tombé dans l'eau.
WOYZECK. Petit, Christian.
KARL *le regardant fixement*. Il est tombé dans l'eau.
WOYZECK *veut caresser l'enfant qui se détourne et crie*. Seigneur!
KARL. Il est tombé dans l'eau.
WOYZECK. Christou, t'auras un cavalier en pain d'épices[60]! *L'enfant se débat. À Karl*. Achète un pain d'épices au petit.
KARL *le regarde fixement*.
WOYZECK. Hop! hop! Cheval.
KARL *tout joyeux*. Hop! hop! Cheval! Cheval! *Il s'enfuit avec l'enfant*.

31.   L'EMPLOYÉ DU TRIBUNAL.
LE BARBIER. LE MÉDECIN. LE JUGE

L'EMPLOYÉ DU TRIBUNAL. Un bon meurtre, un vrai meurtre, un beau meurtre, aussi beau qu'on peut le désirer, nous n'en avons pas eu un pareil depuis longtemps.

LENZ[1]

Le 20 janvier[2], Lenz[3] traversait la montagne. Sommets et pentes élevées dans la neige, pierraille grise vers l'aval, pentes vertes, rochers et sapins. Il faisait un froid humide, l'eau ruisselait sur les rochers et sautait par-dessus le chemin. Les rameaux des sapins pendaient lourdement dans l'air saturé d'eau. Des nuages gris parcouraient le ciel, mais si serrés, et puis le brouillard étendait vers le haut ses vapeurs et imprégnait les feuillages d'une moiteur pesante, avec une paresseuse lenteur. Il continuait sa marche sans se soucier du chemin, tantôt montant, tantôt descendant. Il ne sentait aucune fatigue, mais quelquefois regrettait de ne pouvoir marcher sur la tête. Au début il ressentait une oppression dans la poitrine quand des pierres sautaient vers le bas, que la forêt grise s'agitait au-dessous de lui, et que le brouillard tantôt avalait les formes, tantôt découvrait les membres puissants; une oppression le gagnait, il cherchait quelque chose, comme des rêves perdus, mais ne trouvait rien. Tout lui semblait si petit, si proche, si mouillé, il aurait bien aimé mettre la terre derrière le poêle, il ne comprenait pas qu'il lui fallût tant d'heures pour descendre un versant et atteindre un point éloigné; il pensait qu'il aurait dû pouvoir tout enjamber en quelques pas. Mais quelquefois, lorsque la tempête jetait les nuées vers les vallées, que la vapeur montait des forêts, et que des voix s'éveillaient le long des rochers, d'abord comme un tonnerre lointain, puis résonnant plus près d'une clameur puissante, comme si elles voulaient chanter la terre aux accents de leur farouche allégresse, et que les nuages accouraient avec des hennissements de chevaux sauvages, et que le soleil dardait par instants ses rayons, faisant briller son épée sur les étendues de neige, de sorte qu'une lumière éclatante, éblouissante, jaillissait par-dessus les sommets jusque dans les vallées; ou lorsque la tempête chassait les nuages vers le bas et faisait apparaître un lac d'un bleu lumineux, que le vent ensuite mollissait et faisait entendre depuis les gorges et les cimes des sapins comme une berceuse et une sonnerie de cloches, et qu'un rouge délicat se levait dans le bleu profond, que de petits nuages planaient sur leurs ailes d'argent, et que tous les sommets détachaient nettement leurs silhouettes étincelantes jusqu'aux extrémités du pays, alors il sentait une déchirure dans sa poitrine, il s'arrêtait, haletant, le corps penché en avant, les yeux et la bouche grands ouverts, il lui semblait qu'il devait absorber en lui la tempête, tout saisir en lui, il s'étendait de tout son long sur la terre, il se roulait dans le grand Tout, éprouvant un plaisir qui lui faisait mal; ou bien il restait immobile et posait sa tête dans la mousse, les yeux à demi fermés, et tout s'en allait loin de lui, la terre cédait sous lui, elle devenait aussi petite qu'un astre errant et se plongeait dans un fleuve tumultueux qui roulait ses flots limpides au-dessous de lui. Mais il ne s'agissait que d'instants, ensuite il se relevait l'esprit clair, solide, tranquille comme s'il venait d'assister à un jeu d'ombres, il ne se rappelait plus rien. Vers le soir il atteignit le haut de la montagne, à travers l'étendue neigeuse par où l'on redescendait vers l'ouest dans la plaine, et s'assit au sommet. Vers le soir le temps s'était calmé; les nuages restaient immobiles, accrochés au ciel, et si loin que le regard se portât, rien que des cimes d'où descendaient de larges pentes, et tout si calme, gris, crépusculaire; une terrible impression de solitude s'empara de lui, il était seul, tout seul, il voulait parler avec lui-même sans y parvenir, il osait à peine respirer, le mouvement de son pied retentissait comme un tonnerre au-dessous de lui, il dut s'asseoir ; une angoisse sans nom le saisit dans ce néant, il était dans le vide, il se releva d'un bond et dévala vers le bas. L'obscurité était survenue, le ciel et la terre ne faisaient plus qu'un. Il se croyait poursuivi par quelque chose, une chose effrayante qui allait inévitablement l'atteindre, une chose que les hommes ne peuvent pas supporter, comme si la folie galopait derrière lui. Enfin il entendit des voix, il vit des lumières, se sentit soulagé, on lui dit qu'il avait encore une demi-heure de marche jusqu'à Waldbach[4]. Il traversa le village aux fenêtres éclairées, et voyait en passant des enfants à table, de vieilles femmes, des jeunes filles, des visages paisibles d'où semblait rayonner la lumière, il se sentit plus léger et parvint bientôt au presbytère de Waldbach. On était à table lorsqu'il entra ; ses boucles blondes pendaient autour de son visage blême, des tressaillements agitaient ses yeux et sa bouche, ses vêtements étaient déchirés. Oberlin lui souhaita la bienvenue, il le prenait pour un artisan. « Soyez le bienvenu, même si je ne vous connais pas. » — « Je suis un ami de Kaufmann[5] et je vous salue de sa part. » — « Votre nom, s'il vous plaît ? » — « Lenz. » — « Ah, ah, ah, ne vous a-t-on pas imprimé ? N'ai-je pas lu quelques drames qu'on attribue à un monsieur de ce nom[6] ? » — « Oui, mais je vous prie de ne pas me juger d'après cela. » L'entretien se prolongea, il cherchait ses mots et parlait vite, mais comme à la torture ; puis progressivement il se calma, la pièce rassurante et les visages tranquilles qui sortaient de l'ombre, le clair visage enfantin sur qui toute la lumière semblait reposer et qui regardait avec une curiosité confiante, enfin, assise en retrait dans l'ombre, la mère[7] à la sérénité angélique. Il se mit à parler de son pays ; il dessina toutes sortes de costumes, on se pressait avec intérêt autour de lui, il était comme chez lui, le visage pâle d'un enfant à présent souriant, la vivacité de ses récits ; il était calme, il lui semblait voir sortir de l'ombre, des silhouettes d'autrefois, des visages oubliés, d'anciennes chansons s'éveillaient, il était loin, très loin. Enfin ce fut l'heure de partir, on lui fit traverser la rue, le presbytère était trop petit, on lui donna une chambre dans l'école. Il monta, c'était froid là-haut, une vaste chambre, vide, un lit surélevé dans le fond, il posa la lampe sur la table, se mit à marcher en long et en large, se remémorant le jour de son arrivée, le lieu où il se trouvait, la pièce du presbytère avec ses lumières et les chers visages, il lui semblait voir des ombres, en rêve, et tout lui sembla vide, comme sur la montagne, mais il n'avait plus rien pour remplir ce vide, la lumière était éteinte, l'obscurité noyait tout ; une angoisse inexprimable le saisit, il se leva d'un bond, courut à travers la chambre, dévala l'escalier, s'arrêta devant la maison ; mais en vain, tout était sombre, rien, il était un rêve pour lui-même, des pensées isolées lui vinrent, il les retint solidement, il se dit qu'il devait sans cesse répéter le « Notre Père » ; il ne s'y retrouvait plus, un obscur instinct le poussait à se sauver, il se cogna aux pierres, s'écorcha avec ses ongles, la douleur commença à lui rendre conscience, il se jeta dans le bassin en pierres de la fontaine, mais l'eau n'était pas assez profonde, il pataugea dedans. Des gens arrivèrent, on l'avait entendu, on l'appela. Oberlin accourut ; Lenz était revenu à lui, il avait pleinement conscience de sa situation, et se sentait de nouveau léger, il avait honte et s'affligeait d'avoir effrayé ces braves gens, il leur dit qu'il avait l'habitude de se baigner dans l'eau froide et remonta dans sa chambre ; l'épuisement lui procura enfin le repos.

La journée suivante fut bonne. À cheval avec Oberlin dans la vallée ; de larges pentes se réunissant depuis une grande hauteur en une vallée étroite et sinueuse, qui se divisait en nombreuses directions vers le haut des montagnes, de grandes masses rocheuses qui s'élargissaient vers le bas, peu de forêt, mais le tout dans des tons d'un gris sévère, une vue qui s'étendait vers l'ouest du pays et sur la chaîne de montagnes qui s'allongeait du nord au sud, et dont les sommets se dressaient avec puissance et sévérité, ou dans un silence immobile, comme un rêve crépusculaire. De puissantes masses de lumière, qui parfois montaient des vallées et se gonflaient en un fleuve d'or, puis de nouveau la nuée, accrochée au sommet le plus élevé, qui descendait ensuite lentement dans la vallée, ou bien s'enfonçait, se relevait dans les éclairs de soleil comme un fantôme aux ailes d'argent; aucun bruit, aucun mouvement, pas d'oiseaux, rien que le souffle du vent, tantôt proche, tantôt lointain. Des points apparurent, squelettes de huttes, des planches couvertes de chaume, d'une sévère couleur noire. Les gens, silencieux et graves, comme s'ils n'osaient pas troubler la paix de leur vallée, saluaient sans mot dire les cavaliers à leur passage. Dans les cabanes il y avait de la vie, on se pressait autour d'Oberlin, il donnait des instructions, des conseils, des consolations; partout des regards confiants, des prières. Les gens racontaient leurs rêves, leurs pressentiments. Et puis bien vite on revenait à la vie pratique, les chemins qu'on aménageait, les canaux qu'on creusait, la fréquentation de l'école. Oberlin était infatigable, Lenz l'accompagnait partout, tantôt dialoguant, tantôt prenant sa part de l'activité, tantôt plongé dans la nature. Tout cela agissait de façon bénéfique et apaisante sur lui, il se sentait obligé de regarder souvent Oberlin droit dans les yeux, et la puissante paix qui s'empare de nous au sein de la paisible nature, dans la profondeur de la forêt, dans les nuits d'été qui se dissolvent à la clarté de la lune, cette paix lui paraissait encore plus proche, dans ce regard paisible, dans ce visage digne et grave. Il était intimidé, mais il faisait des remarques, il parlait, son discours plaisait à Oberlin, et le visage de Lenz, d'une grâce enfantine[8], lui causait une grande joie. Mais cet état ne durait pas plus longtemps que la lumière du jour dans la vallée, et vers le soir une étrange angoisse l'assaillait, il aurait voulu se lancer à la poursuite du soleil; alors que les objets disparaissaient peu à peu dans l'ombre, tout lui semblait si fantomatique, si hostile, son angoisse était celle des enfants qui dorment dans le noir ; il s'imaginait qu'il était aveugle ; sa peur grandissait, le cauchemar de la folie s'assit à ses pieds, la pensée funeste que tout n'était que son rêve s'ouvrait, béante, devant lui, il se cramponna à tous les objets, des formes passaient rapidement, il se pressait vers elles, c'était des ombres, la vie s'échappa de lui et ses membres se raidirent. Il parlait, il chantait, il récitait des passages de Shakespeare[9], il essayait d'attraper tout ce qui faisait d'habitude couler son sang plus vite, il essaya tout, mais froid, froid ! Il dut sortir à l'air libre, la faible clarté diffuse dans la nuit, une fois que ses yeux furent habitués à l'obscurité, lui fit du bien, il se jeta dans la fontaine, l'effet brutal de l'eau lui fit du bien, il avait aussi le secret espoir de tomber malade, aussi il s'arrangea pour que son bain fît cette fois moins de bruit. Mais plus il s'engageait dans cette vie, plus il se calmait, il soutenait Oberlin, dessinait[10], lisait la Bible, de vieilles espérances lui revinrent en tête ; le Nouveau Testament venait comme au-devant de lui, et [...] Oberlin lui racontait qu'une main invisible l'avait retenu sur le pont, que sur la montagne un éclat de lumière avait ébloui ses yeux, qu'il avait entendu une voix, qu'on lui avait parlé dans la nuit, et que Dieu s'était si complètement installé chez lui qu'il tirait au sort, comme un enfant, des papiers dans sa poche pour savoir ce qu'il avait à faire : cette foi, ce ciel éternel dans sa vie, cet être en Dieu, pour la première fois l'Écriture sainte s'ouvrait à lui. Comme la nature se faisait proche des gens, par l'entremise des mystères célestes ; non par l'effet d'une imposante majesté, mais dans un rapport de familiarité ! — Un matin il sortit, la neige était tombée pendant la nuit, un beau soleil brillait sur la vallée, mais plus loin le paysage était à moitié caché par le brouillard. Il s'écarta bientôt du chemin, gravit une pente douce sans trace de pas, longea une forêt de sapins, le soleil découpait des cristaux dans une neige légère et floconneuse, çà et là de discrètes traces de bêtes s'éloignaient vers la montagne. Aucune agitation dans l'air, à part un souffle de vent, le vol d'un oiseau qui de sa queue déplaçait quelques flocons. Tout était si calme, les arbres au loin balançaient leurs plumes blanches dans l'air d'un bleu profond. Il se sentait peu à peu rassuré, les étendues et les lignes d'une puissance monotone qui, lui semblait-il, l'avaient souvent agressé de leurs sonorités violentes, étaient masquées, une familière impression de Noël se glissa en lui, il s'imaginait que sa mère allait sûrement se montrer de derrière un arbre et lui dire qu'elle lui avait tout préparé ; et en descendant il vit qu'autour de son ombre se formait un petit arc-en-ciel de rayons, il lui sembla que quelque chose touchait son front et l'Être lui parla. Il redescendit. Oberlin était dans la chambre, Lenz tout réjoui s'approcha de lui et lui dit qu'il aimerait prêcher une fois. — « Êtes-vous théologien ? » — « Oui[11] ! » — « Bon, dimanche prochain. »

Lenz monta dans sa chambre, très content, il pensa au texte de son sermon, s'absorba dans ses réflexions, et ses nuits furent calmes. Le matin du dimanche[12] arriva, le dégel était intervenu. Des nuages passaient, entrecoupés de bleu. L'église était tout à côté, un peu plus haut sur un éperon, entourée par le cimetière. Lenz était là-haut, tandis que la cloche sonnait et que les fidèles, les femmes et les jeunes filles dans leurs sévères toilettes noires, le mouchoir blanc plié sur le recueil de cantiques et le rameau de romarin à la main, arrivaient de différents côtés[13] par les chemins étroits qui montaient et descendaient entre les rochers. Le soleil se montrait de temps en temps sur la vallée, l'air tiède s'étirait avec lenteur, le paysage était baigné de parfums, des sons lointains se faisaient entendre, tout semblait se dissoudre dans une vague d'harmonie.

La neige avait fondu dans le petit cimetière, une mousse sombre avait poussé sous les croix noires, des fleurs tardives sortaient de la mousse, le soleil apparaissait, puis tout redevenait sombre. Le culte commença, les voix humaines se rencontraient dans un accord pur et clair ; on avait l'impression de regarder une eau de montagne pure et transparente. Le chant se termina, Lenz se mit à parler, il était intimidé, la crampe qui le bloquait s'était dissipée sous l'effet de la mélodie, à présent sa douleur reparaissait tout entière et s'installait dans son cœur. Un doux sentiment de bonheur infini l'envahit. Il adressait aux gens des mots simples, ils souffraient avec lui, il se sentait consolé quand il pouvait apporter le sommeil à quelques yeux las de pleurer, le repos à des cœurs tourmentés, quand il pouvait, au-dessus de ces existences tourmentées par les besoins matériels, guider vers le ciel ces souffrances muettes. Il avait retrouvé de la force vers sa conclusion, et les voix se remirent à chanter :

> Pénètre-moi, sainte douleur,
> Jusqu'aux fontaines de mon cœur;
> Souffrir soit tout mon bénéfice,
> Souffrir soit mon divin service [14].

La pression au-dedans de lui, la musique, la douleur lui causèrent un choc. L'univers pour lui n'était que blessures ; il en éprouvait une profonde, une inexprimable douleur. À présent un autre être, divin, aux lèvres tressaillantes, se pencha sur lui et aspira ses lèvres [15] ; il monta dans sa chambre solitaire. Il était seul, seul ! Alors la source jaillit, des ruisseaux coulèrent de ses yeux, il se recroquevilla sur lui-même, ses membres frémirent, il lui semblait qu'il allait se dissoudre, sa volupté ne connaissait pas de fin ; enfin le crépuscule se fit en lui, il éprouva une douce et profonde pitié de lui-même, il pleura sur lui, sa tête tomba sur sa poitrine, il s'endormit, la pleine lune éclairait le ciel, les boucles retombaient sur ses tempes et sa figure, les larmes perlaient à ses cils et séchaient sur ses joues, il était maintenant couché, seul, tout était calme, silencieux et froid, la lune brilla toute la nuit et demeura au-dessus des montagnes.

Le lendemain matin il descendit et raconta tranquillement à Oberlin que sa mère lui était apparue pendant la nuit ; en robe blanche, disait-il, elle était sortie du mur noir du cimetière, portant sur sa poitrine une rose blanche et une rose rouge ; elle avait ensuite disparu dans un coin, et les roses avaient poussé lentement sur elle, elle était sûrement morte[16]; il se disait tout à fait sûr de cela. Oberlin lui répondit qu'il s'était trouvé seul dans la campagne au moment où son père mourait, et qu'il avait appris par une voix que son père était mort : à son retour il avait constaté que c'était vrai. Cela les mena plus loin encore, Oberlin parla des gens de la montagne, des jeunes filles qui sentent l'eau et le métal sous la terre, d'hommes qui auraient été agrippés sur plusieurs montagnes et auraient lutté avec un esprit; quant à lui, après avoir contemplé l'eau profonde et vide d'un torrent de montagne, il aurait été frappé par une sorte de somnambulisme[17]. Lenz dit que l'esprit de l'eau était venu sur lui et qu'il avait perçu quelque chose de son être particulier. Il poursuivit, déclarant que la nature la plus simple, la plus pure était liée le plus fortement à la nature élémentaire, et que plus l'homme sent par l'esprit et vit de façon raffinée, plus ce sens élémentaire s'émousse; il ne tenait pas ce sens pour un état élevé, il manquait trop d'autonomie, mais il pensait que ce devait être une infinie volupté d'être ainsi touché par la vie particulière de chaque forme; d'accueillir en soi chaque être de la nature, comme les fleurs aspirent l'air selon que la lune croît ou décroît.

Il continua d'exposer ses conceptions : dans l'univers règne une inexprimable harmonie[18], une musique, une béatitude que les formes supérieures dotées d'organes multiples leur permettant de capter, d'émettre, de comprendre, ressentent d'autant plus profondément, tandis que dans les formes inférieures tout est plus resserré, plus limité, ce qui leur assure un plus grand calme intérieur. Il allait continuer. Oberlin l'interrompit, cela l'éloignait par trop de sa manière simple. Une autre fois Oberlin lui montra des vignettes coloriées, lui expliqua dans quel rapport se trouve chaque couleur vis-à-vis de l'homme, et lui montra les douze Apôtres, chacun représenté par une couleur particulière. Lenz fit sienne cette idée, poussa la chose encore plus loin, connut des rêves angoissants, se mit comme Jung-Stilling[19] à lire l'Apocalypse et se plongea dans la Bible.

À cette époque arriva dans le Steintal Kaufmann avec sa fiancée. La rencontre au début déplaisait à Lenz, car il s'était fait une petite place à lui, y avait trouvé un répit précieux, et voilà que survenait quelqu'un qui lui rappelait tant de choses, avec qui il fallait parler, discourir, qui connaissait toute sa vie. Oberlin ne savait rien de tout cela; il l'avait recueilli, soigné; il voyait là un mandat divin, par lequel ce malheureux lui avait été envoyé, et il l'aimait de tout son cœur. En outre il était nécessaire à tous, il leur appartenait comme s'il était là depuis longtemps, et personne ne demandait d'où il venait et où il allait. À table Lenz retrouva sa bonne humeur, on parlait de littérature, il était sur son terrain; la période idéaliste[20] commençait alors, Kaufmann était partisan de cette tendance, Lenz le contredit avec véhémence. Il disait: les poètes dont on dit qu'ils rendent la réalité n'en ont pas la moindre idée, mais ils sont quand même plus supportables que ceux qui veulent transfigurer la réalité. Il disait encore : le bon Dieu a fait le monde comme il devait l'être, et nous ne pouvons rien barbouiller de mieux, notre seul effort doit être de faire quelque chose qui lui ressemble. En toutes choses je réclame : vie, possibilité d'exister, et cela suffit; nous n'avons pas à nous demander si c'est beau ou si c'est laid[21], le sentiment d'avoir créé quelque chose de vivant est au-dessus de ces deux jugements, c'est le seul critère en matière d'art. Du reste, ajoutait-il, cette vie se rencontre rarement, on la trouve chez Shakespeare[22], elle se fait entendre à plein dans les chansons populaires[23], et souvent chez Goethe[24]. Tout le reste est bon à jeter au feu. Les gens sont incapables de dessiner une niche à chien. Ils veulent des figures idéales, mais tout ce que j'en ai vu, ce sont des pantins[25]. Cet idéalisme, c'est le mépris le plus scandaleux de la nature humaine. Qu'on essaie une fois de plonger dans la vie jusqu'au plus petit détail et de la rendre dans ses palpitations, ses allusions, ses expressions les plus fines, à la limite du perceptible, comme il avait essayé de le faire dans *Le Précepteur* et dans *Les Soldats*. Ce sont les hommes les plus prosaïques du monde ; mais la veine du sentiment est presque pareille chez tous les hommes, seule varie l'épaisseur de l'enveloppe à travers laquelle il doit passer. Il suffit d'avoir des yeux et des oreilles pour cela. Hier, lorsque je montais vers le haut de la vallée, je vis deux jeunes filles assises sur une pierre, l'une dénouait ses cheveux, l'autre l'aidait ; et la chevelure dorée pendait vers le sol, un visage pâle et grave, si jeune cependant dans son costume noir, et la seconde si attentive et empressée. Les plus beaux tableaux, les plus riches d'intériorité de l'ancienne école allemande en donnent à peine une idée. On voudrait être une tête de Méduse[26] pour pouvoir changer en pierre un pareil groupe et appeler les gens pour le voir. Elles se levèrent, et le joli groupe fut défait ; mais comme elles descendaient un nouveau tableau apparut entre les rochers. Les plus belles images, les sonorités les plus variables s'assemblent et se défont. Il ne reste qu'une chose : une beauté infinie, qui passe d'une forme à une autre, toujours épanouie, toujours transformée, mais il est clair qu'on ne peut la conserver pour toujours, la mettre dans les musées ou la fixer dans des partitions, ni convoquer jeunes et vieux pour les faire radoter et se pâmer devant elle. Il faut aimer l'humanité pour pénétrer l'être particulier de chacun, nul ne doit être jugé trop minable ou trop laid, condition nécessaire pour pouvoir les comprendre ; le visage le plus insignifiant fait une impression plus profonde que le simple sentiment du Beau, et l'on peut faire sortir de soi les formes sans y joindre quoi que ce soit d'extérieur, où l'on ne sente palpiter et battre ni vie, ni muscle, ni pouls. Kaufmann lui objecta qu'on ne saurait trouver dans la réalité aucun modèle pour un Apollon du Belvédère[27] ou pour une Madone de Raphaël[28]. Qu'importe, répondit-il, je dois avouer que ces œuvres me laissent de glace. Si je me donne beaucoup de mal, je peux bien ressentir quelque chose devant elles, mais le meilleur de ce sentiment vient de moi. Le poète, l'artiste qui m'est le plus cher, c'est celui qui rend la nature avec le plus de réalité, de sorte que je la sente au-delà du tableau, et tout le reste m'ennuie. Je préfère les peintres hollandais aux Italiens, ce sont les seuls qu'on puisse saisir; je ne connais que deux tableaux, et ce sont des peintures hollandaises, qui m'aient fait autant d'impression que le Nouveau Testament; l'un, de je ne sais plus qui, représente le Christ et les disciples d'Emmaüs[29]. Quand on lit comment les disciples s'en allèrent, toute la nature tient en quelques mots. C'est la mélancolie du crépuscule, une bande rouge uniforme à l'horizon, la route dans la pénombre, un inconnu survient, on se parle, il rompt le pain avec eux, alors ils le reconnaissent à ce geste simplement humain, les traits divins marqués de souffrance leur parlent, ils s'effraient car la nuit est tombée, quelque chose d'incompréhensible leur est arrivé, mais ce n'est pas la terreur devant un fantôme; c'est comme si un mort bien-aimé venait à leur rencontre au crépuscule avec les gestes d'autrefois, tel est ce tableau, d'un ton brun uniforme, un soir tranquille et mélancolique. Puis un autre[30]. Une femme assise dans sa chambre, le livre de prières à la main. Le ménage du dimanche a été fait, on a répandu du sable, tout est net, intime et chaleureux. La femme n'a pas pu aller à l'église, elle se recueille à la maison, la fenêtre est ouverte, elle est assise tournée vers elle, et c'est comme si venaient vers la fenêtre, par-dessus le vaste paysage plat, les tintements de la cloche du village et l'écho du chant des fidèles réunis dans l'église toute proche, dont la femme lit les paroles dans son livre. Il continua de cette façon, on l'écoutait, souvent il touchait juste, le visage rouge à force de parler, tantôt souriant, tantôt grave, il secouait ses boucles blondes. Il s'était complètement oublié. Après le repas Kaufmann le prit à part. Il avait reçu des lettres du père de Lenz[31], il fallait que son fils rentre pour lui venir en aide. Kaufmann lui représenta qu'il gâchait sa vie ici, en pure perte, qu'il devait se fixer un but et ainsi de suite. Lenz l'envoya promener : « Partir d'ici, d'ici ? À la maison ? Pour devenir fou là-bas ? Tu sais bien que je ne peux rester nulle part, sauf par ici, dans la région ; si je ne pouvais pas partir dans la montagne et contempler le pays, et puis redescendre à la maison, traverser le jardin, regarder par la fenêtre, je deviendrais fou ! fou ! Laissez-moi donc en paix ! Juste un peu de paix, au moment où je commence à aller mieux ! Partir d'ici ? Je ne comprends pas, avec ces trois mots le monde est cul par-dessus tête. Chacun a besoin de quelque chose ; s'il trouve la paix, que pourrait-il avoir de mieux ? Toujours monter, lutter, pour l'éternité. Tout ce que donne l'instant, il faut le balancer, toujours se serrer la ceinture pour jouir plus tard ; crever de soif quand les sources jaillissent sur votre chemin. Ma vie est supportable maintenant, et je veux rester ici ; pourquoi ? pourquoi ? Mais parce que je suis bien ; que veut mon père ? Est-ce qu'il peut me donner plus ? Impossible ! Laissez-moi en paix. » Il devenait violent, Kaufmann s'en alla, Lenz était de mauvaise humeur.

Le lendemain Kaufmann voulait s'en aller, il exhorta Oberlin à l'accompagner en Suisse. Celui-ci fut décidé par le désir qu'il avait de connaître personnellement Lavater[32], avec qui il correspondait depuis longtemps. Il accepta. Il fallut différer le départ d'un jour en raison des préparatifs. Lenz avait le cœur serré, il s'était cramponné anxieusement à tout ce qui l'entourait pour se délivrer de son éternel tourment ; à certains moments il sentait profondément qu'il arrangeait tout à sa convenance ; il en usait avec lui-même comme avec un enfant malade ; il y avait bien des pensées, des sentiments puissants dont il ne se débarrassait qu'au prix d'une angoisse extrême, puis cela revenait à la charge avec une violence infinie, il tremblait, ses cheveux se dressaient presque, et il en venait à bout à travers une énorme tension. Il trouvait son salut dans une figure qui flottait toujours devant ses yeux[33], et dans Oberlin ; ses paroles, son visage lui faisaient un bien infini. Aussi voyait-il avec angoisse son départ imminent.

Lenz se sentait mal à l'aise de rester tout seul à la maison. Le temps s'était radouci, il décida d'accompagner Oberlin dans la montagne. Sur l'autre versant, à l'endroit où les vallées débouchent dans la plaine, ils se séparèrent. Il rentra seul. Il parcourut la montagne en tous sens, de larges pentes descendaient vers les vallées, peu de forêts, rien que des lignes puissantes et, au loin, la vaste plaine embrumée, dans l'air un souffle puissant, aucune trace humaine si ce n'est de temps en temps, adossée à une pente, une cabane abandonnée que les bergers fréquentaient en été. Il se calma, devint presque rêveur, tout se confondit en une même ligne comme une vague montante et descendante, entre ciel et terre, il s'imaginait couché au bord d'une mer infinie agitée par un doux va-et-vient. Parfois il s'asseyait, puis repartait, mais lentement et en rêvant. Il ne cherchait pas son chemin. Le soir était tombé lorsqu'il arriva à une cabane habitée, dans la pente au-dessus du Ban de la Roche[34]. Les portes étaient fermées, il s'approcha de la fenêtre d'où filtrait une lumière. Une lampe n'éclairait à peu près qu'un seul point, sa lumière tombait sur le visage pâle d'une jeune fille qui reposait là, les yeux entrouverts, remuant doucement les lèvres. Plus loin, dans l'obscurité, une vieille femme était assise, qui chantait d'une voix chevrotante un air de son livre de cantiques. Lenz frappa un bon moment, elle finit par ouvrir; elle était à moitié sourde, elle lui apporta de quoi manger et lui montra un endroit pour dormir, tout en continuant de chanter. La jeune fille n'avait pas bougé. Un peu plus tard entra un homme long et maigre, avec des restes de cheveux gris, le visage inquiet, l'air égaré. Il s'approcha de la jeune fille, elle tressaillit, montra de l'inquiétude. Il prit au mur une herbe séchée, lui posa les feuilles sur la main, ce qui la calma et l'amena à chantonner des paroles compréhensibles, modulées avec lenteur dans un registre aigu. Il raconta qu'il avait entendu une voix dans la montagne, et qu'ensuite il avait vu un éclair de chaleur au-dessus des vallées, et puis quelque chose l'avait empoigné, il avait dû lutter contre, comme Jacob[35]. Il se jeta à genoux et pria à voix basse avec ferveur, tandis que la malade chantait des notes lentes qui se perdaient doucement. Puis il alla se reposer.

Lenz s'endormit d'un sommeil peuplé de rêves, puis tout en dormant perçut le tic-tac de l'horloge. À travers le chant discret de la jeune fille et la voix de la vieille s'entendait, tantôt proche, tantôt lointain, le murmure du vent, et la lune, tantôt brillante, tantôt cachée, jetait comme en rêve sa lumière changeante dans la chambre. À un certain moment les sons devinrent plus forts, la jeune fille parlait clairement, avec fermeté, elle disait que sur l'escarpement en face il y avait une église. Lenz regarda, elle était assise, bien droite, derrière la table, les yeux grands ouverts, la lune jetait sa lumière paisible sur ses traits, d'où semblait rayonner un éclat inquiétant, en même temps la vieille chevrotait, et c'est sur ces apparitions suivies d'éclipses de la lumière, parmi les sons et les voix que Lenz finit par s'endormir profondément.

Il se réveilla tôt, tout dormait dans la pièce éclairée par l'aube, la jeune fille elle-même s'était calmée, elle reposait penchée en arrière, les mains repliées sous la joue gauche; l'allure fantomatique de ses traits avait disparu, elle avait à présent une expression d'indescriptible souffrance. Il alla vers la fenêtre et l'ouvrit, l'air frais du matin lui frappa le visage. La maison était au bout d'une vallée étroite et profonde ouverte vers l'Est, les rayons rouges de l'aube pénétraient à travers le ciel gris matinal dans la vallée noyée d'une brume blanche, scintillaient sur les rochers gris et entraient par la fenêtre de la cabane. L'homme s'éveilla, ses yeux se dirigèrent vers une image éclairée, fixée au mur, s'y attachèrent fixement, puis il commença à remuer les lèvres et à prier à voix basse, puis à voix haute, toujours plus fort. Pendant ce temps des gens entrèrent dans la cabane et se mirent à genoux en silence. La jeune fille était parcourue de tressaillements, la vieille chevrotait son cantique et bavardait avec ses voisins. Les gens racontèrent à Lenz que l'homme était depuis longtemps dans la région, venu on ne savait d'où ; il passait pour un saint, il voyait l'eau sous la terre et savait conjurer les esprits, on venait vers lui en pèlerinage. Lenz apprit aussi qu'il s'était largement écarté du Ban de la Roche, il partit avec quelques bûcherons qui allaient dans cette direction. La compagnie lui fit du bien ; il se sentait mal à l'aise avec cet homme imposant dont la voix, lui semblait-il, prenait parfois des intonations terribles. Mais il avait aussi peur de lui-même dans la solitude.

Il arriva à la maison. Cependant la nuit écoulée lui avait laissé une puissante impression. Le monde s'était éclairé pour lui, et il sentait une agitation, un fourmillement qui le poussaient avec une puissance impitoyable vers l'abîme. Il fouillait en lui-même à présent. Il mangeait peu : des moitiés de nuits se passaient en prières et en rêves fiévreux. Une poussée violente, ensuite, épuisé, il s'écroulait ; il versait des larmes brûlantes, et soudain retrouvait ses forces, se relevait froid et indifférent, ses larmes lui semblaient de la glace, il éclatait de rire. Plus il se dressait vers le haut, plus bas il retombait. Tout confluait de nouveau, des réminiscences de son état antérieur passaient en éclairs, et jetaient des lueurs fulgurantes dans le chaos désolé de son esprit. Pendant la journée il restait assis d'habitude en bas dans la pièce, Madame Oberlin allait et venait, il dessinait, peignait, lisait, saisissait chaque distraction. D'une occupation à l'autre, en hâte. Mais il préférait la compagnie de Madame Oberlin, quand il la voyait assise, le recueil de cantiques noir devant elle, à côté d'elle une plante élevée dans la pièce, son plus jeune enfant entre les jambes ; il se donnait aussi beaucoup de mal pour amuser l'enfant. Une fois il était assis là, l'angoisse s'empara de lui, il bondit et se mit à aller et venir. Par la porte entrouverte, il entendit la servante chanter, d'abord sans la comprendre, puis vinrent des paroles :

> De joie sur terre je n'ai point
> Mon doux ami est bien trop loin[36].

Cela le frappa, ces quelques notes lui causèrent presque une défaillance. Madame Oberlin le regarda. Il se ressaisit, il ne pouvait plus se taire, il fallait qu'il parle. « Très chère Madame Oberlin, ne pouvez-vous me dire ce que devient cette femme dont le destin pèse sur mon cœur d'un poids si lourd[37] ? » — « Mais, monsieur Lenz, je n'en sais rien. »

Il se tut de nouveau et marcha nerveusement de long en marge dans la pièce, puis reprit : « Voyez-vous, je veux partir ; mon Dieu vous êtes les seules gens auprès de qui je peux vivre, mais pourtant — pourtant il faut que je parte, chez *elle* — mais je ne peux pas, je n'ai pas le droit. » Très agité, il sortit.

Vers le soir Lenz revint, la pièce devenait obscure ; il s'assit près de Madame Oberlin. « Voyez-vous, commença-t-il, quand elle marchait dans la chambre, qu'elle chantonnait pour elle-même, que chacun de ses pas était une musique, il y avait tant de félicité en elle qu'elle ruisselait sur moi, j'étais toujours calme quand je la regardais, ou quand elle appuyait sa tête sur moi et, mon Dieu, mon Dieu — Depuis long-temps déjà j'avais cessé d'être calme [lacune] Tout enfant ; on aurait dit que le monde était trop grand pour elle, elle se retirait en elle-même, elle cherchait la place la plus exiguë dans la maison entière, elle s'asseyait là comme si tout son bonheur ne résidait qu'en un point minuscule, et pour moi c'était pareil ; j'aurais pu jouer comme un enfant. Et maintenant je me sens à l'étroit, à l'étroit, voyez-vous, comme si de mes mains je heurtais le ciel[38] ; oh, comme j'étouffe ! Souvent j'éprouve comme une douleur physique, là au côté gauche, dans le bras avec lequel je la tenais enlacée. Mais je ne peux plus me la représenter, son image me fuit, et cela me martyrise, ce n'est que lorsqu'elle m'apparaît bien nette que je me sens de nouveau à l'aise. » — Il parla plus tard souvent de ce sujet avec Madame Oberlin mais en phrases décou-sues ; elle ne savait trop que lui répondre, mais cela lui faisait du bien.

Entre-temps ses tourments religieux se poursuivaient. Plus il se sentait vide, froid, mourant au-dedans de lui-même, plus il s'efforçait de réveiller une ardeur en lui, il se souvenait du temps où l'univers se pressait en lui, où il haletait sous le poids de ses sensations ; et à présent, si mort. Il désespérait de lui-même, se jetait par terre, tordait les mains, remuait tout en lui ; mais c'était mort, mort ! Alors il suppliait Dieu de lui envoyer un signe, il fouillait en lui, jeûnait, restait à rêver par terre. Le 3 février il apprit qu'une enfant était morte à Fouday, elle s'appelait Frédérique, cela le saisit comme une idée fixe. Il se retira dans sa chambre et jeûna toute la journée. Le quatrième jour il entra soudain dans la pièce vers Madame Oberlin, le visage barbouillé de cendre, il réclama un vieux sac ; elle eut peur, on lui donna ce qu'il réclamait. Il s'enveloppa dans le sac, comme un pénitent et prit le chemin de Fouday. Les gens de la vallée étaient déjà habitués à lui ; on se racontait toutes sortes d'histoires étranges à son sujet. Il entra dans la maison où reposait l'enfant. Les gens allaient tranquillement à leurs affaires ; on lui indiqua une chambre, l'enfant reposait en chemise sur la paille, sur une table en bois.

Lenz frissonna lorsqu'il toucha les membres froids et qu'il vit les yeux vitreux à demi ouverts. L'enfant lui sembla si abandonnée, et lui-même si seul ; il s'abattit sur le cadavre ; la mort l'effraya, une violente douleur le saisit, ces traits, ce visage tranquille allaient entrer en putréfaction, il se jeta à genoux, se mit à prier avec désespoir, faisant état de sa faiblesse et de sa misère pour que Dieu lui envoie un signe et que l'enfant revive ; puis il se retira au fond de lui-même et rassembla toute sa volonté sur un point ; il resta longtemps immobile. Puis il se leva et saisit les mains de l'enfant, en disant à voix haute et ferme : « Lève-toi et marche[39] ! » Mais les murs lui renvoyèrent simplement ses paroles, comme par dérision, et le cadavre resta froid. Alors il s'effondra, à moitié fou, et fut emporté vers le haut de la montagne. Les nuages passaient rapidement sur la lune ; tantôt les ténèbres cachaient tout, tantôt le paysage masqué par le brouillard reparaissait au clair de lune. Il courait en tous sens. Dans sa poitrine l'enfer chantait son triomphe. Le vent sonnait comme un chant de Titans[40], Lenz se figurait pouvoir brandir un poing énorme jusqu'au ciel, en arracher Dieu et le traîner parmi ses nuages; il imaginait pouvoir broyer de ses dents le monde et le cracher à la figure du créateur; il jurait, il blasphémait. Enfin il arriva au sommet de la montagne, la lumière incertaine descendait jusqu'en bas, là où s'entassaient les masses de pierres blanches, et le ciel était un œil bleu stupide, et la lune y était accrochée de façon ridicule, primitive. Lenz éclata d'un rire sonore, et ce rire déclencha en lui l'athéisme, qui s'empara de lui de façon ferme et définitive. Il ne savait plus ce qui l'avait tant agité auparavant, il était transi, il voulait se coucher, et il s'en alla, froid et inébranlable à travers l'obscurité inquiétante — tout était pour lui vide et creux, il se hâta d'aller au lit.

Le lendemain il fut saisi d'horreur en pensant à son état de la veille, il était au bord de l'abîme où un désir dément le poussait toujours à jeter un regard et à recommencer ce supplice. Son angoisse augmenta, le péché contre l'Esprit saint était devant lui.

Quelques jours plus tard, Oberlin revint de Suisse, bien plus tôt qu'on ne l'attendait[41]. Lenz en fut troublé. Pourtant il se rasséréna quand Oberlin lui donna des nouvelles de ses amis en Alsace. Oberlin tout en racontant se déplaçait dans la pièce, défaisait ses bagages, rangeait. Il parla de Pfeffel[42], faisant l'éloge de la vie de pasteur de campagne. Il lui conseilla de se plier au vœu de son père, de vivre conformément à sa vocation et de rentrer chez lui. Il lui rappela : «Honore ton père et ta mère» et d'autres préceptes semblables. Cet entretien provoqua une grande agitation chez Lenz; il poussait de grands soupirs, les larmes se pressaient à ses yeux, il parlait avec un débit haché. «Oui, mais je ne le supporterai pas; voulez-vous me chasser? En vous seul est le chemin vers Dieu. Mais pour moi, c'est fini! Je suis déchu, damné pour l'éternité, je suis le Juif errant[43]. » Oberlin lui dit que Jésus était mort pour cela, il n'avait qu'à se tourner vers lui avec ferveur pour recevoir sa grâce.

Lenz leva la tête, se tordit les mains et dit : « Ah ! Ah ! La consolation divine. » Puis il lui demanda aimablement ce que devenait la jeune femme. Oberlin lui dit qu'il n'en savait rien mais qu'il voulait l'aider et le conseiller de son mieux, à condition qu'il lui indiquât le lieu, les circonstances et le nom de la personne. Lenz répondit par des paroles décousues : « Ah, elle est morte ! Vit-elle encore ? Ô toi, mon ange, elle m'aimait — je l'aimais, elle le méritait, ô mon ange. Maudite jalousie, je l'ai sacrifiée — elle en aimait encore un autre[44] — je l'aimais, elle le méritait — oh ma bonne mère, elle aussi m'aimait. Je suis un assassin. » Oberlin répliqua : peut-être toutes ces personnes sont-elles vivantes, peut-être même heureuses ; quoi qu'il en soit, si Lenz revenait à Dieu, celui-ci pourrait, en réponse à ses prières et à ses larmes, accorder à ces personnes tant de bienfaits que les torts causés par lui seraient largement compensés. Là-dessus Lenz se calma peu à peu et se remit à sa peinture.

L'après-midi il revint, il avait sur l'épaule gauche une peau de bête et à la main un faisceau de verges, qu'on avait donné à Oberlin en même temps qu'une lettre pour Lenz. Il tendit les verges à Oberlin en le priant de le frapper. Oberlin lui prit les verges des mains, lui donna quelques baisers sur la bouche et dit : voilà les coups qu'il avait à lui donner, il pouvait aller en paix, régler ses affaires seul avec Dieu, tous les coups possibles ne sauraient effacer un seul de ses péchés ; Jésus y avait pourvu, c'est vers lui qu'il devait se tourner. Il s'en alla.

Au dîner Lenz se montra pensif comme de coutume. Il parlait de tout, mais avec une hâte anxieuse. À minuit Oberlin fut réveillé par un bruit. Lenz courait dans la cour en criant d'une voix creuse et dure le nom de Frédérique[45], prononcé à toute allure, dans une extrême confusion, d'un ton désespéré, puis il se jeta dans le bassin de la fontaine, y pataugea, sortit et remonta dans sa chambre, et encore dans le bassin, ainsi plusieurs fois de suite, et pour finir il se calma. Les servantes qui dormaient sous sa chambre avec les enfants, dirent qu'elles avaient souvent entendu, mais particulièrement cette nuit-là, un bourdonnement qu'elles ne pouvaient comparer qu'à celui d'un chalumeau[46]. Peut-être était-ce ses gémissements, d'une voix creuse, épouvantable, désespérée.

Le lendemain, Lenz ne vint pas de longtemps. À la fin Oberlin monta dans sa chambre, il était tranquille, immobile dans son lit. Oberlin dut questionner longuement avant d'avoir une réponse. Il entendit pour finir : « Oui, monsieur le pasteur, voyez-vous, l'ennui, l'ennui ! ô ! quel ennui, je ne sais plus quoi dire, j'ai déjà dessiné toutes les figures sur le mur. » Oberlin lui dit qu'il devait se tourner vers Dieu ; l'autre rit et répondit : « Oui, si j'avais la chance d'avoir comme vous un passe-temps aussi agréable, oui, on aurait de quoi s'occuper. Tout cela par oisiveté. Car la plupart ne prient que par ennui ; d'autres tombent amoureux par ennui, d'autres sont vertueux, d'autres encore vicieux et moi rien du tout, rien du tout, je ne peux même pas me tuer : c'est trop ennuyeux !

> Ô Dieu, par ta vive lumière,
> À midi sous l'ardeur solaire,
> Mes pauvres yeux ont déjà cuit.
> Ne fera-t-il plus jamais nuit[47] ? »

Oberlin le regarda de travers et voulut s'en aller. Lenz le rattrapa et le dévisagea avec des yeux inquiétants : « Voyez-vous, ça me revient à l'idée, ce serait bien si je pouvais distinguer si je rêve ou si je suis éveillé : voyez-vous, c'est très important, nous allons y penser » — et il se fourra de nouveau dans son lit. L'après-midi Oberlin voulait faire une visite dans le voisinage ; sa femme était déjà partie ; il était sur le point de s'en aller quand on frappa à la porte, Lenz entra, le corps penché en avant, la tête baissée, le visage complètement et les vêtements en partie couverts de cendre, tenant son bras gauche de sa main droite. Il demanda à Oberlin de lui tirer le bras, il se l'était démis en se jetant par la fenêtre[48], mais comme personne ne l'avait vu, il n'avait voulu en parler à personne. Oberlin prit sérieusement peur, mais ne dit rien, il fit ce que demandait Lenz, et écrivit aussitôt au maître d'école Sebastian Scheidecker à Bellefosse en lui demandant de venir, et il joignit ses instructions. Puis il partit à cheval. L'homme vint. Lenz l'avait déjà souvent vu et s'était attaché à lui. Il fit comme s'il avait à parler avec Oberlin et voulut s'en retourner. Lenz lui demanda de rester, ils restèrent donc ensemble. Lenz proposa une promenade à Fouday. Il visita la tombe de l'enfant qu'il avait voulu ressusciter, s'agenouilla plusieurs fois, baisa la terre de la tombe, sembla prier, mais dans une grande confusion, arracha quelque chose parmi les fleurs de la sépulture en guise de souvenir, revint ensuite vers Waldbach, s'en retourna avec Sebastian. Bientôt il ralentit le pas et se plaignit d'une grande fatigue dans les membres, puis se mit à marcher avec une rapidité désespérée, le paysage l'angoissait, il était si resserré qu'il craignait de se cogner à chaque instant. Un indescriptible sentiment de malaise s'empara de lui. Son compagnon finit par lui peser, il aurait bien voulu deviner ses intentions et chercha un moyen de l'éloigner. Sebastian parut céder, mais trouva un moyen secret d'avertir son frère du danger : ainsi Lenz eut-il deux surveillants au lieu d'un. Il leur fit voir du chemin, revint enfin vers Waldbach et, alors qu'ils étaient près du village, il se retourna en un éclair et repartit comme un cerf en direction de Fouday. Les deux hommes s'élancèrent à sa poursuite. Pendant qu'ils le cherchaient à Fouday, deux commerçants leur racontèrent qu'on avait lié un étranger dans une maison, qui prétendait être un meurtrier, mais n'en était sûrement pas un. Ils accoururent dans cette maison et le trouvèrent dans cet état. C'était un jeune homme qui, angoissé par sa demande pressante, l'avait ainsi lié. Ils le délivrèrent et le ramenèrent sans difficulté à Waldbach, où Oberlin était entre-temps revenu avec sa femme. Il avait l'air égaré, mais lorsqu'il remarqua qu'on l'accueillait avec affection et amitié, il reprit courage, son visage se rasséréna, il remercia avec effusion ses deux accompagnateurs, et la soirée s'écoula tranquillement. Oberlin lui demanda instamment de ne plus se baigner, de rester la nuit tranquillement dans son lit et, s'il ne pouvait trouver le sommeil, de s'entretenir avec Dieu. Il promit et fit ainsi la nuit suivante, les servantes l'entendirent prier presque toute la nuit. — Le matin suivant il entra, la mine réjouie, dans la chambre d'Oberlin. Après qu'ils eurent parlé de diverses choses, Lenz déclara avec une affabilité exceptionnelle : « Très cher monsieur le pasteur, la femme dont je vous ai parlé est morte, oui, morte, le cher ange. » — « D'où savez-vous cela ? » — « Les hiéroglyphes, les hiéroglyphes — » et puis, les yeux levés vers le ciel : « Oui, morte — les hiéroglyphes. » On ne put rien en tirer de plus. Il s'assit et écrivit quelques lettres qu'il donna à Oberlin en le priant d'y ajouter quelques lignes.

Son état était entre-temps devenu toujours plus désespéré, tout ce qu'il avait trouvé comme repos dans la compagnie d'Oberlin et dans le calme de la vallée avait disparu ; le monde qu'il avait voulu mettre à profit présentait une immense faille, il n'avait plus de haine, plus d'amour, plus d'espoir, un terrible vide et avec cela un désir torturant de le remplir. Il n'avait *rien*. Ce qu'il faisait, il le faisait consciemment, mais y était poussé par un instinct intime. Quand il était tout seul, l'isolement lui faisait un effet si effrayant qu'il parlait sans cesse à haute voix avec lui-même, criait et puis s'effrayait de nouveau, comme si une voix étrangère avait parlé avec lui. Dans la conversation il butait souvent, une indescriptible angoisse le saisissait, il avait perdu la fin de sa phrase ; ensuite il se disait qu'il devait conserver le dernier mot prononcé et parler sans arrêt, ce n'est qu'à grand-peine qu'il retenait cette envie. Les braves gens étaient profondément affligés quand il était assis avec eux dans ses moments paisibles, parlait sans embarras et puis s'arrêtait net, une inexprimable angoisse se peignait dans ses traits, il saisissait brusquement le bras des personnes assises à côté de lui et ne revenait à lui que graduellement. S'il était seul ou s'il lisait, c'était encore pire, toute son activité spirituelle était suspendue souvent à une seule pensée; s'il pensait à une personne étrangère, ou s'il se la représentait vivement, il s'imaginait qu'il était cette personne, il s'égarait complètement et éprouvait une envie infinie de traiter en esprit tout ce qui l'entourait de façon arbitraire; la nature, les gens, Oberlin seul excepté, comme dans un rêve à froid; il prenait plaisir à mettre les maisons sur le toit, à habiller et déshabiller les gens, à imaginer les facéties les plus folles. Souvent il ressentait une pulsion irrésistible d'exécuter la chose qu'il avait justement en tête, et il faisait alors d'affreuses grimaces. Une fois il était assis à côté d'Oberlin, le chat couché en face sur une chaise, tout à coup ses yeux devinrent fixes, ils se braquèrent sur l'animal, puis il glissa de son siège jusque par terre, le chat fit de même, comme fasciné par son regard, et fut pris d'une peur énorme, son dos tout hérissé, Lenz, dans les mêmes dispositions, le visage affreusement défiguré, comme pris de désespoir tous les deux se précipitèrent l'un sur l'autre, enfin Madame Oberlin se leva pour les séparer. Une fois de plus il éprouva une honte profonde. Les accès nocturnes devinrent plus terribles que jamais. Il ne s'endormait plus qu'à grand-peine, tandis qu'auparavant il cherchait encore à remplir le terrible vide. Il se trouvait alors entre sommeil et veille, dans un état effrayant; il se heurtait à quelque chose d'horrible, de terrifiant, la folie s'emparait de lui, il se mettait à pousser des cris effroyables, trempé de sueur, et ne se ressaisissait que peu à peu. Pour se retrouver il devait commencer par les choses les plus simples. À proprement parler ce n'était pas lui qui agissait ainsi, mais un puissant instinct de conservation, il était comme dédoublé, une partie cherchait à sauver l'autre en s'exhortant elle-même; il racontait, il récitait des poèmes au plus fort de son angoisse, jusqu'à ce qu'il revînt à lui-même.

Même de jour il connut ces accès, ils étaient encore

pires; jusque-là la clarté l'en avait préservé. Il lui semblait qu'il était seul à exister, que le monde était un produit de son imagination, qu'il n'existait rien d'autre que lui, qu'il était né éternel, Satan; tout seul avec ses représentations torturantes. Il parcourait sa vie à toute vitesse et disait : « conséquent, conséquent »; si quelqu'un disait quelque chose : « inconséquent, inconséquent »; c'était la cassure d'une folie irrémédiable, d'une folie pour l'éternité. L'instinct de la conservation spirituelle le cabrait; il se jetait dans les bras d'Oberlin, se cramponnait à lui comme s'il voulait se réfugier en lui, c'était le seul être qui vivait pour lui et grâce à qui la vie lui était de nouveau révélée. Progressivement les paroles d'Oberlin le rendaient à lui-même, il restait à genoux devant Oberlin, ses mains dans les mains d'Oberlin, son visage baigné de sueur froide reposant sur ses genoux, tandis qu'il tremblait et tressaillait de tout son corps. Oberlin éprouvait une infinie compassion, la famille était à genoux et priait pour le malheureux, les servantes s'enfuyaient et le prenaient pour un possédé. Et quand il se calmait, on entendait comme le chagrin d'un enfant, il sanglotait, il ressentait une profonde, profonde pitié pour lui-même; c'étaient aussi ses meilleurs moments. Oberlin lui parlait de Dieu. Lenz se détournait calmement et le regardait avec une expression de souffrance infinie, pour dire enfin : « Mais moi, si j'étais tout-puissant, voyez-vous, si j'étais ainsi, je ne pourrais pas supporter la souffrance, je sauverais, je sauverais, je ne veux rien d'autre que le repos, le repos, rien qu'un peu de repos et pouvoir dormir. » Oberlin disait que c'était une profanation. Lenz secouait la tête désespérément. Les demi-tentatives de suicide qu'il commettait de façon répétée n'étaient pas sérieuses, c'était moins le désir de mourir, car il n'y avait pour lui ni repos ni espoir dans la mort, qu'une tentative, dans les moments d'angoisse terrible ou d'un repos voisin de l'anéantissement, pour revenir à lui-même par la douleur physique. Les moments où son esprit semblait chevaucher n'importe quelle chimère étaient encore les plus heureux. C'était quand même un peu de calme et son regard égaré n'était pas si terrible que l'angoisse assoiffée de salut, le tourment éternel de l'inquiétude! Souvent il se frappait la tête contre le mur, ou se causait d'une autre façon une violente douleur physique.

Le 8 au matin il resta au lit, Oberlin monta; il était presque nu sur son lit et était violemment agité. Oberlin voulut le couvrir, mais il se plaignit que tout fût lourd, si lourd, et déclara qu'il ne pensait pas pouvoir marcher, car il sentait enfin l'énorme pesanteur de l'air. Oberlin essaya de lui donner du courage. Mais il demeura dans sa position précédente et resta ainsi la plus grande partie du jour, sans prendre la moindre nourriture. Vers le soir Oberlin fut appelé chez un malade à Bellefosse. Il faisait un temps doux, la lune brillait. Sur le chemin du retour Lenz le rencontra. Il paraissait tout à fait raisonnable et parla à Oberlin tranquillement et amicalement. Celui-ci lui demanda de ne pas aller trop loin, il le promit; mais au moment de s'éloigner il se retourna brusquement et s'approcha tout près d'Oberlin et lui dit rapidement: « Voyez-vous, monsieur le pasteur, si seulement je pouvais ne plus entendre cela, j'en serais bien soulagé. » — « Quoi donc, mon cher? » — « N'entendez-vous rien, n'entendez-vous pas cette terrible voix qui crie tout autour de l'horizon et qu'on appelle d'habitude le silence? Depuis que je suis dans cette vallée, je l'entends toujours, elle ne me laisse pas dormir, oui, monsieur le pasteur, si seulement je pouvais retrouver le sommeil. » Il continua son chemin en secouant la tête. Oberlin retourna à Waldbach pour envoyer quelqu'un le chercher, lorsqu'il entendit ses pas dans l'escalier de sa chambre. Un instant plus tard quelque chose s'écrasa dans la cour avec un tel bruit qu'Oberlin ne put croire qu'il s'agissait de la chute d'un homme. La bonne d'enfants arriva, pâle comme la mort et toute tremblante [lacune dans le texte].

Il était assis avec une froide résignation dans la voiture qui suivait la vallée vers l'ouest. Il ne se souciait pas de savoir où on le menait ; à plusieurs reprises les cahots de la route mirent en difficulté la voiture, où Lenz restait tranquillement assis, parfaitement indifférent. C'est dans cet état qu'il refit le chemin à travers la montagne. Vers le soir ils atteignirent la vallée du Rhin. Ils s'éloignèrent peu à peu de la montagne, qui se détachait à présent comme une vague de cristal bleu dans le crépuscule, un flot tiède où jouaient les rayons rouges du couchant ; par-dessus la plaine au loin, vers la montagne, s'étendait une trame au scintillement bleuâtre. Il faisait de plus en plus sombre en s'approchant de Strasbourg ; pleine lune, tous les objets éloignés dans l'ombre, seule la montagne offrait une ligne précise, la terre était comme une coupe d'or, sur laquelle se déversaient en écumant les vagues dorées de la lune. Lenz regardait tranquillement depuis la voiture, sans pressentiment, sans élan ; seulement une sourde angoisse grandissait en lui à mesure que les objets se perdaient dans l'obscurité. On dut s'arrêter pour la nuit ; alors il recommença plusieurs tentatives contre sa propre vie, mais il était trop surveillé pour réussir. Le matin qui suivit il arriva à Strasbourg[49] par un temps sombre et pluvieux. Il paraissait tout à fait raisonnable, parlait aux gens ; il faisait tout comme tout le monde, mais il y avait un vide terrible en lui, il ne ressentait plus d'angoisse, ne désirait plus rien ; son existence était pour lui un fardeau nécessaire. — Il continua de vivre ainsi.

NOTES

LA MORT DE DANTON

1. Le carreau était une représentation emblématique du sexe féminin.
2. Louise Jély, qui avait épousé Danton en 1793, ne se donna pas la mort pour le suivre, mais se remaria en 1797.
3. Musset, *Lorenzaccio*, III, 3 ; Goethe, *Werther*, lettre du 27 octobre.
4. Marie-Jean Hérault de Séchelles (1757-1794), prit part à l'assaut contre la Bastille, entra au Comité de salut public avec les Montagnards le 30 mai 1793, mais dut en démissionner le 29 décembre pour cause de liaisons avec des femmes d'aristocrates en Alsace ; compromis avec les « Indulgents », il fut exécuté avec eux le 5 avril 1794.
5. H. Heine, *Buch der Lieder*, « Junge Leiden ».
6. Pierre Philippeaux (1754-1794), ancien avocat, dantoniste.
7. Appelé aussi bonnet phrygien, ancienne coiffure des galériens devenue la coiffure des Jacobins.
8. Il s'agit de Robespierre, qui détestait Hérault, suspect d'aristocratisme et de rapports avec l'étranger.
9. L'invention du docteur Guillotin fonctionna pour la première fois le 25 avril 1792. Elle remplaçait pour toutes les classes la hache ou l'épée, réservées aux aristocrates, le gibet et la roue pour le peuple.
10. Un intéressant anachronisme de Büchner.
11. Le 24 mars 1794, premier jour de l'action du drame, fut celui de l'exécution des hébertistes, à l'extrême gauche du mouvement révolutionnaire.
12. À Rome, dix membres d'un tribunal chargé de punir les crimes contre la liberté sous la République.
13. Robespierre.
14. Jean-Jacques Rousseau.
15. Heine, *Zur Geschichte der Religion und Philosophie in Deutschland*, t. 2, 1834.
16. En 1790, Marat avait écrit dans son journal *L'Ami du Peuple* un article intitulé « C'en est fait de nous » : « Cinq ou six cents têtes abattues vous auraient apporté paix, liberté, bonheur ».

17. Proposé par les dantonistes à la fin de 1793 pour mettre fin à la Terreur comme moyen de gouvernement, soutenu par Camille Desmoulins dans le n° 4 de son *Vieux Cordelier,* il fut rejeté par le Comité de salut public.

18. Paraphrase de la Déclaration des droits de l'homme et du citoyen dans la version de 1789 et son remaniement en 1793.

19. Allusion à une poésie de la poétesse grecque Sappho.

20. Raillerie à l'égard des Jacobins qui prêchaient l'austérité à la façon des Romains de la République.

21. Traduction littérale de la Vénus callipyge, statue de marbre grecque à l'origine d'une copie conservée au musée de Naples.

22. Marat, assassiné par Charlotte Corday le 13 juillet 1793, Joseph Chalier (1747-1793), maire jacobin de Lyon, un des Enragés, exécuté fin mai 1793 lors d'un soulèvement des Girondins et des monarchistes. Les bustes de Marat, Chalier, Lepelletier de Saint-Fargeau furent les symboles des martyrs de la Révolution et vénérés comme tels.

23. Allusion à Caton l'Ancien (234-149) ou Caton le Censeur, qui luttait contre la corruption et proposait un impôt sur le luxe.

24. Chlorure de mercure, utilisé comme antiseptique contre les maladies vénériennes.

25. Prêtresse romaine chargée d'entretenir le feu dans les temples de la déesse Vesta, protectrice du foyer.

26. Romain célèbre pour avoir tué sa fille déshonorée par Appius Claudius, qui aspirait à la dictature. Thème adapté par Lessing *(Emilia Galotti)* et Schiller *(La Conjuration de Fiesque).*

27. Lucrèce, épouse du patricien Tarquin Collatin, violée par Sextus, le fils du dernier roi de Rome, Tarquin le Superbe. Elle se tua, provoquant ainsi la chute de la monarchie. Elle était la sœur de Lucius Junius Brutus.

28. Latin : donc. Mot favori de la scolastique médiévale, bien présent chez Rabelais.

29. Latin : je défends. Sobriquet donné au roi Louis XVI, à qui la Constitution de 1791 avait donné le pouvoir d'arrêter une loi adoptée par l'Assemblée (droit de veto).

30. Réminiscence shakespearienne, voir introduction, p. 20.

31. Allusion au chant révolutionnaire *Ça ira!* (avril 1790), première strophe : Ah ça ira, ça ira, ça ira / Les aristos à la lanterne, / Ah ça ira, ça ira, ça ira / Les aristos on les pendra!

32. Derniers vers du lied hessois sur Schinderhannes, un bandit de grand chemin exécuté en 1803 à Mayence.

33. Le modèle est un abbé nommé Jean Siffrein Maurin, qui siégeait aux États généraux : menacé d'être pendu à la lanterne, il aurait sauvé sa vie par cette réplique (*Unsere Zeit*, 1, p. 508).

34. A la suite du Dix Août 1792 et de l'abolition de la royauté, la prise de Verdun par les Prussiens et le manifeste menaçant de Brunswick au nom des Alliés allemands et autrichiens eurent pour conséquence les massacres du 2 au 6 septembre 1792, qui firent environ mille victimes sur les mille quatre cents prisonniers tenus pour des agents de l'ennemi. Danton considéra que le peuple avait agi en état de légitime défense.

35. Aristide (550-467), adversaire conservateur du démocrate Thémistocle, surnommé « le Juste », contribua à la victoire des Grecs sur les Perses à Marathon.
36. 4 *Moïse*, 21, 24
37. 2 *Moïse*, 19, 16 et 20, 18.
38. La Société des amis de la Liberté et de l'Égalité, appelée couramment « Les Jacobins », tenait ses réunions au réfectoire du couvent dominicain de ce nom rue Saint-Honoré.
39. Philémon et Baucis, célèbre couple phrygien renommé pour sa piété, récompensé par Zeus et Hermès qu'ils avaient reçus chez eux sans les reconnaître : ils survécurent à un déluge qui noya les méchants. Ovide, *Métamorphoses*, 8.
40. Fille de Caton d'Utique, épouse de Brutus, le meurtrier de César : elle se suicida pour imiter son mari, vaincu à Philippes en Macédoine par Antoine et Octave en 42 av. J.-C.
41. Shakespeare, *Hamlet*, V, 2.
42. Claude-Philippe-Henri Ronsin (1751-1794), chef de l'armée qui reprit Lyon aux contre-révolutionnaires en 1793 ; exécuté avec les hébertistes le 24 mars 1794. Cette scène se situe donc un jour ou deux après cette date, celle du début de l'action.
43. William Pitt (1754-1806), premier ministre anglais qui établit un blocus naval très nuisible à l'économie française. Devenu avec « Cobourg », Frédéric-Josias, duc de Saxe-Cobourg (1737-1815), le symbole du danger extérieur pour la Convention.
44. Le 31 mai 1793, le Comité de salut public passe aux mains des Montagnards, qui vont bientôt procéder à la liquidation des Girondins.
45. Gaillard, un hébertiste qui se donna la mort au début de 1794.
46. Caton d'Utique (93-46) se donna la mort après la défaite de Pompée à Thapsus pour ne pas survivre à la République romaine.
47. Louis Legendre (1749-1796), ancien boucher, prit part à l'assaut contre la Bastille, devenu un des chefs du mouvement révolutionnaire, adversaire de Danton puis de Robespierre, participa à la réaction thermidorienne.
48. Jean-Marie Collot d'Herbois (1749-1796), après une carrière théâtrale assez brillante, entra au Comité de salut public le 6 septembre 1793, organisa la Terreur à Lyon avec Fouché ; rappelé à Paris au début de 1794, il entra en conflit avec Couthon et participa activement à la journée du 9 thermidor.
49. Voir *Lenz*, note 26.
50. Argument tiré de l'acte d'accusation contre les hébertistes prononcé par Fouquier-Tinville, que Büchner a intégré au discours de Robespierre. La source principale de Büchner pour tout le discours prêté à Robespierre est le recueil *Unsere Zeit*, t. XII, p.34-45.
51. Nulle part Robespierre n'apparaît comme un défenseur de la propriété contre les hébertistes. S'agit-il d'une interprétation néo-babouviste comme il en circulait dans les milieux révolutionnaires des années trente ?
52. F.-A.-M. Mignet, *Histoire de la Révolution française, depuis*

1789 jusqu'en 1814, Paris, 1824, t. 2, p. 314, cite le n° 3 du *Vieux Cordelier* où C. Desmoulins citait des passages de Tacite relatifs à la terreur que faisait régner Tibère jusque dans son entourage.

53. L'historien romain Salluste (86-35), auteur de *La Conjuration de Catilina* : ce personnage, brillant mais corrompu, tenta un coup d'État en 62 av. J.-C. qui fut déjoué par le consul Cicéron. Robespierre, à travers C. Desmoulins, vise en réalité Danton tout en légitimant le recours à la Terreur

54. La phrase : « On pourrait croire...cruels » n'est pas de Robespierre, mais de Saint-Just *(Unsere Zeit*, p. 74).

55. Jean-François Delacroix, dit Lacroix (1754-1794), ami de Danton qu'il avait accompagné aux Pays-Bas en 1792 auprès de l'armée sur mandat de la Convention. Les Girondins l'accusèrent de malversations à son retour. Il partagea le sort de Danton en 1794. Ses adversaires lui reprochaient son goût excessif pour la boisson.

56. Voir note 48.

57. Le fameux monstre à tête de taureau et corps d'homme qui vivait dans le Labyrinthe où le roi Minos de Crète l'avait enfermé, et à qui l'on devait sacrifier tous les neuf ans sept jeunes gens et sept jeunes filles. Il fut tué par l'Athénien Thésée.

58. Fameuse copie d'une statue grecque de marbre qui appartenait aux Médicis de Florence.

59. Ancien palais du cardinal de Richelieu, devenu au siècle suivant un lieu de divertissement, de plus en plus mal famé, fermé en 1836.

60. Au cours de sa fuite avec son amant Jason, qui avait dérobé la Toison d'or chez le roi de Colchide son père, Médée tua son frère Apsyrtos et dispersa un à un les morceaux de son corps pour retarder ses poursuivants.

61. Le nom a été ajouté après coup par Büchner dans les blancs qu'il avait laissés en face de ses répliques. Sur le personnage de Marion, voir Wolfgang Martens, *Georg Büchner*, Darmstadt, 1973, qui voit en elle une anticipation de la Marie de *Woyzeck*.

62. H. Poschmann rapproche cette maxime d'un texte de Clemens Brentano, *Godwi oder das steinerne Bild der Mutter*, BDK p. 508.

63. Divinité d'origine sémitique, sous la forme d'un jeune homme d'une beauté idéale. Aimé par Aphrodite, tué par un sanglier à la chasse, il fut ressuscité chaque année pour six mois par la déesse.

64. Voir note 24.

65. « Paete, non dolet ! » Mots d'Arria, la femme du Romain Caecina Paetus, qui lui tendit le poignard dont elle venait de se frapper pour l'encourager à l'imiter. Paetus avait participé à un complot contre l'empereur Claude en 42 : l'échec ne lui laissait pas d'autre issue.

66. Ce Paris, surnommé à la romaine Fabricius (un Romain héroïque à la réputation d'incorruptible qui obtint la libération des prisonniers du roi Pyrrhus vers 289 av. J.-C.), juré au tribunal révo-

lutionnaire, tenta en vain de réconcilier Robespierre et Danton et avertit ce dernier de son arrestation imminente. Büchner, *O.C.*, p. 584.

67. Ce Brutus n'est pas le meurtrier de César, mais Lucius Junius Brutus, un des premiers consuls de la République romaine : vers 510 av. J.-C. il fit exécuter ses fils coupables d'avoir comploté contre la République. La scène est représentée dans un tableau de David au Louvre intitulé « Les licteurs portant à Brutus le corps de ses fils » (1789).

68. Saturne (Kronos chez les Grecs) après avoir détrôné son père Uranus (Ouranos, le ciel) dévorait ses enfants dès leur naissance. Mais il épargna le plus jeune, Jupiter (Zeus), qui l'obligea à restituer ses frères et le relégua au fond du Tartare, une espèce d'enfer pour l'Antiquité. Le mot de Danton fut d'abord prononcé par Vergniaud, l'orateur girondin, le 11 mars 1793, puis repris par Hébert lors de son procès.

69. Une des 48 sections du Paris révolutionnaire.

70. Bertrand Barère de Vieuzac (1750-1841), d'abord girondin modéré, puis « rapporteur ordinaire » du Comité de salut public, c'est-à-dire le lien entre le Comité et la Convention. Un des créateurs du Comité où il entra le 6 avril 1793. Il contribua à la chute de Robespierre, mais n'en fut pas moins arrêté en 1795, comme Collot d'Herbois et Billaud-Varenne, et échappa à la déportation. Après bien des péripéties, il retourna finir ses jours dans ses Pyrénées natales.

71. Veste courte portée par les ouvriers de la ville piémontaise de Carmagnola ; puis, à partir du 10 août, danse et chant : « Dansons la carmagnole, Vive le son, vive le son, Dansons la carmagnole, vive le son du canon ! »

72. Rocher près du Capitole à Rome, d'où l'on précipitait les criminels d'État.

73. Danton avait demandé à être entendu par Robespierre le 29 mars 1794. Dans la nuit du 30 au 31 il fut arrêté ainsi que Desmoulins, Delacroix et Philippeaux. *La Gazette historique* est seule à signaler la participation de Paris à cette entrevue.

74. Louis-Antoine-Léon de Saint-Just (1767-1794). Écrivain et journaliste, lecteur assidu de J.-J. Rousseau et des écrivains classiques. Partisan résolu de Robespierre qu'il assista contre Danton et ses partisans. Voir la préface d'A. Malraux au *Saint-Just* d'Albert Ollivier, Gallimard, 1955. Texte repris dans A. Malraux, *Le Triangle noir*, Gallimard, 1970, rééd. *Le Monde*, 1996.

75. Cette séance eut lieu dans la nuit du 30 mars 1794 et se déroula dans une grande agitation.

76. Attesté chez Mignet et dans la *Galerie historique*, t. 4, p. 191.

77. Jeu de mots sur le deuxième nom de Barère, Vieuzac. Attesté dans Thiers, t. 6, p. 130.

78. Décrit par le célèbre médecin grec Hippocrate (460-377). Büchner, qui avait fait des études de médecine, employa le mot dans une lettre à W. Jaeglé vers le 7 mars 1834, *O.C,.* p. 521.

79. Souvenir du fameux « Tu quoque, mi fili ? » de Jules César à Brutus qui allait l'assassiner.

80. Le mot avait été lancé à la tribune par Barère, *Unsere Zeit*, t. XII, p. 234.
81. Il s'agit de Fabre d'Églantine, Chabot, Delaunay d'Angers et Bazire, accusés de corruption lors de la dissolution de la Compagnie des Indes en novembre 1793. Leur procès fut joint à celui des « Indulgents ».
82. Plusieurs étrangers furent exécutés avec les dantonistes, les frères Junius et Emanuel Frey, deux aventuriers de Brünn, un banquier espagnol et un avocat danois. *BDK*, p. 524.
83. Le meurtrier de César.
84. *Unsere Zeit*, t. XII, p. 120 ss explique que Danton voulait terminer la Révolution avec un gouvernement républicain et passer le reste de ses jours dans la nature aux côtés de sa femme et de ses enfants.
85. À la suite de la liquidation de la fraction ultra-révolutionnaire d'Hébert, qui s'appuyait sur les sans-culottes des sections de la Commune de Paris.
86. La phrase est dans Mignet, chapitre 8.
87. H. Poschmann, *BDK*, p. 527, renvoie à un récit de J.M.R. Lenz, *Zerbin oder die neuere Philosophie* (1776), où un jeune magistrat passionné d'algèbre cherche la formule inconnue du bonheur amoureux.
88. Mignet, p. 393 « Est-ce qu'on emporte sa patrie à la semelle de son soulier ? »
89. Thiers, VI, p. 201 « Mais non, ajoutait-il, ils n'oseront pas. »
90. Voir note 27.
91. Cornelia, mère des frères Tiberius et Caïus Gracchus qui voulaient entre 133 et 121 redistribuer la terre aux paysans pauvres. Les patriciens leur opposèrent une résistance acharnée qui aboutit à la mort successive des deux frères, l'un assassiné, l'autre tué au combat.
92. À la base de ces vers figure un chant populaire souabe déjà recueilli par J.C.Günther (1695-1723) puis par Wilhelm Hauff (1802-1827) dans « Reiters Morgengesang » (1824), et dans une version parodique proche de Büchner, Carl Köhler, *Volkslieder von der Mosel und Saar*, Halle, 1896, t. 1, p. 277. *BDK*, p. 529.
93. Romulus, premier roi de Rome, et Rémus son frère auraient été abandonnés en bas âge et nourris par une louve.
94. Texte complet de la chanson dans *BDK*, p. 529-30 : il s'agit d'un lied du dix-huitième siècle figurant dans un recueil *Als der Großvater die Großmutter nahm. Ein Liederbuch für altmodische Leute*, Leipzig, 1922, p. 393.
95. Lied d'origine inconnue, peut-être alsacienne, à moins qu'il ne soit dû à Büchner lui-même.
96. Toute la partie de scène qui suit semble s'appuyer sur L.-S. Mercier, *Tableau de Paris*, t. I, 1783, p. 20-22, chapitre « Petites bourgeoises ».
97. Comprendre que le coiffeur, profession très décriée par Mercier, *ibid.*, p. 28, a fait un enfant à la demoiselle.
98. Une pièce due à une trentaine d'auteurs romantiques, intitu-

lée *La Tour de Babel, revue épisodique en un acte*, fut représentée à Paris fin juin 1834. Voir H. Wender, « Anspielungen auf das zeitgenössische Kunstgeschehen in *Danton's Tod* », dans Dedner et Oesterle, *Zweites Internationales Georg Büchner Symposium 1987*, Frankfurt/Main, 1990.

99. Ce type de vers imité de Shakespeare devint à la fin du dix-huitième siècle en Allemagne le vers le plus courant, illustré par des pièces comme *Nathan le Sage* de Lessing (1779), *Iphigénie en Tauride* de Goethe (1787) et *Don Carlos* de Schiller (1787). Tout ce discours de Camille, en décalage avec l'action, reflète les idées esthétiques de Büchner, qu'on retrouve dans *Lenz* et dans la correspondance des années 1835-36. Le théâtre visé ici est celui de Schiller, que Büchner trouvait artificiel.

100. Roi sculpteur qui tomba si amoureux d'une de ses statues qu'Aphrodite sur sa demande lui donna la vie, et Pygmalion l'épousa.

101. Jacques-Louis David (1748-1825), membre de la Convention et du Comité de salut public, admirateur de Robespierre, le meilleur représentant du style néo-classique à la fin du dix-huitième siècle. Le propos qui lui est attribué vient de *Unsere Zeit*, t. XII, p. 121.

102. Anne-Louise Duplessis-Laridon, dite Lucile, née à Paris en 1771, épouse de Camille Desmoulins, écrivit à Robespierre pour protester contre l'arrestation de son mari, fut condamnée à mort et exécutée en avril 1794.

103. Tiré de la dernière strophe d'un chant populaire hessois qui figure dans le *Wunderhorn* de Brentano.

104. Voir note 89.

105. François II, empereur d'Autriche et Frédéric-Guillaume II, roi de Prusse. On est en septembre 1792.

106. Longwy et Verdun.

107. Voir note 81.

108. Avocat, chef des Girondins dont il partagea le sort le 31 octobre 1793.

109. Büchner met ici dans la bouche de Saint-Just des éléments du *Système de la Nature* du baron d'Holbach (1770) et de *La Philosophie dans le boudoir* du marquis de Sade (1795). Il ne les prend pas à son compte, car il reste persuadé de la responsabilité de l'homme.

110. Les filles de Pélias, fils de Poséidon, le démembrèrent et le mirent à cuire, croyant lui faire retrouver sa jeunesse.

111. Pierre Gaspard Chaumette (1763-1794), membre du club des cordeliers, procureur de la Commune en 1792, « septembriseur », un des promoteurs du culte de la déesse Raison (1793). Il s'était surnommé Anaxagore, un philosophe grec (500-428) considéré comme le père du matérialisme. Chaumette fut guillotiné une semaine après les dantonistes, voir note 166.

112. Thomas Paine ou Payne (1737-1809), protégé de Franklin, attaqua les monarchies et l'aristocratie dans de nombreux pamphlets, se fit citoyen français et entra à la Convention avec les

Girondins. Enfermé par Robespierre au Luxembourg, il y rédigea *The Age of Reason*, 1794-96, où il développe une théologie rationnelle, condamnant l'athéisme mais rejetant la Bible et l'Église. Il regagna l'Amérique en 1802.

113. Lat. : ce qu'il fallait démontrer, formule terminale d'un raisonnement.

114. On trouve dans les *O.C.* l'essai sur Spinoza, p. 443-502.

115. Femme du libraire A.F. Momoro (1756-1794), ami de Chaumette, exécuté avec Hébert ; elle fut la déesse Raison lors de son intronisation à Notre-Dame le 10 novembre 1793.

116. Les Girondins exécutés le 30 octobre 1793.

117. Allusion au pamphlet de C. Desmoulins en 1789 *Discours de la Lanterne aux Parisiens*. Le sobriquet a été trouvé par Büchner dans la *Galerie historique*, t. 4, p. 188.

118. Quand les jurés du Tribunal révolutionnaire condamnaient plusieurs accusés à la fois, ils disaient : « Feu de file ! »

119. Voir note 82.

120. Martial-Joseph-Armand Herrmann (1749-1795), président du Tribunal révolutionnaire et ministre de l'Intérieur sous Robespierre. Condamné à mort après le 9 thermidor.

121. Tous ces noms de jurés du Tribunal révolutionnaire sont dans *Unsere Zeit*, XIII, p. 461, 464 et XII, p. 206. À l'exception de Lumière, ils furent tous exécutés après la chute de Robespierre.

122. En fait les condamnés furent transférés du Luxembourg à la Conciergerie dans la nuit du 1ᵉʳ au 2 avril.

123. Bajazet régna de 1389 à 1403 comme sultan de la Turquie, conquit la Bulgarie, la Hongrie et d'autres régions des Balkans. Il ne reculait devant aucun massacre pour asseoir son pouvoir ; mais il fut battu par Timour à Ankara en 1402.

124. Charles-François Dumouriez (1739-1823), ministre des Affaires étrangères et de la Guerre en 1792. Après de brillants succès initiaux dans la guerre révolutionnaire, il passa aux Autrichiens en avril 1793.

125. Louis-Philippe-Joseph duc d'Orléans, dit Philippe Égalité (1747-1793), conventionnel, vota la mort du roi Louis XVI son cousin. Mais le futur roi Louis-Philippe, son fils, ayant émigré avec Dumouriez, son père fut soupçonné de trahison, arrêté par les Montagnards, accusé d'aspirer à la royauté et exécuté.

126. Arthur Dillon (1750-1794), général français d'origine irlandaise, député de la Martinique aux États généraux (1789), rallié à la Révolution, commanda les armées du Nord et du Centre, puis accusé de trahison et exécuté en 1794.

127. Référence germanique tout à fait invraisemblable chez Barère.

128. Ancien couvent qui servit de prison sous la Terreur.

129. La phrase est dans *Unsere Zeit*, XII, p. 4.

130. Voir note 27.

131. La phrase est attribuée à Couthon dans *Unsere Zeit*, XII, p. 14.

132. Voir note 53.

133. À Clichy, Choisy-le-Roi, Issy et Saint-Cloud, les membres du Comité de salut public et du Comité de sûreté générale s'étaient attribué de jolies maisons où ils faisaient bonne chère en compagnie de filles faciles. Quand Robespierre arrivait, toute gaieté disparaissait. *Unsere Zeit*, XII, p. 233.

134. La maîtresse de Barère.

135. Selon *Unsere Zeit*, XII, p. 241-2, Robespierre voulait passer pour un nouveau Messie, risquant plutôt d'être pris pour « un nouveau Mahomet fondant sa domination sur le mensonge et la tromperie ».

136. La colchique figure dans un passage des *Gedanken über Tod und Unsterblichkeit* (1830) de Ludwig Feuerbach comme symbole de l'immortalité. *BDK*, p. 566.

137. Selon la légende, le cordonnier Ahasverus, qui avait refusé un instant de repos chez lui à Jésus sur la route du Golgotha, fut condamné à errer sans repos jusqu'au Jugement dernier. Cette histoire fut le thème de nombreux lieder allemands aux dix-septième et dix-huitième siècles. Büchner fait allusion à celui de C.F.D. Schubart, *Der ewige Jude. Eine lyrische Rhapsodie*, 1783, où Ahasver répète : « Ha! nicht sterben können! nicht sterben können! » *BDK*, p. 567.

138. Jean-Baptiste-André Amar (1759-1816), membre du Comité de sûreté générale, prit part à la chute de Robespierre.

139. Henri Vouland (1750-1802), même profil qu'Amar.

140. Henri Sanson (1767-1840), fils de Charles-Henri, l'exécuteur de Louis XVI, et lui-même bourreau pendant la Terreur.

141. Le marquis de Lafayette (1757-1834), un des acteurs de la guerre d'indépendance américaine, commandant de la garde nationale de 1789 à 1792, une des figures les plus respectées de la phase constitutionnelle de la Révolution, mais le 19 août 1792 cessa le combat contre les Autrichiens qui l'internèrent jusqu'en 1797, d'où le qualificatif de « traître » dans le texte.

142. Voir note 29.

143. Voir note 125.

144. René-François Dumas (1758-1794), avocat jacobin. Vice-président puis président du Tribunal révolutionnaire, guillotiné le 10 thermidor (28 juillet 1794).

145. Lucius Junius Brutus, voir note 67.

146. Il ne s'agit pas tant du philosophe que des néo-platoniciens du Moyen Âge qui imaginèrent une vaste série d'êtres intermédiaires entre Dieu et le monde. *BDK*, p. 571.

147. Recueil de poésies d'Edward Young (1683-1765), *The Complaint, or Nights Thoughts*, célèbre dans l'Europe entière. Büchner a trouvé le titre dans la réédition de 1834 du *Vieux Cordelier*.

148. *La Pucelle d'Orléans* de Voltaire (1775).

149. Parce que tu as attrapé une maladie vénérienne contagieuse.

150. Büchner a remanié une chanson populaire citée dans *BDK*, p. 575 en ajoutant le mot « fenêtre » qui fait le lien avec la situation de la scène.

151. En français dans le texte de Büchner, pour que le jeu de mots soit possible.

152. Georges-Auguste Couthon (1755-1794), Auvergnat, avocat à Clermont, conventionnel, envoyé à Lyon pour réprimer le soulèvement contre-révolutionnaire, organisateur de la Grande Terreur en juin 1794. Arrêté le 9 thermidor et exécuté le lendemain avant Robespierre. Il était paralysé des deux jambes.

153. Femme d'Agamemnon, dont elle organisa l'assassinat lors de son retour à Argos avec son amant Égisthe.

154. Le héros biblique qui tua mille Philistins avec une mâchoire d'âne (*Juges*, 15,15).

155. Büchner a trouvé cette phrase dans *Unsere Zeit*, Supplément, V, p. 63.

156. Allusion probable à la violation des sépultures royales à Saint-Denis qui eut lieu entre le 5 août et le 30 octobre 1793, racontée dans *Unsere Zeit*, X, p. 408 ss., *BDK*, p. 577-8. Plusieurs soldats et ouvriers furent intoxiqués par la puanteur qui s'exhalait des tombeaux ouverts.

157. Sur ce thème, voir la lettre que Büchner écrivit à sa fiancée le 7 mars 1834, après une grave maladie (*O.C.*, p. 520-2).

158. Ludwig Tieck, *Ein Dichterleben* (1824).

159. Voir note 71.

160. Chez les Grecs, le passeur qui faisait traverser aux morts le fleuve des enfers, l'Achéron.

161. L'exécution eut lieu le 5 avril 1794, Danton fut le dernier.

162. Fabre d'Églantine s'était plaint à plusieurs reprises qu'on lui eût volé une comédie en cinq actes à laquelle il travaillait au moment de son arrestation.

163. La phrase est dans le *Journal de Charles-Henri Sanson*, t. 6, p. 52.

164. Une autre variante de cette chanson populaire est citée dans Carl Köhler, *Volkslieder von der Mosel und Saar*, t. 1 Halle, 1896, p. 124. *BDK*, p. 584.

165. Un des lieder de l'époque baroque les plus connus en Allemagne, que Büchner cite dans la version du *Wunderhorn* de C. Brentano, intitulée « Ein Erntelied ».

166. Büchner a trouvé dans *Unsere Zeit*, XII, 156, et *Supplément*, V, p. 84, plusieurs exemples de femmes qui crièrent « Vive le roi » au Tribunal révolutionnaire pour en finir avec la vie après la condamnation d'un être cher. La Lucile Desmoulins historique, à qui Büchner a prêté beaucoup de ses propres pensées, fut exécutée une semaine plus tard, en même temps que la veuve d'Hébert et que Chaumette, pour conspiration en vue de délivrer des prisonniers.

LÉONCE ET LÉNA

1. Vittorio Alfieri (1749-1803), célèbre poète tragique italien. La critique n'a pu retrouver dans son œuvre les mots *E la fama?* qui signifient *Et la gloire?* Quant à Carlo Gozzi (1720-1806) auteur de

Turandot, il n'est pas l'auteur des mots *E la fame, Et la faim*, comme on l'a cru longtemps, car on les trouve chez le grand dramaturge Carlo Goldoni, dans sa comédie *Il poeta fanatico* (1750) « Spero poder sfogar la doppia brama/ De saziar la mia fame, e la mia fama » (acte I, sc. 10) — « J'espère pouvoir réaliser mon double désir, satisfaire ma faim et ma gloire. » *O.C.*, p. 598-9.

2. Shakespeare, *Comme il vous plaira*, II,7.
3. Clemens Brentano, *Ponce de Léon*, II,4.
4. E.T.A. Hoffmann, *Lebensansichten des Katers Murr* (1819-22) et A. de Musset, *Lorenzaccio*, II,6.
5. A. de Musset, *Les Caprices de Marianne* (1833), II,1 et II,6.
6. A. de Musset, *Fantasio*, I,2.
7. A. de Musset, *Fantasio*, I,2.
8. Sur l'air de *O du, lieber Augustin*, ces quelques mots « Fleug an der Wand » servaient de refrain à une chanson innocente entonnée dès que la police de Francfort apparaissait au cours de réunions politiques où l'on chantait des chansons subversives. *BDK*, p. 619.
9. Friedrich Schlegel, *Lucinde* (1799) : dans l'« Idylle de l'oisiveté », l'art de la paresse est défini comme le seul reste de « ressemblance divine » (« Gottähnlichkeit »). Autre éloge provocateur de la paresse dans Eichendorff, *Aus dem Leben eines Taugenichts (Scènes de la vie d'un propre à rien)*.
10. Le roi Pierre se pique de philosophie : les mots qu'il emploie renvoient à la philosophie idéaliste allemande de Kant et de Fichte, et insiste sur son point de départ, le Cogito cartésien : « Je pense, donc je suis. » Voir Büchner, « Sur Descartes », *O.C.*, p. 359-62 et 384-86, ainsi que la critique de la notion de substance dans « Sur Spinoza », *ibid.*, p. 497-502.
11. Allusion comique à l'indépendance du membre viril.
12. Principe de logique formelle, en latin « tertium non datur ».
13. L'ambroisie était la nourriture des dieux de l'Olympe. Le traducteur allemand de l'*Odyssée*, Johann-Heinrich Voss (1751-1825), a employé l'expression « nuit ambrosienne ».
14. Italien : littér. faire rien; paresse, oisiveté.
15. Latin : ici intervalle.
16. Source de cette chanson inconnue : Büchner en est très probablement l'auteur. Voir *Lenz*, note 47. On a essayé de la rendre en respectant ses caractéristiques formelles et son ton mélancolique.
17. Ludwig Tieck, *Ein Dichterleben* (1826). Cf. *La Mort de Danton*, IV,5, et note 158.
18. Novalis, *Hymnen an die Nacht* (1800), pièce 3.
19. Empereurs romains du premier siècle après J.-C., devenus les symboles de l'arbitraire et de la cruauté.
20. C. Brentano, *Godwi* (1801), t. 1, première lettre. Citation du passage *BDK*, p. 625.
21. Cf. *Mort de Danton*, I,5 et note 63. Allusion à la blessure mortelle infligée par un sanglier à Adonis.
22. Début d'une série de jeux de mots évidemment difficiles à rendre en français. On a reproduit ici la trouvaille de *O.C.*, p. 207.
23. August von Platen, *Der verhängnissvolle Gabel (La Fourchette*

fatale : il y est question d'un jeune homme d'esprit qui a fait le tour du cap de Bonne Espérance. Büchner laisse entendre qu'il s'agit encore de la grossesse de sa mère.

24. Autre jeu de mots reposant sur le sens du mot *Horn* en allemand, la corne, attribut des maris trompés, comme en France.

25. Le nom de Valério comprend a, e, i, o, plus v lu comme u *(O.C.,* p. 600).

26. Une longue série de mots dérivés du verbe *kommen*, venir. Plusieurs trouvailles de traduction *O.C.*, p. 209.

27. Dans le célèbre roman de Laurence Sterne, *Vie et opinions de Tristram Shandy* (1760-67), le père de Tristram remplit son devoir conjugal une fois par mois après avoir remonté la pendule.

28. Dans la philosophie kantienne, *a priori* renvoie à une connaissance antérieure à toute expérience ; *a posteriori*, une connaissance issue de l'expérience.

29. Voir l'extrait de la lettre sur le fatalisme à W. Jaeglé, introduction, p. 11.

30. Pan, le dieu grec des bergers d'Arcadie, s'endormait à midi et le temps s'arrêtait pendant son sommeil.

31. En italien *lazzarone*, pluriel *lazzaroni*. Mendiant napolitain, qui servait parfois de portefaix.

32. Le pays favori des Allemands, depuis le *Sturm und Drang* jusqu'au romantisme, à travers Jean-Paul (*Titan*), Goethe (Mignon dans *Wilhelm Meister*, *Römische Elegien*), Eichendorff, Heine, etc.

33. Ces deux vers proviennent du lied « Gruss », « Salut », dans le recueil de poésies populaires de C. Brentano, *Des Knaben Wunderhorn*, 2ᵉ partie.

34. Héros d'un célèbre drame de Schiller.

35. Même image dans Musset, *Fantasio*, II,1. Il s'agit de l'agneau immolé à Pâques chaque année par les Israélites en souvenir de la fuite d'Égypte.

36. Tiré d'une poésie de Chamisso intitulée *Die Blinde* (1834).

37. Cf. *La Mort de Danton*, IV,3.

38. Raillerie amère sur la division de l'Allemagne au temps de Büchner en une quantité d'États dont certains étaient minuscules, comme celui du roi Pierre.

39. Parodie de l'idéal de beauté classique répandu en Allemagne depuis les travaux de Johann Joachim Winckelmann (1717-1768).

40. Une sainte alsacienne du VIIᵉ siècle qui se serait enfuie pour ne pas obéir à son père, Adalric, qui voulait la marier contre son gré, et pour préserver son union avec le Christ. Elle bâtit un célèbre monastère à Hohenburg (Mont-Sainte-Odile) et devint la patronne de l'Alsace.

41. A. de Musset, *Fantasio*, I,2, qui renvoie à Jean-Paul.

42. Selon le médecin grec Hippocrate, geste annonciateur d'une mort imminente.

43. Latin : donc buvons !

44. Assez proche d'A. de Musset, *On ne badine pas avec l'amour* (1834), I,1.

45. *Cantique des cantiques*, 7,5. Même emploi satirique chez Heine, *Ideen. Das Buch Le Grand* (1826), ch.14.

46. Voir plus loin, sc. 3 et note 48.
47. *1 Moïse*, 1, 1-3.
48. L'allemand *Totenuhr*, littéralement « horloge de la mort », désigne aussi les vrillettes, de petits vers qui percent le bois, appelés encore *Totenhammer*, litt. « marteaux de la mort ». Un emploi encore plus métaphorique du mot *Totenuhr* figure dans la scène précédente.
49. Un essai de jeu de mots comparable à « Lieber Rasen, das ist ein rasender Entschluss ».
50. Souvenir du fragment dramatique de Goethe, *Prometheus*, où celui-ci déclare à Pandora, le chef-d'œuvre de ses créations, qu'elle est « le vaisseau sacré des dons les plus précieux » (*BDK*, p. 649).
51. Rappel du roi de Thulé (*Faust*, 1ʳᵉ partie) qui jette sa coupe à la mer avant de s'y précipiter.
52. Ce sont les couleurs de Werther : à la fin du livre II, il est évoqué ainsi par Goethe : « Vêtu avec le plus grand soin, botté, en habit bleu avec une veste jaune. » La mode werthérienne, très forte à partir de la publication du roman (1774), était devenue objet de raillerie à l'époque de Büchner, un bon demi-siècle plus tard.
53. Néologisme de Valério, sur le modèle de « philanthrope », du même genre que la « bestionomique » du forain dans *Woyzeck* (5).
54. Dans la pièce de Brentano *Ponce de Léon* Alonso, le concierge Valerio et le maître d'école préparent un spectacle pour un mariage princier (V,2).
55. Et non dans le corps, selon les premières éditions, le *spiritus* étant plutôt de l'alcool à brûler, utilisé aussi pour conserver les préparations des naturalistes (BDK, p. 652).
56. Büchner s'est inspiré de la *Chronique des festivités...* à l'occasion du mariage du grand-duc héritier de Hesse avec la princesse Mathilde de Bavière, Darmstadt, 1834. Un vieux règlement de ce type de cérémonie publié à Berlin en 1729 prescrivait : « Les avenues et les rues de la Résidence [...] devront être sur ordre exprès parées le mieux possible. Des deux côtés devront être installées des rangées de sapins de belle prestance et continuellement verts [...] Il sera strictement interdit à toute personne habillée de vêtements déchirés, en mauvais état ou en loques de se montrer dans la rue. » (*BDK*, p. 652-3.)
57. Lat : qu'il (elle) vive ! Dans les expressions du type « vive x ou y », le subjonctif de souhait (sans que) est la traduction exacte du latin « vivat ».
58. Cols de chemise empesés aux pointes redressées, à la mode vers 1830.
59. Assimilation bouffonne du décolleté des dames aux détroits qui séparent l'Europe de l'Asie mineure.
60. Shakespeare, *Hamlet*, IV,2.
61. Brentano, *Ponce de Léon*, I,18. Voir introduction, p. 28.
62. A. de Musset, *Fantasio*, II,5.
63. Saint Paul, *1ʳᵉ Épître aux Corinthiens*, 13,13. Ce sont les trois vertus théologales du christianisme.
64. Le texte allemand écrit « in effigie », en latin, de même sens que les mots français correspondants.

65. Brentano, *Ponce de Léon*, II,19.
66. Ancien nom des protozoaires, qu'on peut trouver dans des infusions de plantes.
67. Büchner pensait sans doute à la religion saint-simonienne, très en vogue tant en Allemagne qu'en France au début des années trente du dix-neuvième siècle. Voir les lettres de Büchner du 27 mai 1833, *O.C.*, p. 513-4 et de Strasbourg, mars 1835, *O.C.*, p. 532.

WOYZECK

1. Woyzeck et Andres se font un petit supplément de solde en taillant des cannes destinées à la punition des simples soldats qui ne pouvaient être dégradés, se trouvant en bas de la hiérarchie militaire du grand-duché de Hesse (*BDK*, p. 742).
2. Les francs-maçons, qui jouèrent un rôle important dans l'Europe des Lumières à la fin du dix-huitième siècle, furent considérés comme dangereux après 1815, notamment dans les régimes monarchiques catholiques : on leur reprochait le mystère dont ils s'entouraient, et on leur prêtait un pouvoir immense et occulte.
3. Volkslied repris dans *Des Knaben Winderhorn* de C. Brentano sous le titre « Das Weltende ».
4. *Apocalypse de saint Jean*, 8,5.
5. Le premier lied n'a pas d'équivalent exact dans les recueils imprimés ; quant au second, une chanson de rouliers, Büchner l'a sans doute entendue sur les routes de Hesse, dans la région de Gießen, ou même en Alsace : deux versions citées dans *BDK*, p. 747.
6. *Genèse*, 19,28.
7. Origine inconnue.
8. Altération burlesque des Canaries, îles dont sont originaires les canaris.
9. À partir de là, il semble bien qu'il s'agit du singe, dont le nom ne vient que plus loin.
10. Ces mots, en français dans le texte, comme plusieurs autres, donnent à penser que Büchner a voulu donner à son forain une origine française, qui expliquerait aussi l'allemand comique dont il use.
11. Phrase qu'on retrouve dans *Léonce et Léna*, III, 3 et note 60.
12. Les célèbres duels au sabre en usage dans les universités allemandes.
13. Les deux espèces de raison sont celle de l'animal et celle de l'homme : l'animal dressé participe des deux.
14. Le mot allemand est plus drôle : Viehsionomik, où Vieh (bête) sonne comme phy- de Physionomie.
15. Souvenir de J.-J. Rousseau, dont les œuvres avaient profondément inspiré le *Sturm und Drang*.
16. Un soir, le roi David depuis le toit du palais royal vit une femme qui se lavait : elle lui parut très belle (2 *Samuel*, 11,2).
17. Le mot allemand est « Culs-de-Paris », qui désignait une

mode des années trente appelée en France « tournures », coussinets bouffants que les femmes plaçaient sous leurs jupes.

18. Lat. centre de gravité. Le discours ampoulé du Professeur s'appuie sur les souvenirs que le jeune Büchner avait gardés des cours du professeur Wilbrand des années 1833-34 à Gießen.

19. Nom savant du pou du lièvre.

20. Woyzeck est assimilé au cheval dressé et au singe savant de la scène 5. Le Docteur est un physiologiste expérimental, comme le célèbre Justus Liebig, né à Darmstadt (1803-1873).

21. Cette expérimentation sur un homme sans défense anticipe sur les recherches du sinistre Dr Mengele dans les camps nazis de la Seconde Guerre mondiale.

22. La scène rappelle la célèbre scène de la parure de Gretchen dans *Faust*, 1re partie, le soir.

23. Une version sensiblement différente dans le recueil de F. Böhme, *Deutsches Kinderlied und Kinderspiel*, Leipzig, 1897, p. 123.

24. Le mot allemand est ici « das Mensch », plus familier que « die Hure ».

25. Un des thèmes centraux de *Woyzeck*, qui faisait écrire à Alfons Glück : « La pauvreté occupe logiquement dans *Woyzeck* la place qu'occupait dans la tragédie attique le destin. » Dans « Der ökonomische Tod : Armut und Arbeit in Georg Büchners *Woyzeck* », *Georg Büchner Jahrbuch*, 5, 1985, p. 139-182.

26. *Matthieu*, 19,14. *Marc*, 10,14, *Luc*, 18,16.

27. Voir note 25.

28. Tiré d'une poésie, « Jost » (1789) du poète alsacien Gottlieb Conrad Pfeffel (1736-1809) : « Wir armen Bauren werden wohl/ Im Himmel frohnweis donnern müssen » — « Nous autres pauvres paysans nous devrons/ Une fois au ciel fabriquer gratis le tonnerre. » On retrouve l'idée dans le roman d'Arnim *Die Kronwächter* (1817).

29. Peut-être un écho de la dispute entre Danton et Robespierre sur la vertu dans *La Mort de Danton*, I,6.

30. Lat. Muscle constricteur de la vessie.

31. Le Docteur se montre ici kantien en refusant de diluer le libre arbitre dans une causalité extérieure, nature, société, pulsions venues de l'inconscient, etc. Büchner lui a donné pour modèle le professeur Johann Christian Clarus (1774-1854), célèbre physiologiste saxon et auteur du rapport qui entraîna la condamnation à mort du Woyzeck historique. Voir introduction, p. 31, 36.

32. Un passage du traité de chimie organique de Liebig, paru en 1842 à Braunschweig, explique en partie ces termes : « L'urine des herbivores ne contient pas d'acide urique, mais de l'ammoniaque, de l'urée et de l'acide hippurique. » Le régime purement végétal auquel Woyzeck est soumis doit faire apparaître une corrélation avec l'accroissement du taux d'urée de son urine, à la condition évidente que celle-ci puisse être recueillie en totalité, d'où la colère du Docteur devant le comportement irresponsable de Woyzeck. Reste le mystérieux « hyperoxydule » qui n'a aucun sens pour les chimistes : la seule interprétation possible serait de lire à la place

« hippuroxydule », un dérivé moins oxygéné de l'acide hippurique, mentionné plus haut par Liebig : ce dérivé inconnu serait la révolution espérée par le Docteur. (*BDK*, p. 761-2.)

33. Batracien long de 20 à 30 cm, vivant dans les eaux souterraines de Dalmatie, à peau blanche et branchies externes. Mentionné dans le traité de zoologie de Wilbrand, paru à Gießen en 1829.

34. « So 'ne Struktur. » Ce mot savant dans la bouche de Woyzeck est sans doute l'écho de ce qu'il a entendu dire par le Docteur. Mais son raisonnement « philosophique » tourne court, comme celui de Sganarelle dans le *Dom Juan* de Molière.

35. Selon de vieilles légendes, la croissance des champignons dessine des anneaux (Ringe) à l'intérieur desquels dansent en secret les sorcières.

36. Lat. « aberration mentale partielle ». Désigne à l'époque le comportement de sujets qui poursuivent des buts chimériques en usant de moyens et de méthodes apparemment raisonnables. Autre sujet d'intérêt scientifique pour le Docteur, qui ne cherche qu'à classer le phénomène, sans essayer de traiter le sujet qui en est affecté, mais en lui promettant un dédommagement pécuniaire.

37. Lat. « apoplexie cérébrale », appelée aujourd'hui thrombose cérébrale.

38. Encore une expérimentation humaine en perspective ! Le zèle scientifique du Docteur est à la fois comique et terrifiant.

39. En Thuringe, on donnait aux proches du défunt lors des obsèques un citron et un rameau de romarin.

40. Encore une série de jeux de mots désespérants pour le traducteur. « Sargnagel » (clou de cercueil) rime avec « Exerzierzagel » (queue de cheval réglementaire dans l'armée grand-ducale); à « Hohlkopf » (imbécile, litt. tête creuse) répond « Einfalt » (simplicité s.e. d'esprit) que traduit le geste du capitaine qui fait un pli (Falte) au chapeau du Docteur.

41. Interdites à tous les fonctionnaires et aux soldats du grand-duché de Hesse.

42. Pline l'Ancien (23-79), auteur d'une *Histoire naturelle* en 37 volumes.

43. Dans le recueil *Deutscher Liederhort. Auswahl der vorzüglicheren deutschen Volkslieder*, composé par Ludwig Erk et augmenté par Franz M. Böhme, 3 vol., 1893-94 ; t. 2, p. 653.

44. Provenance inconnue. « Calvados » au lieu de « Brandewein » pour la rime.

45. Lied très répandu en Hesse depuis le début du 18e siècle. Dans Erk-Böhme (cf. note 43), t. 3, p. 315.

46. Cf. *La Mort de Danton*, I,5.

47. Trait d'antisémitisme populaire attesté dans H. Bächtold-Stäubli, *Handwörterbuch des deutschen Aberglaubens*, vol. 4, Berlin, 1931, p. 831. (*BDK*, p. 768.)

48. Encore une difficulté lexicologique. D'après Clarus, l'expression étrange « der Kerl pfeift dunkelblau », litt. « le gaillard siffle bleu foncé » était une expression courante à Leipzig dans le bas peuple, qui signifiait « er macht sich gewaltig breit », « il la ramène ».

49. *Première épître de Pierre*, 2,22.
50. *Évangile de saint Jean*, 8, 3-11.
51. Tiré d'un conte de Grimm, « Blutwurst » (boudin noir).
52. *Évangile selon saint Luc*, 7,37-38.
53. Poème piétiste de Christian Friedrich Richter, dans son *Neues geistreiches Gesangbuch*, Halle, 1714.
54. L'Annonciation est fêtée non le 20 juillet, mais le 25 mars.
55. Fête de la présentation de Jésus et de la purification de Marie au Temple, le 2 février. Cf. *Luc*, 2,22. Contradiction insoluble avec « Und steht das Korn im Blühn » (v. 2). Poème d'origine inconnue.
56. Fragment d'une chanson enfantine aux multiples variations. L'adjonction du roi Hérode, célèbre pour sa cruauté (le massacre des Innocents), anticipe sur le meurtre de Marie.
57. Insertion d'un texte aux résonances multiples, qui renvoie notamment aux contes *Die Sternentaler* et *Die Sieben Raben* des frères Grimm, mais aussi aux *Ideen* de Heine, elles-mêmes tributaires du célèbre « Discours du Christ mort » dans le *Siebenkäs* de Jean-Paul (1796-97).
58. Répétition de la poésie scène 14.
59. Une version assez proche dans Otto Böckel, *Deutsche Volkslieder aus Oberhessen*, 1855.
60. Le mot hessois « Reuter » signifie une espèce de pain d'épices (*BDK*, p. 780) ; peut-être en forme de cavalier ou de cheval ?

LENZ

1. Jakob Michael Reinhold Lenz, né en 1751 à Sesswegen en Livonie, mort à Moscou en 1792. Fils d'un pasteur établi en 1759 à Dorpat (Tartu), Lenz suivit les cours de Kant à Königsberg, puis étudia la théologie à Strasbourg où il séjourna de 1771 à 1776 ; en 1772 il s'éprit de Friederike Brion, délaissée par Goethe en août 1771. Il compose deux pièces célèbres, *Le Précepteur* et *Les Soldats*, va voir Goethe à Weimar puis se brouille avec lui, voyage en Allemagne du Sud, en Suisse, en Alsace où il fait un court séjour chez le pasteur Oberlin (1778). L'année suivante, il rejoint son père qui dirigeait l'Église luthérienne à Riga. Après quelques années d'instabilité en Russie, il enseigne dans un pensionnat à Moscou, où on le découvre mort dans une rue en 1792.
2. Le Journal d'Oberlin indique l'année 1778.
3. Lenz venait de Suisse où il avait rendu visite à Lavater et avait séjourné chez Christoph Kaufmann auprès de qui il s'était remis d'une première manifestation de maladie mentale.
4. Aujourd'hui Waldersbach, dans la vallée du Ban de la Roche (Steintal), où le pasteur Johann Friedrich Oberlin (1740-1826) s'était installé en 1767.
5. Christoph Kaufmann (1753-1795), médecin suisse, ami de Lavater.

6. Lenz était l'auteur du *Précepteur (Der Hofmeister)*, 1774, et des *Soldats (Die Soldaten)*, 1776.

7. Magdalene Salome Oberlin, née Witter (1748-1783), de Strasbourg, avait épousé le pasteur en 1768.

8. « Petit, mais la taille bien prise, une petite tête adorable, à la forme élégante de laquelle répondaient des traits gracieux mais un peu mous, des yeux bleus, des cheveux blonds, bref, une petite personne comme j'en ai rencontré de temps en temps parmi les jeunes gens du Nord [...] » Goethe, *Dichtung und Wahrheit*, 3e partie, livre 11.

9. Lenz avait publié en 1774 des *Remarques sur le théâtre (Anmerkungen über das Theater)* où il écrivait à propos de Shakespeare : « Sa langue est celle du génie le plus hardi, qui remue ciel et terre pour trouver l'expression adéquate aux pensées qui affluent en lui [...] Il a ouvert son théâtre à l'espèce humaine tout entière, chacun pouvait regarder, s'étonner, se retrouver, du plus puissant au plus modeste. Ses rois et ses reines ont aussi peu de honte que la populace la plus vulgaire à sentir un sang chaud couler dans leur cœur. »

10. Le 22 janvier 1778 J.M.R. Lenz envoya à Lavater plusieurs silhouettes qu'il avait esquissées à Waldersbach.

11. J.M.R. Lenz avait étudié la théologie en 1768-71 à Königsberg et encore à Strasbourg à l'automne 1774, comme son père le souhaitait, mais sans mener ses études à leur terme.

12. Lenz prêcha le 25 janvier 1778. Büchner s'inspire dans ce passage de la *Vie de J.F. Oberlin* par D.E. Stöber, publiée en 1831.

13. Stöber évoquait les femmes qui descendaient des hauteurs de Belmont et Bellefosse, tandis que d'autres remontaient la vallée depuis Fouday, d'autres encore étaient passées par les bois de Sollbach, et quelques étrangers venaient même de Rothau.

14. Sous une forme modifiée par Büchner, il s'agit d'un chant d'église d'inspiration piétiste dû à Christian Friedrich Richter qu'on retrouve à la scène 22 de *Woyzeck*.

15. Büchner écrivait à W. Jaeglé en janvier 1834 : « L'obscurité déroulait ses vagues au-dessus de moi, mon cœur était gonflé de mélancolie, des étoiles se pressaient dans l'ombre, des mains et des lèvres se penchaient vers moi. »

16. La mère de Lenz mourut en juillet 1778.

17. Le livre de Franz Mesmer (1734-1815) paru en 1815, *Du magnétisme naturel et animal, du sens intérieur et du somnambulisme*, jouit d'une grande célébrité dans toute l'Europe : on en retrouve les traces dans plusieurs romans de Balzac.

18. Büchner développa ces conceptions, déjà exprimées par Lorenz Oken (1779-1851) et par Goethe, dans sa dissertation doctorale *Sur les nerfs crâniens* (1837) qu'on peut lire en français dans Georg Büchner, *Œuvres complètes*, éd. B. Lortholary, Paris, Seuil, 1988, p. 345-354.

19. Johann Heinrich Jung (1740-1817), surnommé Jung-Stilling, fréquenta le cercle strasbourgeois composé de Goethe, Lenz, Salzmann, H.L. Wagner et Herder en 1770-72. Il était très lié également avec Lavater et Oberlin, avec qui il commentait l'Apocalypse de Jean.

20. Il s'agit de la période dite classique où Goethe termine à Weimar *Iphigénie en Tauride* et renouvelle son inspiration avec le voyage en Italie (1786-88), soit dix ans plus tard : en 1778 le *Sturm und Drang* est loin d'être terminé. L'entretien qui suit est une reconstruction de Büchner, Kaufmann étant un partisan ardent du *Sturm*. Même anachronisme pour la discussion sur l'art dans *La Mort de Danton* (II, 3).

21. Büchner a sans doute lu l'*Essai sur la peinture* de Diderot (1765), traduit (les deux premiers chapitres) par Goethe en 1789 (*Versuch über die Malerei*).

22. Voir note 9.

23. L'impulsion qui conduisit de nombreux écrivains allemands à rassembler les chansons populaires naquit dans le cercle strasbourgeois auprès de Herder dès 1770, puis de Goethe. Cet aspect de l'activité poétique du *Sturm* retint toute l'attention de Büchner, qui inséra plusieurs fragments de telles chansons alsaciennes ou allemandes dans ses pièces, en les remaniant plus ou moins.

24. Lenz avait parlé avec enthousiasme en 1774 à Strasbourg du *Götz de Berlichingen* de Goethe (1773) et pris la défense de *Werther* en 1775.

25. Voir la tirade de Camille Desmoulins dans *La Mort de Danton* (II, 3). Lenz avait écrit dans ses *Anmerkungen übers Theater* que « dans toutes les marionnettes qu'il [l'auteur classique] fait sautiller la tête penchée on retrouve son esprit, ses allusions, ses passions et son regard. Tout cela arrangé dans une danse arbitraire ». Voir aussi la lettre du 28 juillet 1835 de Büchner à ses parents dans Georg Büchner, *O.C.*, p. 538-539.

26. L'une des trois sœurs monstrueuses appelées Gorgones par les Grecs, dont l'aspect épouvantable pétrifiait celui qui la regardait.

27. Copie romaine d'un original grec perdu du IVe siècle av. J.-C. conservée au Belvédère du Vatican. Un moulage en plâtre figurait au Musée grand-ducal de Darmstadt. Winckelmann y voyait l'idéal artistique de toutes les œuvres de l'Antiquité : c'est à partir de cette statue qu'a été forgé le concept d'art apollinien qu'on retrouve jusque chez Nietzsche, qui l'oppose au « dionysiaque » (*L'Origine de la tragédie*, 1872).

28. La Madone de la Sixtine, créée par Raphaël vers 1513, fut également considérée comme un modèle artistique par le classicisme de Weimar, mais aussi par les Romantiques.

29. *Le Christ à Emmaüs*, tableau du Hollandais Carel van Savoy (vers 1621-1665), influencé par Rembrandt. La scène se trouve dans l'Évangile selon saint Luc, 24, 13-31. Le tableau était au Musée grand-ducal de Darmstadt. H. Poschmann fait remarquer que Büchner ne commente pas vraiment le tableau, mais raconte l'épisode d'après l'Évangile de saint Luc : en particulier le tableau représente le repas de Jésus dans un endroit clos, servi sur une table, et non dehors, à la tombée de la nuit. Büchner, *Dichtungen*, t. 1, p. 843.

30. On ne sait pas de quel tableau il s'agit. On a pensé à la saynète de Ludwig Tieck *Leben und Tod des kleinen Rotkäppchen (Vie et*

mort du petit Chaperon rouge) (1800), où l'on voit au lever de rideau une grand-mère assise dans sa chambre par un beau dimanche, son livre de chants à la main, écoutant au loin le son des cloches de l'église où elle ne peut plus aller. *Dichtungen*, p. 844.

31. Kaufmann avait fait la connaissance du père de Lenz à Riga, où il était passé au printemps de 1777 venant de Saint-Pétersbourg, et correspondait avec lui depuis lors.

32. Johann Caspar Lavater (1741-1801), pasteur zurichois, auteur d'écrits philanthropiques, compositeur de chants d'église, célèbre pour ses *Physiognomische Fragmente, zur Beförderung der Menschenkenntniß und Menschenliebe (Fragments de physiognomonie, pour servir à la connaissance et à l'amour de l'homme)* (1775-78), pour lesquels Herder, Goethe et Lenz lui fournirent des matériaux ; Lenz le défendit avec vigueur contre les railleries de Lichtenberg en 1777. Oberlin fut fortement attiré par les écrits mystiques et métaphysiques de Lavater.

33. Büchner laisse planer un doute : s'agit-il de la mère de Lenz (voir note 16) ou de Friederike Brion, dont le nom est cité une seule fois plus loin dans le texte ?

34. En allemand *Steintal*, voir note 4.

35. *Ancien Testament*, Livre 1 de Moïse, 32, 25-31. Jacob en traversant un gué dut lutter avec un homme dont Dieu avait pris la forme.

36. Dans le recueil *Des Knaben Wunderhorn (Le cor enchanté de l'enfant)* de Brentano et Arnim (1806-08), on trouve une chanson *(Bildchen)* presque semblable.

37. Il s'agit de Friederike Brion, cf. note 1. Gutzkow dans son édition du *Lenz* de Büchner raconte dans une note relative à ce passage que Büchner voulait développer l'histoire de la relation que Lenz aurait eue avec F. Brion ; son assertion repose sur les éléments qu'August Stöber avait mis à la disposition de Büchner, et qu'il exploita de manière encore plus explicite dans son article *Der Dichter Lenz und Friederike von Sesenheim* (1842), où il allait jusqu'à faire de cette relation la cause de l'accès de folie qui saisit Lenz en Alsace. Büchner, *Dichtungen*, t. 1, p. 849-50.

38. On retrouve cette image caractéristique du titanisme du *Sturm und Drang* dans le cauchemar de Camille *(La Mort de Danton*, IV, 3) et dans *Léonce et Léna*, dès les premiers mots de Léonce (I,1).

39. Évangile selon saint Marc, 2,9.

40. Thème favori du *Sturm*, qu'on retrouve dans le *Prometheus* de Goethe. Les Titans sont dans la mythologie grecque les six fils et les six filles d'Ouranos et de Gaia, autrement dit du Ciel et de la Terre, qui se révoltèrent contre Zeus. Vaincus, ils servirent de main-d'œuvre dans les forges souterraines (les volcans) d'Héphaïstos (Vulcain).

41. Oberlin abandonna son intention d'aller en Suisse voir Lavater lorsqu'il apprit à Emmendingen l'état alarmant de Lenz.

42. Gottlieb Konrad Pfeffel (1736-1809), écrivain alsacien, philanthrope ; il avait fondé en 1773 à Colmar un institut d'éducation

pour les jeunes nobles protestants, qui exista jusqu'à la Révolution française.

43. Légende du cordonnier Ahasvérus de Jérusalem, qui refusa de laisser entrer Jésus chez lui pour se reposer dans sa montée vers le Golgotha, et à qui Jésus aurait dit : « Je vais me reposer, mais toi, tu vas marcher ! » Depuis ce moment Ahasvérus, le Juif errant, parcourt le monde sans pouvoir se reposer ni mourir.

44. Lorsque Lenz fit la connaissance de F. Brion dans l'été 1772 à Sesenheim, elle aimait encore Goethe, qui avait quitté Strasbourg en 1771 pour commencer des études de droit à Francfort, sans dire à Friederike que leur relation était terminée.

45. Seule mention de ce nom dans le *Lenz* de Büchner : voir notes 1, 37 et 44.

46. Oberlin avait écrit dans son *Journal* le mot *Habergeise,* qui désigne une toupie ronflante appelée aussi toupie d'Allemagne. Mais Büchner préféra écrire *Haberpfeife,* mot inconnu de la plupart des dictionnaires, qui désigne un instrument de musique rustique, « flûteau de basse » dans *Œuvres complètes,* p. 187 et note p. 598, « chalumeau » dans *Lenz,* tr. B. Kreiss, Nîmes, J. Chambon, 1995, p. 48.

47. Vers d'origine inconnue. Le parallèle avec *Léonce et Léna,* I,3, laisse supposer qu'ils sont de Büchner lui-même.

48. Attesté dans le *Journal* d'Oberlin. Lenz avait écrit un drame intitulé *L'Anglais* (1777) où le héros, malade d'amour, essaie deux fois de se tuer en sautant par la fenêtre et finit par se trancher la gorge avec des ciseaux.

49. Lenz demeura quelques semaines chez Johann Friedrich Röderer, puis chez Schlosser à Emmendingen où on le liait de temps en temps, enfin chez un cordonnier à qui il rendait de menus services. Le frère aîné de Lenz vint le chercher et l'emmena à Riga auprès de leur père en 1779.

BIBLIOGRAPHIE

La bibliographie relative à Georg Büchner s'est considérablement développée en Allemagne et en France depuis 1980. On se bornera à quelques titres particulièrement significatifs.

Texte allemand et traductions en français

BÜCHNER Georg, *Werke und Briefe*, Wissenschaftliche Buchgesellschaft, Darmstadt, 1980. Établie d'après l'édition historique et critique de Werner R. Lehmann, Georg Büchner, *Sämtliche Werke und Briefe*, Hambourg-Munich, Hanser Verlag, 1967, 1971. Indispensables jusqu'à la publication du tome 2 de l'édition ci-dessous pour les lettres de Büchner. Les renvois au vol. de 1980 sont *W. und B.*

BÜCHNER Georg, *Dichtungen*, herausgegeben von Henri Poschmann unter Mitarbeit von Rosemarie Poschmann, Band 1 (seul paru) de *Sämtliche Werke, Briefe und Dokumente*, Bibliothek Deutscher Klassiker, Deutscher Klassiker Verlag, Frankfurt am Main, 1992, 1018 p. Comprend *Danton's Tod, Lenz, Leonce und Lena, Woyzeck, Victor-Hugo-Übersetzungen*. Le tome 2 comprendra *Schriften, Briefe, Dokumente*. L'édition de référence, dont les introductions et les commentaires ont été systématiquement mis à profit dans la présente édition. La « version combinée » de *Woyzeck* établie par H. Poschmann a été retenue. Les renvois à cette édition sont *BDK*.

BÜCHNER Georg, *Théâtre complet. La Mort de Danton*, texte français d'A. Adamov, *Léonce et Léna*, texte français de Marthe Robert, *Woyzeck*, texte français de Marthe Robert. Paris, L'Arche, 1953, réimpr. 1993. Cette édition, aujourd'hui dépassée, présente l'intérêt historique d'offrir le texte de *La Mort de Danton* représenté au TNP de Jean Vilar à partir du 15 avril 1953.

BÜCHNER Georg, *Woyzeck. Fragments complets*. Texte français de B. Chartreux, E. Spreng et J.-P. Vincent. Préface de Jean-Christophe Bailly. Paris, L'Arche, 1993. Utile complément du volume précédent.

BÜCHNER Georg, *Œuvres complètes. Inédits et lettres*. Édition publiée sous la direction de Bernard Lortholary. Traductions nouvelles, présentations et notes de J.-L. Besson, J. Jourdheuil, J.-P. Lefebvre, B. Lortholary, G. Raulet et R. Simon. Paris, Éditions du Seuil, 1988, 652 pages. Actuellement l'édition française de référence, tant pour l'abondance des commentaires que pour la présence des lettres, des essais de jeunesse, du *Messager hessois* et des textes scientifiques et philosophiques de Büchner. Un regret : l'absence d'une bibliographie regroupée. Les renvois à cette édition sont *O.C.*

BÜCHNER Georg, *Lenz*, tr. Albert Béguin, *Cahiers du Sud*, 16, le romantisme allemand, Paris, 1937, p. 383-411.

BÜCHNER Georg, *Lenz, suivi d'un extrait du Journal d'Oberlin*. Trad. par Bernard Kreiss, Nîmes éd. J. Chambon, 1995. Textes bien traduits et bien présentés.

Adaptation russe

TOLSTOÏ comte Alekseï Nikolaïévitch, *Smert' Dantona-Tragedija*, Odessa, 1919. Deuxième version, Berlin, 1923, reprise dans *Polnoe sobranie sočinenij*, Moscou, 1986.

Bibliographie

SCHLICK Werner, *Das Georg-Büchner-Schrifttum bis 1965. Eine internationale Bibliographie*. Hildesheim, 1968.

Georg Büchner Jahrbuch, hg. von Thomas Michael Mayer u.a., Frankfurt/Main, un volume annuel depuis 1981. « Georg Büchner-Literatur » 1977-1980, GBJb 1 (1981); 1981-1984, GBJb 4 (1984); 1985-1987, GBJb 6 (1986-87); 1988-89, GBJb 7 (1988-89), usw.

Études diverses

WALSER Robert, « Büchners Flucht », *Die Schaubühne*, août 1912, et Robert Walser, *Das Gesamtwerk* I, ed. J. Greven, Suhrkamp, 1978, p. 328.

DUNE Edmond, « Un poète matérialiste : Georg Büchner », *Critique*, 9, 1953, p. 481-495 et 601-611.

Duvignaud Jean, *Georg Büchner, dramaturge*. Paris, L'Arche, 1954.
Szondi Peter, « Büchner : *Dantons Tod* », *Die Neue Rundschau*, 71, 1960, p. 652-657.
Fink Gonthier-Louis, « Volkslied und Verseinlage in den Dramen Büchners », *Deutsche Vierteljahrsschrift für Literaturwissenschaft und Geistesgeschichte*, 35, 1961, p. 558-593.
Martens Wolfgang, ed. *Georg Büchner*. Coll. Wege der Forschung 53, Darmstadt, 1965.
Thieberger Richard, « Situation de la Büchner-Forschung », *Études germaniques*, 23, 1968, p. 255-260 et 405-413.
Mayer Hans, *Georg Büchner und seine Zeit*, Frankfurt/Main, 1972 (1re éd. Wiesbaden, 1947).
Richards David G., *Georg Büchners Woyzeck. Interpretation und Textgestaltung*. Bonn, Bouvier Verlag, 1975.
Richards David G., *Georg Büchner and the Birth of Modern Drama*, Albany, 1977.
Arnold Heinz-Ludwig ed. *Georg Büchner, Text+Kritik Sonderband*, München, *I/II* (1979), *III* (1981). Voir notamment Thomas Michael Mayer, « Zu einigen neueren Tendenzen der Büchner-Forschung. Ein kritischer Literaturbericht », GB I/II, p. 327-56, GB III, p. 265-311.
Petersen Peter, « Büchner aus zweiter Hand. Neue Thesen über Bergs "Wozzeck"-Libretto », *Alban-Berg-Symposion Wien 1980, Tagungsberichte*, Wien, 1981, p. 80-90.
Desmarets Michel, « Mettre en scène *Léonce et Léna* de Büchner : l'étude dramaturgique et ses implications », Louvain, 1982 (Mémoire de licence d'études théâtrales).
Glück Alfons, « Der " ökonomische Tod " : Armut und Arbeit in Georg Büchners *Woyzeck* », GBJb 4 (1984), p. 167-226.
Müller Heiner, « Die Wunde Woyzeck », *Sinn und Form*, 38, 1986. Trad. J.-P. Morel « La blessure Woyzeck », *Théâtre public*, 98, mars-avril 1991, p. 69.
Bornscheuer Lothar, ed. *Georg Büchner « Woyzeck ». Erläuterungen und Dokumente*. Stuttgart, 1986.
Zeller Rosmarie, « Büchner und das Drama der französischen Romantik », GBJb 6 (1986-87), p. 73-105.
Schaub Gerhard, ed. *Georg Büchner, « Lenz ». Erläuterungen und Dokumente*. Stuttgart, 1987.
Dedner Burghard, *Georg Büchner, « Leonce und Lena ». Kritische Studienausgabe. Beiträge zu Text und Quellen*. Frankfurt/Main, 1987.
Wender Herbert, *Georg Büchners Bild der Großen Revolu-*

tion. Zu den Quellen von « Danton's Tod », Frankfurt/Main, 1988.

Interpretationen. Georg Büchner : Dantons Tod, Lenz, Leonce und Lena, Woyzeck. Stuttgart, 1990.

Besson Jean-Louis, *Les Sources de Georg Büchner. Histoire d'une autopsie. Des essais de jeunesse à « La Mort de Danton ».* Thèse Paris-Sorbonne, 1990, 2 vol. dact.

Besson Jean-Louis, *Georg Büchner : des sources au texte. Histoire d'une autopsie. Des essais de jeunesse à « La Mort de Danton ».* Bern, Peter Lang, Contacts, I,10, 1992.

Oesterle G. Ed., *Zweites Internationales Georg Büchner Symposium 1987.* Referate. Frankfurt, 1990.

Grimm Reinhold, « Cœur et carreau. L'amour chez Georg Büchner », *Théâtre public*, 98, mars-avril 1991, p. 39-43.

Théâtre public, 98, n° spécial Büchner, éd. Jean-Louis Besson, mars-avril 1991.

Hauschild Jan-Christoph, *Georg Büchner*, Rowohlt Taschenbuch Verlag, 1992. Trad. française par Christian Bounay, Nîmes, éd. J. Chambon, 1995. Actuellement le meilleur ouvrage de synthèse en français sur Büchner.

CHRONOLOGIE

1813 (17 octobre) : Naissance de Karl Georg Büchner à Goddelau (grand-duché de Hesse-Darmstadt). Fils de Ernst Karl Büchner (1786-1861), médecin et chirurgien à Goddelau puis à partir de 1816 à Darmstadt, et de Caroline Büchner, née Reuß (1793-1858). Georg était l'aîné de Mathilde (1815-1888), Wilhelm (1817-1892), pharmacien, fabricant de produits chimiques, député d'abord au Land de Hesse puis au Reichstag, Louise (1821-1877), écrivain et défenseur des droits de la femme, Ludwig (1824-1899), médecin, auteur d'un livre matérialiste, Alexandre (1827-1904), révolutionnaire en 1848, puis professeur de langues étrangères à Caen.

1825 : Georg entre au lycée de Darmstadt ; il apprend la rédaction allemande, le latin, l'histoire.

1830 (29 septembre) : discours pour célébrer Caton d'Utique prononcé au lycée de Darmstadt.

1831 (30 mars) : discours en latin, « G. Büchner exhorte au nom de Menenius Agrippa le peuple rassemblé sur l'Aventin à revenir à Rome ».

(9 novembre) : immatriculation à la Faculté de médecine de Strasbourg. Büchner loge au 66, rue Saint-Guillaume chez le pasteur Johann Jakob Jaeglé, veuf, dont la fille Wilhelmine tient le ménage. Lié d'amitié avec Eugen Boeckel, J.-W. Baum, Alexis Muston, les frères August et Adolf Stöber.

(17 novembre) : introduit par les frères Stöber à l'association d'étudiants « Eugenia ».

(4 décembre) : entrée à Strasbourg du général polonais Ramorino. Büchner participe à l'accueil des combattants polonais.

1832 (24 mai) : exposé de Büchner à l'« Eugenia » sur la situation politique en Allemagne.

(28 juin) : Büchner exalte la conscience morale de Jan Hus, Ravaillac, Karl Sand.

(août-octobre) : Büchner passe le congé universitaire à Darmstadt.

1833 (3 avril) : émeute à Francfort commentée par Büchner dans la lettre à ses parents datée Strasbourg 5 avril (*O.C.* n° 7, p. 512). Büchner y explique qu'il considère actuellement et en Allemagne « tout mouvement révolutionnaire comme une entreprise vaine ».

(Juillet) : randonnée dans les Vosges avec les frères Stöber (lettre du 8 juillet, *O.C.* n° 11, p. 514-5). Fiançailles avec Minna Jaeglé (1810-1880). Retour à Darmstadt pour terminer ses études de médecine dans le grand-duché, conformément à la loi de Hesse.

(31 octobre) : immatriculation à la Faculté de médecine de Gießen. Il y suivra notamment les cours des professeurs Liebig et Wilbrand, à l'origine du Docteur et du Professeur dans *Woyzeck*.

(Novembre) : début d'une méningite rapidement guérie. Retour à Darmstadt et interruption des études.

1834 (Début janvier) : reprise des études à Gießen. Büchner fait la connaissance du pasteur de Butzbach Friedrich Ludwig Weidig (1791-1837), en relation avec les différents mouvements d'opposition d'Allemagne du Sud.

(Deuxième ou troisième semaine de janvier) : « lettre sur le fatalisme » à Wilhelmine Jaeglé.

(Mars) : fondation de la Société des droits de l'homme à Gießen. Büchner en fait partie, ainsi que August Becker, Karl Minnigerode, Jakob Friedrich Schütz, August Klemm. Büchner rédige un projet pour le futur *Messager hessois*. Passage à Strasbourg.

(Avril) : Büchner ouvre une section de la Société des droits de l'homme à Darmstadt.

28 avril : début du semestre d'été à l'université de Gießen.

(Mai) : première version du *Messager hessois*, avec un « rapport préliminaire » (Vorbericht) de Weidig.

(1er août) : arrestation de Minnigerode en possession de 158 exemplaires du *Messager hessois*. Dénonciation par le traître Johann Konrad Kuhl ; Büchner avertit Zeuner, Weidig et Schütz à Offenbach et Francfort.

(4-5 août) : de retour à Gießen il trouve les scellés sur son armoire et ses papiers. Arrestations d'août à septembre de plusieurs membres de la Société des droits de l'homme.

Après la fin des cours à Gießen Büchner revient à Darmstadt. W. Jaeglé fait une visite à ses parents.

(Octobre) : Büchner travaille dans un laboratoire de son père, lit Spinoza, Rousseau et de nombreux ouvrages sur la Révolution française.

(Novembre) : nouvelle édition révisée du *Messager hessois*.

1835 (janvier) : Büchner interrogé par les juges chargés de l'enquête sur la Société des droits de l'homme à Offenbach et Friedberg. En janvier et février rédaction de *La Mort de Danton*. Le 21 février envoi du manuscrit à l'éditeur Sauerländer. À la fin du mois convocation par le juge enquêteur à Darmstadt.

(9 mars) : fuite vers Strasbourg. Arrivée à Strasbourg sous le nom de Jacques Lutzius.

(13 juin) : mandat d'arrêt contre Büchner.

(Juillet) : publication de *La Mort de Danton* par Sauerländer à Francfort dans une version édulcorée par l'écrivain Gutzkow. Lettre à sa famille du 28 juillet (*O.C.*, n° 42, p. 538-40). Traductions de *Lucrèce Borgia* et *Marie Tudor* de Victor Hugo.

(Octobre) : Büchner travaille sur l'écrivain Lenz et le journal du pasteur Oberlin, et rédige sa nouvelle *Lenz*, qui ne paraîtra qu'en 1839 par les soins de Gutzkow.

(Hiver) : études en sciences naturelles et en philosophie. Rédaction de son *Mémoire sur le système nerveux du barbeau*. Büchner habite 48, rue de la Douane à Strasbourg.

1836 (avril-mai) : présentation du mémoire à la Société d'histoire naturelle, qui élit Büchner comme membre correspondant. Publication du mémoire par la Société en 1839.

(Juin) : rédaction de *Léonce et Léna* pour un prix offert par l'éditeur Cotta ; le manuscrit arrive deux jours trop tard.

(Été) : Büchner prépare un cours pour l'Université de Zurich « Sur le développement de la philosophie allemande depuis Descartes » (lettre à Gutzkow, *O.C.*, n° 54, p. 548-9).

(3 septembre) : Büchner reçoit le titre de docteur en philosophie de l'Université de Zurich pour sa recherche sur le système nerveux du barbeau. Il commence *Woyzeck*.

(18 octobre) : il s'installe à Zurich, Spiegelgasse, 12.

(5 novembre) : conférence probatoire sur les nerfs crâniens, Büchner reçoit la *venia legendi* (permission d'enseigner) et sa nomination comme *Privatdozent* (maître de conférences). Il annonce pour le semestre d'hiver un cours sur l'anatomie comparée des poissons et des amphibies.

(Automne-hiver) : travail sur *Woyzeck*.
1837 (2 février) : Büchner tombe malade brusquement.
(14 février) : diagnostic du typhus. Aggravation rapide de son état.
(17 février) : Minna Jaeglé arrive de Strasbourg.
(19 février) : Mort de Büchner.
(21 février) : Inhumation au cimetière du Zeltberg à Zurich.
1960 : Paul Celan (1920-1970) reçoit le prix Georg-Büchner et prononce un discours, *Der Meridian,* consacré à l'œuvre de Georg Büchner (Fischer Verlag, Francfort, 1961).

TABLE

Présentation 7

La Mort de Danton 43
Léonce et Léna 125
Woyzeck 161
Lenz 193

Notes 223
Bibliographie 247
Chronologie 251

GF Flammarion

10/10/159517-X-2010 – Impr. MAURY Imprimeur, 45330 Malesherbes.
N° d'édition L.01EHPNFG0888.C007. – Avril 1997 – Printed in France.